W0234340

DEUTSCHLANDS GESCHICHTSQUELLEN IM MITTELALTER

FRÜHZEIT UND KAROLINGER I

J. Klaus
21.1.2004

WATTENBACH/DÜMMLER/HUF

DEUTSCHLANDS GESCHICHTSQUELLEN IM MITTELALTER

Frühzeit und Karolinger
Teil I

Auf der Grundlage der 7., von W. Wattenbach begonnenen und E. Dümmler herausgegebenen Auflage, neu bearbeitet und ergänzt von Franz Huf.

Herausgegeben von Alexander Heine

PHAIDON

Gedruckt auf: 80 g/qm holzfrei geglättetem ALSTER-Werkdruck.
Säurefrei, ph-neutral und alterungsbeständig.

© 1991 Phaidon Verlag, Kettwig
Alle Rechte vorbehalten.
Druck und Bindearbeiten:
Bercker Graph. Betrieb GmbH, Kevelaer
ISBN 3-88851-129-1

VORWORT

Sich ernsthaft mit der Vergangenheit zu beschäftigen heißt immer auch, verifizierbaren Spuren über das ausgemachte Untersuchungsobjekt nachzugehen, sich also mit Quellen zu beschäftigen. Den oftmals dornenreichen Weg zur korrekt-kritischen Arbeit mit diesen Quellen versuchen sog. Quellenkunden gangbarer zu machen, da sie für das weite Feld der Quellen einen ersten Schlüssel zur Erschließung bereithalten. Mit welch unüberschaubarem Arbeitsaufwand und inhaltlich-methodischen Schwierigkeiten die Fertigstellung einer derartigen Quellenkunde verbunden ist, mag allein die – nur auf den ersten Blick verblüffende – Tatsache erahnen lassen, daß z. B. allein die deutsche Geschichte »quellenkundlich« noch längst nicht lückenlos aufgearbeitet ist.

Berufshistoriker wie interessierte Liebhaber, die sich mit der Geschichte des Mittelalters beschäftigen, genießen allerdings einen besonderen Vorteil: »den Wattenbach« – eine Quellenkunde, zu der es sich immer zu greifen lohnt (vergl. Einleitung Kap. I § 3). Wilhelm Wattenbachs lebenslange Auseinandersetzung mit den mittelalterlichen Quellen schlägt sich in seinem grundlegenden Werk »Deutschlands Geschichtsquellen im Mittelalter« nieder, das er, nach der Erstausgabe 1858, bis zur 6. Auflage ständig verbesserte und ergänzte. Über der Neubearbeitung der 7. Auflage verstarb er.

Dieses Buch nun setzt es sich zum Ziel, jenes unvollendete Werk einer interessierten Öffentlichkeit neu zu erschließen.

Folgende Bemerkungen zur Bearbeitung seien vorangestellt:

1. Der Wattenbach-Textcorpus wurde soweit irgend möglich beibehalten. Wattenbachs Text über die mittelalterlichen Quel-

len seinerseits ist nämlich für den Historiker von heute bereits selbst wieder Quelle. Dieses Werk des 19. Jahrhunderts dokumentiert einen Meilenstein in der quellenkritischen Historiographie, da es einen Einblick in das Erkenntnisinteresse und die methodische Arbeitsweise der damaligen Zeit gewährt. Um diesen Charakter zu erhalten wurde lediglich die Orthographie den heutigen Erfordernissen angeglichen und nur wenige inhaltliche – aus heutiger Sicht völlig unhaltbare – Passagen in ihrer Weitschweifigkeit etwas gekürzt. Der Satzbau blieb unverändert. So schrieb man eben im letzten Jahrhundert wissenschaftliche Prosa!

2. Völlig neu gestaltet wurde ein Anmerkungs- und Ergänzungsapparat. Die Anmerkungen konzentrieren sich auf unbedingt nötige Bemerkungen (Quellenhinweise, die – soweit möglich – nach den MGH-Ausgaben zitiert wurden, und weiterführende Literaturhinweise). Ein knapp gehaltener Ergänzungsteil im Anschluß an die verschiedenen Kapitel des Textes versucht die inhaltliche Bearbeitung der jeweiligen Quellen durch Wattenbach zusammenfassend zu ergänzen und Sekundärliteratur zu Epochen und quellenbezogenen Spezialproblemen skizzenartig vorzustellen. Wer in den Anmerkungen die Dokumentation der wissenschaftlichen Diskussion und Forschungsgeschichte sucht, mag zu den wissenschaftlichen Weiterbearbeitungen des Wattenbach-Buches durch Levison, Holtzmann et al. greifen (vergl. Einleitung).

3. Wie gesagt: Das Anliegen dieses Buches ist es, den Original-Wattenbach »letzter Hand« wieder zugänglich zu machen. Man wird wohl ohne Übertreibung feststellen können, daß dieses bibliophile Kleinod einen besonderen Einstieg in die immer noch, oder auch gerade deshalb wieder, reizvolle Geschichte des Mittelalters anbietet.

Essen, 1991   Franz Huf

INHALTSÜBERSICHT

TEIL I

TEIL II

VI. Regionale Aspekte (Ostfränkisches Reich)

VII. Regionale Aspekte (Westfranken, Italien)

VIII. Die Zeit der Ottonen

Einführung

»sanctus amor patriae dat animum«
Motto der MGH

I. WATTENBACH UND DIE GESCHICHTSSCHREIBUNG

§ 1: Skizze: Geschichte der Geschichtsschreibung

Der vom Wesen her neugierige Mensch möchte wohl nichts lieber erfahren als das, was ihm die Zukunft bringt. Ist er jedoch ehrlich zu sich selbst und verschreibt er sich nicht irgendwie gearteter Scharlatanerie, erkennt er, daß lediglich Spekulationen darüber möglich sind, was einmal sein wird. Auf weit gesicherteren Fundamenten bewegt sich der Mensch, wenn er seine Spuren in der Vergangenheit sucht, also die Geschichte Gegenstand seines Interesses wird. Es scheint unbestritten zu sein, daß nach verlorenen Paradiesen, goldenen Zeitaltern genauso gesucht wie über Katastrophen und dunkle Stunden nachgedacht wird. In diesem Spannungsfeld gewinnt die Beschäftigung mit Geschichte ihre Faszination, aber mit welchem Ziel?

Zunächst hält zweifelsohne der nie stillstehende Prozeß des Werdens, der Veränderung und des Vergehens in all seinen Schattierungen die menschliche Existenz betreffend den begeisterungsfähigen Laien wie den leidenschaftlichen Berufshistoriker in Atem. Die genannte Suche beginnt mit der Freilegung von Abläufen, intensiviert sich in der Rekonstruktion von Strukturen und gipfelt nicht selten im Räsonnieren über das Tun großartiger Gestalten – Männer machen Geschichte! Und noch ein Zweites läßt sich aus dem Umgang mit dem Geschichtlichen herausdestillieren: Die Berufung auf die Geschichte legitimiert immer wieder gegenwärtiges Handeln, der Geschichte wird gerne die Lehrmeisterfunktion für das Leben zugeschrieben – »Historia magistra vitae«. Das Produkt solchen zielgerichteten Nachdenkens dokumentiert sich nun seinerseits wieder in der Historiographie, und zwar nicht erst mit dem Beginn der modernen Geschichtsschreibung mit ihren verschiedenen Methoden, sich an den Forschungsgegenstand »Vergangenheit« heranzutasten. Verpflichtet ist die moderne Geschichtsschreibung ihren Vorfahren, den Historikern der Antike und des Mittelalters, gerade weil auch diese Gegenstand der Wissenschaft geworden sind und gewogene wie skeptisch-kritische Aufmerksamkeit verdienen.

Lassen wir einige Exempla Revue passieren. Wer böte sich zunächst besser an als Herodot von Halikarnaß (gest. um 425 v. Chr.), der Vater der Geschichtsschreibung. Sein Interesse galt der Auseinandersetzung zwischen Griechen und Persern, den Taten großer Männer, die er nicht der Vergessenheit anheim fallen lassen wollte. Er war bemüht, etwas Überlieferungswürdiges festzuhalten, nicht zuletzt beweisbar an seinen ungemein aussagekräftigen länder- und völkerkundlichen Exkursen. Eine erweiterte und noch klarer unter die Lupe nehmende Betrachtungsweise können wir bei Thukydides (gest. um 399) studieren. Er widmete sich verstärkt der sog. »politischen Geschichte«, indem er in Ansätzen Kräfte wie Gegenkräfte in ihrem gegenseitigen Wirken in den Mittelpunkt stellte, um daraus der Nachwelt eine Lehre zu vermitteln. Daß der Historiker, auch der antike, einen historischen Standpunkt einnimmt (Weltbild, Betrachtungsweise, Erkenntnisziel ...), von dem aus er schreibt – die Suche nach dem absolut wertfrei analysierenden Historiker wird wohl auch in Zukunft eine Jagd nach einem Phänomen bleiben – mag uns der Grieche Polybios (198–117 v. Chr.) zeigen. Als Gefangener im Zuge der römischen Expansion im östlichen Mittelmeerraum nach Rom gebracht, verfaßt er eine Römische Geschichte, die die Republik mit Wohlwollen untersucht, gespeist aus dem philosophischen und historischen Kenntnisreichtum seines griechischen Weltbildes. Gleiches gilt im wesentlichen von Tacitus (55–116 n. Chr.), dessen Feststellung »sine ira et studio« zu schreiben – dies sollte das Credo jedes Historikers sein – mehr rhetorischen Ansprüchen denn einer Leitlinie seines Berichtens genügte. Seine »taciteiische« Wahrheit ist die aus dem Blickwinkel eines sittenstrengen, der mos maiorum verpflichteten Römers.

Der Siegeszug des Christentums als tragender Kulturkraft des Abendlandes befruchtete auch die Historiographie der Spätantike und des Mittelalters bleibend wie prägend. Man denke an Eusebius von Caesarea (gest. um 339), der sich als erster christlicher Historiker an eine Weltchronik wagte, und an Hieronymus (gest. 420), der nicht nur in Anlehnung an die antiken Biographien Lebensbeschreibungen der Pioniere des Christentums vorlegte, sondern mit seiner Interpretation des alttestamentlichen Buches Daniel das Welt- und Geschichtsverständnis entscheidend prägte. Durch seine Deutung des Nebukadnezar-Traumes (Daniel 2, 29 ff ...) verdichtete er die Daniel-Auslegung zur mittelalterlichen Endzeitstimmung und erfaßte die Herrschaftsübergänge pointiert mit »Dominus transfert regna atque constituit«, eine Feststellung, die zu vielen Mißinterpretationen und Erschütterungen zwischen geistlicher und weltlicher Gewalt führte. Neben Hieronymus inspirierte Augustinus (354–430) das Denken des mittelalterlichen Menschen, der – so Augustinus – nur dann den irdischen Pilgerweg zur »Civitas Dei« erfolgreich bewältigen konnte, wenn er getauft war, also für erlösungswürdig befunden wurde, und strikt nach den streng ausgelegten Geboten Gottes lebte.

Und noch ein zweiter »Trend« charakterisiert die mittelalterliche Historiographie: Man zeichnete Stammes- und Landesgeschichten auf, die den jeweiligen Zeitgenossen der Verfasser von vergangener Größe berichten und sie zu heroischem Tun nach Art der Vorfahren verpflichten wollten. Dieser Bogen läßt sich spannen von Cassiodors Gotengeschichte über die Geschichte der Franken von Gregor von Tours zur Langobardengeschichte des Paulus Diaconus bis zu Widukinds von Corvey Geschichte der Sachsen, die den glanzvollen Aufstieg des liudolfingischen Hauses bis zum Kaisertum der Ottonen nachzeichnet. Überdies sollen neben Bistums- und Klostergeschichten Heiligenviten vor allem die Herrschenden – in ihrer Verpflichtung gegenüber Gott – zu einem gottgefälligen Lebenswandel und christlich verantwortlichem Tun ermahnen. Die häufig recht kargen Annalen hingegen berichten Geschichte, wobei die Notizen aber nicht immer primär nach dem politischen Informationsgehalt zu bewerten sind, sondern der ausgeprägte Glaube an die Bedeutung vermeintlich gottgewollter Naturphänomene ebenso in Rechnung zu stellen ist wie die überzeugte und weit verbreitete Wundergläubigkeit dieser Zeit.

Antike und Mittelalter waren im banalsten Sinne des Wortes Geschichte geworden, als die bedeutenden Humanisten begannen, diese Stoffe aufzuarbeiten, jedoch auf dem Selbstverständnis eines säkularisierten Weltbildes, das nicht mehr den asketisch – jenseitsbezogenen Vorgaben mittelalterlicher Theologie verbunden war, sondern das diesseitige Tun als Faktum an sich in den Mittelpunkt stellte.
Für die Beschäftigung mit der deutschen Vergangenheit brach Enea Silvio Piccolomini mit seiner »Descriptio Germaniae« den Bann, und Jakob Wimpfling (1450–1512) legte eine erste deutsche Geschichte vor, wenn auch nur ein mageres Gerippe der kaiserlichen »res gestae« verschiedener Epochen. Johannes Sleidan (gest. 1556) war »Zeitgeschichtsschreiber«, da er das von ihm miterlebte Geschehen im Zeitalter der Reformation festhielt. Sleidans Bedeutung für die Historiographie bis auf den heutigen Tag liegt in seinen Äußerungen zur Methode seines Tuns. Sein Werk sei »confectum ... totum ex actis«, also

aus (gedruckten wie ungedruckten) Quellen gearbeitet. Damit deuten sich die ersten zarten Spuren zur kritischen Geschichtsforschung und -schreibung an. Der Kirchengeschichtsschreibung wurde dieser Weg im französisch-belgischen Raum im Zeitalter Ludwigs XIV. bereits geöffnet, und zwar von den Benediktinern (Mabillon 1632–1707) und Jesuiten (Bolland 1596–1665), die in ihren geistigen Schmieden die jeweils eigene Geschichte und ihre herausragenden Persönlichkeiten in ihrem Handeln kritisch durchdachten und in Form von philologisch erstaunlich sauber gearbeiteten Biographien (Acta Sanctorum) publizierten.

Die deutsche Geschichtsschreibung erlebte ihren entscheidenden »Take off« aus dem Abwehrkampf gegen die napoleonische Fremdherrschaft, als sich das Nationalbewußtsein zu bisher unbekannter Emotionalität steigerte und auch Forderungen an die Historiker stellte. Der Philosoph Gottlieb Fichte regte in seinen »Reden an die Deutsche Nation« (1808) ein Nationalgeschichtsbuch an, um den deutschen Geist zu beflügeln. Eine große Aufgabe und ein schwieriges Unterfangen, konnte doch eine Archivreise im gerade zurückgelassenen 18. Jahrhundert ein lebensbedrohendes Unternehmen werden. Zum einen gebärdeten sich die Archivare nicht selten als verschlossene Gralshüter, zum anderen konnte das Stöbern in den Archiven auch »heißes« Material zutage fördern, etwa (scheinbar) historisch »legitimierte« Gebietsansprüche verschiedener Potentaten dieses Saeculums rationalissime widerlegen. In Frankreich etwa bezahlten im 17. und 18. Jahrhundert mehrere Forscher ihren Drang zur historischen Wahrheit mit dem Leben.

In Deutschland nun kam der Anstoß zum Neubeginn vom Freiherrn vom Stein, der sich nach den napoleonischen Kriegen ins Privatleben zurückzog, um sein neues Anliegen in einem Brief an den Fürstbischof von Hildesheim (19.8.1818) zu skizzieren: »Seit meinem Zurücktreten aus den öffentlichen Verhältnissen beschäftigt mich der Wunsch, den Geschmack an der deutschen Geschichte zu beleben, ihr gründliches Studium zu erleichtern und hierdurch zur Erhaltung der Liebe zum gemeinsamen Vaterland und des Gedächtnisses unserer großen Vorfahren beizutragen...« (zit. n. Bresslau, Geschichte der Monumenta Germaniae Historica, Hannover 1921 S. 3 f.). Wenig später ventillierte Stein die Idee eines Vereins »zur Bearbeitung der Quellenschreiber in das Leben zu bringen«. Zu Beginn des Jahres 1819 wurde schließlich, wenn auch nach einigen Mühen – im Deutschen Bund der Restauration fand man mit dieser Idee bei offiziellen Stellen wenig Gegenliebe, da man hinter einem nationalen Unternehmen wie dem Steins die »Demagogie« von Liberalismus und Nationalismus vermutete – in Frankfurt die »Gesellschaft für Deutschlands ältere Geschichtskunde« gegründet, die später unter dem Namen »Monumenta Germaniae Historica« beredt Zeugnis von Leistungsfähigkeit und Reputation deutschsprachiger Mittelalterforschung legte. Das Ziel hieß lapidar: »Es bildet sich . . . ein Verein zur Herstellung einer Gesamtausgabe der Quellenschriftsteller deutscher Geschichte des Mittelalters« (Punkt 1 der Allgemeinen Bestimmungen des Statuts), das Motto: »Sanctus amor patriae dat animum« dokumentiert das Vermächtnis seines Mentors v. Stein. Man darf es ungeniert als Sternstunde bezeichnen, daß sich in G. Pertz (1795–1876) ein Mann fand, der sich nicht nur als Kenner des Frühmittelalters ausgewiesen hatte (»Geschichte der merowingischen Hausmeier«), sondern tatkräftig und mit klarem Blick die Arbeitsfelder abstecken half. Die Monumenta sollten aus fünf Teilen bestehen: Altertümer, Schriftsteller, Gesetze, Königs- und Kaiserurkunden sowie Briefe. 1826 erschien bereits der erste Band, dem unter der Federführung von Pertz noch 24 weitere imposante Bände folgten, die sich mit großen Namen der Geschichtsschreibung verbanden: Der Ranke-Schüler G. Waitz (1813–1886) war neben seinen Editionsleistungen einer der führenden Köpfe in der Geschäftsleitung, J. F. Böhmer

(1795–1863) bearbeitete die Regesta Imperii, Holder-Egger, Heller, Kohl, Krusch und v. Heinemann bemühten sich mit dem sprichtwörtlich akribischen Historikerfleiß um die Fortsetzung der Scriptores-Reihe. In die Galerie dieser bedeutenden Forscher ist auch W. Wattenbach zu stellen, der Waitz kurz vor dessen Tod in der Geschäftsleitung vertrat, aber dann doch nicht zum Vorsitzenden gewählt wurde. Für Wattenbach war dies sicherlich die bedeutendste Enttäuschung in seinem Forscherleben, war er doch bereits seit den Zeiten eines Pertz ständiger Mitarbeiter bei den Monumenta. Seine Hoffnung, sich ganz den Scriptores widmen zu können, zerschlug sich, aber die Bedeutung und der Nachruhm Wattenbachs lagen längst auf einem anderen Feld.

§ 2: Wilhelm Wattenbach (1818–1897)

Goethe stellt uns mit Doktor Heinrich Faust den zweifelnden Universalgelehrten des 18. Jahrhunderts vor, der als Herrscher über die Theologie wie die Profanwissenschaften erkennen möchte, »was die Welt im Innersten zusammenhält« und sich schließlich am Johannesevangelium versucht, das ihm den Weg zum entscheidenden Entgrenzungsversuch weist. Faust geht an einen der Basistexte aller Erkenntnis – also »ad fontes« – und favorisiert damit ein Prinzip, das den folgenden Wissenschaftlergenerationen, den Historikern zumal, als unumstößliches Diktum des Berufsethos zu gelten hatte und hat. So stellte man ihn sich wohl in der Goethezeit vor, den Wissenschaftler: asketisch um Erkenntnis ringend im vielleicht gotisch-altdeutschen Arbeitszimmer, inmitten des Chaos der Forscherordnung zwischen Büchern und Folianten, die den Geist der Menschheitsgeschichte verströmten.
Im 19. Jahrhundert, es wurde bereits angedeutet, rang sich die Geisteswissenschaft dann zur modernen Arbeitsweise durch,

die den Historikern den Leitfaden für den Umgang mit dem Vergangenen in die Hand gab. Und Geschichte stand am Anfang einer Konjunktur! Das Nationalbewußtsein suchte sich die Realisierungschance in der Legitimation der Geschichte und zwar in den großen, glanzvollen Epochen des Mittelalters. Der Philologe Karl Lachmann (1793–1851) profilierte sich als einer der Stammväter der Literaturwissenschaft und der philologischen Textkritik, die sich zunächst der Literatur des Mittelalters zuwandte. In diesem Zuge, auch das sei nochmals kurz wiederholt, wurde die »Gesellschaft für ältere deutsche Geschichtskunde« ins Leben gerufen, die sich vornahm, die Geschichtsschreiber des Mittelalters und deren Werke einer interessierten Fach- wie Gebildetenwelt näherzubringen. »Georg Heinrich Pertz und Johann Friedrich Böhmer sind die eigentlichen Begründer der aus Mittelalterbegeisterung und Heimwehhistorie erwachsenen wissenschaftlichen Erforschung des Mittelalters, und zugleich entwickelte sich fast überall mit dem wachsenden Geschichtsinteresse und seiner Organisation in historischen Vereinen das Interesse an der Regional- und Landesgeschichte« (Th. Nipperdey, Dt. Geschichte 1800–1866, S. 516). In diese Reihe der Pioniere nun läßt sich nahtlos Wilhelm Wattenbach einreihen.

Wattenbach wurde am 22.9.1818 in keine Gelehrtenfamilie, sondern in eine Familie, die Pastoren hervorgebracht und seinen Vater beruflich in die Hamburger Kaufmannschaft geführt hatte, hineingeboren. Nach dem Abitur zog es den jungen Wilhelm wie so viele seiner Generation zur klassischen Altertumswissenschaft, die er, neben der germanistischen Philologie und – modern gesagt – vergleichenden Sprachwissenschaft, in Bonn, Göttingen und Berlin »durchaus mit heißem Bemühen« studierte. Es ist zumindest interessant festzuhalten, daß viele der prägenden Gestalten in den Geisteswissenschaften die Schule der klassischen Philologie durchliefen, um sich neben der Bildung das für andere Aufgaben (Germanistik, Geschichte) nötige methodische Rüstzeug zu holen. Wattenbach absolvierte sein Studium »magna cum laude« und schloß die folgende Dissertation – »De quadringentorum Athenis factione« – mit der Qualifikation »accurata et elegans« ab. Die Notwendigkeit des Broterwerbs führte ihn dann in das Joachimthalsche Gymnasium, wo er den Ranke-Schüler Wilhelm Giesebrecht (1814–1889) als Kollegen traf, der sich durch seine quellenkritischen Arbeiten Ruhm erwarb. Dieser Zufall und der Zeitgeist, der vergangener deutscher Größe huldigte, liessen Wattenbach den Weg zur Geschichtswissenschaft, zur Auseinandersetzung mit den mittelalterlichen Quellen finden. Günstigere Voraussetzungen als er konnte man wohl kaum erbringen: die an den Klassikern geübte Editionstechnik und die über alle Zweifel erhabenen Lateinkenntnisse. Wattenbach trat 1843 als Mitarbeiter bei den »Monumenta Germaniae Historica« ein. Drei Jahre später legte er im 7. Band der Scriptores sein Erstlingswerk vor: die Chronik von Montecassino, der er im kurzen Abstand weitere Editionen folgen ließ. Wattenbachs Liebe zur Klosterchronik ermunterte ihn zur Edition der Annales Austriae (Scriptores Bd. 9). Die dafür nötigen Archivreisen führten den Gelehrten auch ins österreichische Kloster Admont, wo er als Protestant von den Mönchen in ein Klosterleben integriert wurde, in dem die Zeit stehengeblieben war. Dieses »Ambiente« eröffnete dem Historiker einen eindrucksvollen Blick in die bis in das 19. Jahrhundert weitgehend intakt gebliebene mittelalterliche Klosterwelt, die in Admont sorgsam gepflegt wurde. Möglicherweise war es diese erworbene Abgeklärtheit des Historikers – Augenblickliches in die Tiefe des historischen Laufes einordnend und nicht der Begeisterung des Augenblickes gehorchend – die ihn in den politischen Wirren von 1848/49 einen gemäßigt liberalen Standpunkt einnehmen ließ. 1851 habilitierte sich Wattenbach als Privatdozent in Berlin mit den Spezialgebieten Quellenkunde, Diplomatik und Paläographie. Vier Jahre später erfolgte ein

Abstecher nach Breslau, wo sich der Wissenschaftler im dortigen Provinzialarchiv hauptsächlich um die Edition von Urkunden schlesischer Klöster bemühte (1858 als Codex diplomaticus Silesiae publiziert).

Dieser ungemein reiche Erfahrungsschatz im Umgang mit historischen Quellen aller Art kam Wattenbach entscheidend zugute, als er eine Arbeit zu einer 1853 gestellten Preisaufgabe der Wedekindstiftung einreichte, die er später nochmals etwas umarbeitete: Deutschlands Geschichtsquellen im Mittelalter bis zur Mitte des 13. Jahrhunderts. Wattenbach war damit wirklich ein großer Wurf gelungen, wiewohl G. Waitz als Jury-Mitglied des urteilenden Gremiums noch nicht restlos überzeugt war. »Der Wattenbach« gehörte und gehört – die verschiedenen Neu- und Weiterbearbeitungen eingeschlossen – zur Handbibliothek jedes Mediävisten. Die Kernaussagen der unterschiedlichsten Rezensenten kreisten um folgende Epitheta ornantia: glänzende Darstellung, Geschichte der mittelalterlichen Bildung an Hand der verschiedensten Autoren, deren literarisches Eigenleben genauso gewürdigt wird wie die gesamte literarische Produktion der jeweils behandelten Epoche und Region. Lassen wir Wattenbach selbst zu seinem Werk zu Wort kommen. »Die Rücksicht auf das praktische Bedürfnis der Zuhörer war bei den Vorträgen maßgebend gewesen, und sie ist es auch bei der Ausarbeitung dieses Buches geblieben. Es kam darauf an, eine Übersicht zu geben und die Wege zur weiteren Forschung zu weisen!«

1862 kehrte Wattenbach in die universitäre Forschung zurück, indem er einen Ruf nach Heidelberg annahm, wo er elf Jahre neben so berühmten Kollegen wie Treitschke, dem späteren Präzeptor preußisch-deutscher Historiographie, lehrte. Sein wissenschaftliches Blickfeld weitete sich hier in Richtung Humanismus, ein richtiger Griff, wie sich erweisen sollte, denn gerade die Humanisten leisteten die ersten Vor-Pionierarbeiten einer noch »vor-kritischen« Beschäftigung mit der Vergangen-

heit. Man denke an Konrad Celtis oder seinen Schüler Aventi-
nus und an die Tatsache, daß viele Quellen des Mittelalters
durch Abschriften aus dem 15. Jahrhundert wieder bekannt
gemacht wurden und es blieben. Die Früchte seiner Heidelber-
ger Forschung brachte Wattenbach in dem Buch »Schriftwesen
des Mittelalters« ein, indem er, dem die Paläographie immer
ein besonderes Steckenpferd war, die Technik der Schreibkunst
in allen Nuancen beleuchtete.
1873 führte ihn der Weg wieder nach Berlin. In seinen Veran-
staltungen über die sog. Hilfswissenschaften versuchte er vor
allem den Studienanfängern durch seine Einführungen in die
Quellenkunde Verständnis für die mittelalterlichen Quellen
und die diesbezüglichen Bearbeitungsmethoden zu eröffnen.
1875 intensivierte Wattenbach seine Mitarbeit bei den »Monumenta«, als er die Abteilung »Epistolae« und die arbeitsauf-
wendige Redaktion des »Neuen Archivs für ältere deutsche
Geschichtskunde« übernahm. Ein Blick in diese voluminösen
Bände, die selbst ein Kapitel Forschungsgeschichte dokumentieren, belegt die nimmermüde Editionsarbeit ebenso wie die
laufende Diskussion über editorisch-philologische Probleme
oder die wissenschaftliche Auswertung der Quellen in umfangreichen Aufsätzen. Die für diese Tätigkeit geforderte produk-
tive Umtriebigkeit nagelte den Forscher aber nicht im Elfen-
beinturm der Gelehrtenwelt fest. Wattenbach hatte immer klar
vor Augen, daß die Ergebnisse der Forschung nicht Leistungs-
und Herrschaftswissen einer Kaste bleiben durften, sondern
einer breiteren Schicht Gebildeter zugänglich gemacht werden
sollten. Nicht zuletzt deshalb übernahm er zusätzlich von Pertz
die Leitung des Projektes »Geschichtsschreiber der deutschen
Vorzeit«. In dieser Serie wurden die wichtigsten Quellentexte
ins Deutsche übertragen bzw. vorhandene Übersetzungen überarbeitet und häufig mit glanzvollen Vorworten eingeleitet, wobei Wattenbach wiederholt selbst zur Feder griff. Erst gegen
Ende des Jahrhunderts forderte die rastlose und aufopferungs-

volle Arbeit des Forschers ihren Tribut. Asthma zwang Wattenbach wiederholt in den Krankenstand, und auf der Rückreise
von einem Erholungsaufenthalt in der Schweiz ereilte ihn am
20. 9. 1897 in Frankfurt der Tod.

Kraft für Forschung und Lehre kann einem Wissenschaftler
letztlich nur eine intakte, wohlmeinende private Umgebung
geben. Wattenbach wurde bis weit in die zweite Hälfte seines
Lebens von seinen Schwestern umsorgt. Nach deren Tod fand
er 1885 in einer Cousine eine geliebte und verständnisvoll
liebende Ehefrau. Wattenbach war sicher kein Stubengelehrter,
der im Buchwissen aufging, ein Goethescher »trockener Schleicher«. Er schätzte die von ihm häufig humor- und espritvoll
unterhaltende Gesellschaft enger Freunde und hatte stets auch
den Blick für die Welt. Zahlreiche Archiv- und Vortragsreisen
ließen ihm immer wieder gewahr werden, was der entscheidende und doch so rätselhafte Hauptgegenstand des historischen Nachdenkens war und ist: der handelnde Mensch! Karl
Zeumer faßt in seinem Nachruf auf Wilhelm Wattenbach
(HZ 80/1898 S. 81) seine persönlichen Eindrücke über den
Gelehrten so zusammen: »Auf mich hat Wattenbach den Eindruck eines stillen, vornehmen Gelehrten gemacht, der meist
in sich gekehrt schien, dabei aber an der Außenwelt lebhaften
Anteil nahm und allen Personen, die sich ihm näherten, freundlich und wohlwollend begegnete. Von unermüdlichem Fleiß in
der ernsten Arbeit bis in das höchste Alter, liebte er in den
Stunden der Erholung die Freuden einer edlen und behaglichen
Geselligkeit. Fremden gegenüber zurückhaltend und im größeren Kreise oft schweigsam, wurde er im kleinen, vertraulichen
Kreise mitteilsam, bekundete das vielseitigste Interesse, reiche
Erfahrungen, seine Beobachtungsgabe und erfrischenden Humor. Seine Milde und Nachsicht im Urteil über andere ist ihm
zuweilen mit Unrecht als Schwäche ausgelegt worden. Es war
nicht leicht, das innere Gleichgewicht seiner harmonischen
Natur zu stören und sein natürliches Wohlwollen zu verscherzen.«

§ 3 Quellen und ihre Bearbeitung

Das historisch Gewordene, die Vergangenheit, erschließt sich uns nur über jeweils zurückgelassene Spuren, und diese müssen so stark sein, daß sie eine Überprüfung eben dieses Vergangenen zulassen. Dieses Ziel führt zur grundlegendsten Definition von Quelle im historischen Sinn: nämlich all das, was zur geistigen Rekonstruktion der Vergangenheit beiträgt, seien es nun »Überreste« (unwillkürliche Überlieferungen wie Verträge, Urkunden ...) oder »Traditionen« (Überlieferungen eines Ereignisses, aber gefiltert durch Auffassung und Horizont des schreibenden Menschen – vom antiken Historiker über den mittelalterlichen Annalisten bis zum modernen Memoirenschreiber).

Die Quellenkunde nun setzt es sich zur Aufgabe, dem forschenden Geist klare Wege durch das Dickicht von verschiedenartigsten Quellen – Fälschungen, die es zu entlarven gibt, eingeschlossen – zu weisen. Wilhelm Wattenbach leistete diesbezüglich die Pionierarbeit im reinsten Sinne des Wortes. Die in einer Preisfrage geforderte »kritische Geschichte der Historiographie bei den Deutschen bis zur Mitte des 13. Jahrhunderts« erfüllte er, übrigens als einziger, mit seinem Werk »Deutschlands Geschichtsquellen bis zur Mitte des 13. Jahrhunderts«. Alleine die Zahl der Neuauflagen – 1858 kam die Erstauflage auf den Markt, 1893/94 bereits die sechste – belegt, daß das Werk ein »Bestseller« geworden war, ja noch mehr, Wattenbach erfüllte ein Desiderat der Forschung. Wie die Fachwelt dieses Werk schätzte und mit ihm arbeitete, in gleichem Maße widmete Wattenbach seinem Buch von Auflage zu Auflage seine geschätzte Aufmerksamkeit, da er stets um Nachträge und Ergänzungen bemüht war, die er seiner sich immer mehr vertiefenden Forschertätigkeit abrang. Die 7. Auflage vereinigte die ganze Tragik des menschlichen Seins in sich. Der Nestor selbst erlebte sie nicht mehr, sein Schüler und Freund E. Dümmler

übernahm als geistiges Erbe die Vorbereitungsarbeiten für die
geplante Neuauflage, aus der allerdings auch ihn der jähe Tod
1902 riß. L. Traube begleitete dann den Weg des Werkes bis zu
seinem Erscheinen 1904 bei J. G. Cotta Nachf. in Stuttgart.
Schon beim zweiten Teilband geriet die Arbeit ins Stocken,
und es folgten Jahrzehnte der Unterbrechung in der Weiter-
und Neubearbeitung dieses Werkes, ehe R. Holtzmann kurz
vor Ausbruch des 2. Weltkrieges den Plan faßte, die Watten-
bach-Quellenkunde mit einer Bearbeitung der sächsischen und
staufischen Kaiserzeit weiterzuführen. Aber die vernichtende
Brandspur des Krieges setzte auch in der Geschichtswissenschaft schmerzhafte Zäsuren. Erst Jahre nach der materiellen
wie geistigen Neufindung wurde das Monumentalwerk, »der
Wattenbach«, wieder in Angriff genommen. W. Levison, H.
Löwe und R. Buchner bearbeiteten die Vorzeit, die Zeit der
Merowinger und der Karolinger, den Rechtsquellen widmete
man ein Sonderheft, wobei auch Italien und das Westfränkische
Reich die nötige Beachtung fanden. Als ungefähre zeitliche
Fixierung für die Bearbeitung der Quellen der Epoche nach
Karl d. Gr. wählte man den Vertrag von Verdun. Der Zeiträume
sächsischer und salischer Herrschaft nahm sich zunächst R.
Holtzmann an, eine abschließende Neuausgabe besorgte
schließlich F. J. Schmale. Deutschlands Geschichtsquellen vom
Tod Heinrichs V. bis zum Interregnum aufzuschlüsseln, war ein
Großunternehmen, dem sich ebenfalls F. J. Schmale stellte.
Die hier nur angerissene Geschichte der Quellenkunde Wattenbachs stellt jedem Neubearbeiter inhaltliche und methodische
Probleme, die nie über alle Zweifel erhaben gelöst werden
können. Zunächst war zur Kenntnis zu nehmen, daß Wattenbach ursprünglich eine Geschichte der Historiographie vorlegte und deshalb sein Hauptaugenmerk auf die »Scriptores«
legte. Die Einbeziehung etwa von Urkunden, Akten, Briefen
und Inschriften blieb größtenteils außen vor. Des weiteren
mußte dem sich verändernden Verständnis von Quelleninter-

pretation Rechnung getragen werden. Wattenbach seinerseits wandte sich noch sehr stark dem reinen Inhalt der Quellen zu, um neue Fakten zu gewinnen. Die Zeit für die Analyse der Problemfelder und die geistige Einstellung, also die ideengeschichtliche Betrachtungsweise, war noch nicht reif (vergl. Schmale, Geschichtsquellen, Sachsen- und Salierzeit, Vorwort S. 14).

Und noch ein letztes Spannungsfeld, das sich dem Mediävisten auftut, wäre zu nennen: die Differenzierung der Quellen nach Gattungen. Der grundlegende Aufriß von H. Grundmann (Geschichtsquellen im Mittelalter) gibt die Problemfelder im Untertitel an: Gattungen, Epochen, Eigenarten! Grundmann gibt in seinem knappen Abriß an, was jede Quellenkunde zu lösen hat, nämlich die Aufbereitung des Materials nach Gattungen (etwa Weltchroniken, Annalen, Viten . . .) wie nach Epochen entsprechend der anerkannten, aber nicht immer unumstrittenen Datierungsgrenzen.

Die Quellenkunden:

W. Wattenbach, Deutschlands Geschichtsquellen im Mittelalter bis zur Mitte des 13. Jahrhunderts, Bd. 1 und 2 Berlin[6] 1893/94; Berlin/Stuttgart[7] 1904, nur Band 1.

W. Wattenbach/ W. Levison, Deutschlands Geschichtsquellern im Mittelalter. Vorzeit und Karolinger, Hefte 1–6, Weimar 1952–1990.

W. Wattenbach/R. Holtzmann, Deutschlands Geschichtsquellen im Mittelalter, Deutsche Kaiserzeit Hefte 1–4, Berlin 1939–1943, Neuausgabe besorgt v. F. J. Schmale, Teile 1–3, Darmstadt 1967–1971.

W. Wattenbach/F. J. Schmale, Deutschlands Geschichtsquellen im Mittelalter. Vom Tode Heinrichs V. bis zum Ende des Interregnums, Darmstadt 1976 ff.

Weitere Quellenkunden:

W. Baumgart, Bücherverzeichnis zur Deutschen Geschichte, München[8] 1990, S. 140–142.

Dahlmann/Waitz, Quellenkunde der deutschen Geschichte. Bibliographie der Quellen und der Literatur zur deutschen Geschichte, v. a. Bd. 5, Stuttgart 1980 (Vorzeit bis Stauferzeit).

II. Weiterführende Hinweise

§ 1 Bibliographische Notiz:

Zur Geschichte der Geschichtsschreibung:

K. Brandi, Geschichte der Geschichtswissenschaft, Bonn 1947.
  Knappster Abriß, zum Einstieg gut geeignet.
H. Bresslau, Geschichte der Monumenta Germaniae historica,
  Hannover 1921.
  Jubiläumsschrift zum 100jährigen Bestehen der Monumenta, in
  der die Geschichte dieses Unternehmens präzise nachgezeichnet
  wird.
G. P. Gooch, Geschichte und Geschichtsschreibung im 19.
  Jahrhundert, Frankfurt 1964 (dt. Ausgabe).
  Umfangreiches Standardwerk über die Historiographie, das ver-
  tieft, was Brandi nur anreißen kann.
Dahlmann/Waitz, Quellenkunde der deutschen Geschichte
  Band 1, Stuttgart 1969, Nr. 5–7.
  Geschichte der Geschichtswissenschaft.

Zu den Quellen des Mittelalters und den Quellenkunden:

W. Baumgart, Bücherverzeichnis zur deutschen Geschichte,
  München[8] 1990, (v.a. S. 140 ff . . .).

Zu einzelnen großen Quellensammlungen:

Acta sanctorum quotquot toto orbe coluntur, hrsg. v. J. Bolland,
  in einer Neuauflage in 60 Bänden, Paris/Rom 1863–1870.

Berühmte Sammlung von Legenden und Heiligenviten aus der Schule der Jesuiten; wichtige Ergänzungen, auch quellenkritischer Art in den Analecta Bollandiana.

Acta sanctorum Ordinis S. Benedicti, hersg. v. J. Mabillon, Venedig[2] 1733-1738.
Ähnliche Sammlung von Heiligenviten in 9 Bänden aus dem Orden der Benediktiner.

Ausgewählte Quellen zur deutschen Geschichte des Mittelalters (Freiherr-vom-Stein-Gedächtnisausgabe, begr. v. R. Buchner und fortgeführt v. F. J. Schmale, Bde. 1–(37), Darmstadt.
Hervorragende Ausgaben nach den kritischen Texten der Monumenta, dt.-lat., mit Einführungen in Werk und Zeit.

Geschichtsschreiber der deutschen Vorzeit, Leipzig 1847–1892, begr. v. G. Pertz und fortgeführt v. W. Wattenbach (insges. 92 Lieferungen). Hier meist zitiert und gezählt nach der 2. Gesamtausgabe (II 1–96) von W. Wattenbach, fortgeführt von O. Holder-Egger, Leipzig 1884–1914.

Historiker des deutschen Altertums, hrsg. von Alexander Heine (bisher 26 Bände), Kettwig 1984 ff.
Neubearbeitung auf der Grundlage der 2. Gesamtausgabe der Geschichtsschreiber der deutschen Vorzeit (in einzelnen Titeln jedoch auch darüber hinausgehend), die die wichtigsten Texte in deutscher Übersetzung bringt. Mit Einführungen und Anmerkungen.

J. P. Migne, Patrologiae cursus completus, seu bibliotheca universalis ... omnium SS patrum, doctorum, scriptorumque ecclesiasticorum, sive Latinorum, sive Graecorum, v.a. series C (latina) Bde. 1–221, Paris 1844–1865.

Monumenta Germaniae Historica, hrsg. v. G. Pertz, Berlin 1936–1945 (vergl. Baumgart, Bücherverzeichnis a.a.O., S. 143–145).

A. Potthast, Bibliotheca historica medii aevi, 2 Bde., Berlin[2] 1896.
Unentbehrlicher Wegweiser durch die Quellen des Mittelalters, v.a. für die Scriptores.

Zur Literatur:

Grundsätzlich: Baumgart, Bücherverzeichnis a.a.O., S. 53 ff.
Neben den einschlägigen Handbüchern (Schieder, Europäi-
sche Geschichte, bei Baumgart S. 62 f. und Gebhardt, Deutsche Geschichte, bei Baumgart S. 66 f.) sind als Einführung
in die Materie des Mittelalters zu empfehlen die Bücher aus
der Fischer Weltgeschichte, Bde. 9–11 (bei Baumgart S. 59
f.) und der Historia Mundi, Bde. 5 und 6 (bei Baumgart
S. 59) sowie die einschlägigen Werke aus dem Oldenburg
Grundriß der Geschichte Bde. 4 ff. (bei Baumgart S. 63).
Zur Gattung und deren Problemen:
H. Grundmann, Geschichtsschreibung im Mittelalter, Gattungen, Epochen, Eigenart, Göttingen[4] 1987 (VR 209/210).

Zur Kirchengeschichte:

A. Hauck, Kirchengeschichte Deutschlands, Bde. 1–5, Leipzig
1887–1920 (weiterführend bei Baumgart, Bücherverzeichnis
S. 100 f.).

Zur Literaturgeschichte:

M. Manitius, Geschichte der lateinischen Literatur des Mittelalters, Bde. 1–3, München 1911–1913 (weiterführend bei
Baumgart, Bücherverzeichnis S. 116).

§ 2 Verzeichnis der wichtigsten Abkürzungen:

AA SS Boll.	Acta sanctorum quotquot toto orbe co-luntur (J. Bolland)
AKG	Archiv für Kirchengeschichte
AUF	Archiv für Urkundenforschung

DW	Dahlmann-Waitz, Quellenkunde zur deutschen Geschichte
GdV	Geschichtsschreiber der Vorzeit
HddA	Historiker des deutschen Altertums
Hist. Ver./Niederrh.	Annalen des historischen Vereins für den Niederrhein
HZ	Historische Zeitschrift
Jaffé, Bibl. rer. Ger.	Jaffé, Bibliotheca rerum Germanicarum
LThK	Lexikon für Theologie und Kirchengeschichte
Mabillon, Acta SS	Acta sanctorum ordinis S. Benedicti (J. Mabillon)
Manitius	Manitius, Geschichte der lateinischen Literatur des Mittelalters
MGH	Monumenta Germaniae Historica
MGH AA	Monumenta Germaniae Historica/ Antiquitates
MGH DD	Monumenta Germaniae Historica/ Diplomata
MGH LL	Monumenta Germaniae Historica/ Leges
MGH SS	Monumenta Germaniae Historica/ Scriptores
NA	Neues Archiv der Gesellschaft für ältere deutsche Geschichtskunde
RE	Realenzyklopädie der klassischen Altertumswissenschaften
RHE	Revue d'histoire ecclesiatique
StMBO	Studien und Mitteilungen des Benediktinerordens
Wiener SB	Sitzungsberichte der österreichischen Akademie der Wissenschaften (Wien)
ZDA	Zeitschrift für das deutsche Altertum

Deutschlands Geschichtsquellen im Mittelalter

(nach W. Wattenbach)

I. Vorzeit

§ 1. Die Römerzeit. Legenden

Tacitus berichtet uns, daß noch zu seiner Zeit die Germanen in ihren Liedern die Taten des Arminius feierten. Nicht unmöglich ist, daß noch in den Dichtungen der deutschen Heldensage, welche Karl der Große sammeln und aufschreiben ließ[1], dieser uralten Kämpfe gedacht wurde. Was uns von einheimischer Sage erhalten ist, reicht nicht weit über die Zeiten Attilas hinauf, dessen gewaltige Hand mit so übermächtiger Kraft alles zerschmetterte, was ihm entgegentrat, daß auch das Gedächtnis der früheren Zeit erlosch. Von den Völkerschaften, deren Tacitus gedenkt, weiß die Sage nichts; auch die gotischen und langobardischen Heldenlieder, deren Inhalt uns zum Teil erhalten ist, sind früh verklungen. Ermanrich aber, Etzel, Dietrich von Bern und die Könige der Burgunden lebten fort in der Erinnerung des Volks, die mit der Völkerwanderung abschloß; wir haben die Lieder, welche von ihnen reden, aber wie unbestimmt und nebelhaft sind ihre Gestalten geworden: kaum erkennt man noch, ob es Menschen sind oder Götter. Das ist die Natur der mündlichen Überlieferung, in der es nichts Festes und Stetiges gibt, und schlimm würde es um unsere Kenntnis der Geschichte stehen, wenn wir auf jene angewiesen wären. Kaiser Ludwig hatte keine Freude an den Liedern der Heimat, welche er in seiner Kindheit erlernt hatte; mit heidnischen Vorstellungen und Anschauungen durchwoben, widerstrebten

[1] dazu: »Heldensagen« in: Reallexikon der germanischen Altertumskunde II S. 488–197.

sie seinem kirchlichen Sinne, und wie dieser Kaiser, so verhielt sich auch die ganze Kirche feindlich gegen diese Sagendichtung, so große Freude auch einzelne ihrer Diener daran haben mochten. Die Kirche aber führte damals, und bald für lange Zeit ausschließlich und allein, den Griffel und die Feder, welche sie nicht entweihen wollte durch die Aufzeichnungen halb heidnischer Gesänge; sie strebte vielmehr dahin, auch auf dem Felde der Dichtkunst das Christentum zum Siege zu führen. Wir gedenken jetzt mit vergeblicher Sehnsucht der verlorenen Sammlung Karls des Großen; allein die Kirche, in welcher sich jahrhundertelang fast das ganze geistige Leben des Volkes uns darstellt, hat für diesen Verlust auch reichen Ersatz geboten, indem sie die wirkliche Geschichte der Zeit in fester, zuverlässiger Aufzeichnung überlieferte, freilich sehr einseitig, oft in dürrer und reizloser Form, aber um so treuer und wahrhaftiger. Vor der Bekehrung zum Christentum kann daher von einheimischen Geschichtsquellen nicht die Rede sein. Von dem Deutschland, welches Arminius' Heldenkampf dem römischen Einflusse entzogen hat, bringen uns nur die Werke der Römer und Griechen spärliche Kunde, aber diese zu berühren liegt außerhalb der Grenzen unserer Aufgabe. Jedoch auch westlich vom Rhein, südlich von der Donau und der Teufelsmauer (des limes trans rhenanus), liegt gegenwärtig viel deutsches Land, wohnte auch unter der Römerherrschaft manch deutscher Stamm, und nicht ganz ist der Faden zerrissen, welcher in diese Zeiten hinüberführt. Der Boden selber redet zu uns in vernehmlicher Weise. Noch stehen in Trier die gewaltigen Bauten der Römer; ihre Türme und Wälle, ihre Landstraßen und Gräber, die zahlreichen Inschriften, welche die verschiedensten Verhältnisse des Lebens berühren, entrollen vor unseren Augen ein Bild jener Zeit, da das weltbeherrschende Volk sich auch hier häuslich niedergelassen hatte und manche blühende Stadt ein kleines Abbild der ewigen Roma darbot. Wir erkennen noch ihre Kapitole, ihre Tempel, Theater und Gerichtshallen,

ihre Bäder und Villen, ihre Fabriken, deren Stempel auf den Trümmern der Geräte deutlich zu lesen sind[2]. Allein das alles liegt wie eine fremde Welt hinter uns, eine gewaltige Kluft trennt uns von jener Zeit, erfüllt von allem Greuel der Verwüstung und vernichtenden Kriegszügen. Der bebaute Acker birgt Reste von Gebäuden, die mit der sinnvollsten Technik dem Klima gemäß zu behaglicher Bewohnung eingerichtet und mit reichem Schmuck der Kunst ausgestattet waren; aber was blieb außer diesen schwachen Spuren übrig von dem einst so volkreichen und betriebsamen Virunum? In Salzburg fand Sankt Rupert nur waldbewachsene Ruinen des alten Juvavum, wilde Tiere hausten in den Räumen der Prachtgebäude. Andere Städte, wie Regensburg und Augsburg, wie Trier, Köln und Mainz, sind bewohnt geblieben, ja man hat geglaubt, daß ganze römische Stadtgemeinden mit ihrer Verfassung und ihren Obrigkeiten sich hier erhalten hätten. Eitler Traum! Zu gründlich haben unsere Vorfahren hier aufgeräumt; wer durch Reichtum und ansehnliche Stellung hervorragte, fiel als Opfer oder entwich beizeiten der Gefahr: Einzelne fanden bei den germanischen Fürsten als Tischgenossen des Königs Aufnahme, aber nur indem sie den alten Verhältnissen gänzlich entsagten und sich dem Gefolge des neuen Herrschers anschlossen. Und so wurden auch die übrigen Romanen, so viele ihrer am Leben und im Lande blieben, als Hörige, einzelne hin und wieder auch als Volksgenossen, in die Gemeinschaft der Einwanderer aufgenommen.
In den Grenzlanden, welche schon durch den langen Kampf verödet waren, welche dann die ganze Wucht der hereinbrechenden beutelustigen Heerscharen traf, mag kaum ein rö-

---

[2] weiterführend: K. Christ, Römische Geschichte, Einführung-Quellenkunde – Bibliographie, Darmstadt 1973, v.a. S. 223–226 und 229–231 (römische Provinzialpolitik, besonders in den germanischen Provinzen, Rätien und Noricum).

misch redender Bauer übrig geblieben sein; die Eroberer
stürmten mit ihren Gefangenen weiter und ließen das Land
verödet hinter sich. Auch war hier schon lange die Bevölkerung
großenteils germanisch. Aber in den Gebirgen des Südrandes
finden wir noch nach Jahrhunderten welsche Bauern (Walchen)
erwähnt; wo der überflutende Strom seine Dämme fand, blieb
unter der Herrschaft des deutschen Kriegers auch die gewon-
nene Beute der unterworfenen Bevölkerung. Sie mußte dem
neuen Herrn das Feld bauen und ihm dienen mit der sehr
willkommenen und geschätzten Arbeit ihrer kunstfertigen
Hände.

Aber wo der Knecht den Herrn an geistiger Bildung übertrifft,
da bleibt auch die Rückwirkung nicht aus, daß dieser von
seinem Diener lernt und manches von ihm annimmt. In Haus-
wirtschaft und Ackerbau wie im Handwerk haben sicher die
Deutschen viel von den Welschen gelernt, wie alte Lehnworte
beweisen; vorzüglich aber zeigt sich die Einwirkung der besieg-
ten Bevölkerung in der raschen Annahme des Christentums
durch die Eroberer. In den Städten des Niederrheins und Loth-
ringens scheint die Reihe der Bischöfe kaum unterbrochen zu
sein, obgleich sich von der Fortdauer römischer Bevölkerung,
so weit noch jetzt die Sprachgrenze reicht, keine Spur nachweisen läßt. In Noricum und Pannonien sind die alten Bischofsitze
fast gänzlich von der Erde verschwunden; daß aber die Verehrung eines Märtyrers, des heiligen Florian, durch bloße Tradition, unmittelbar an der alten Grenze sich erhalten habe,
erscheint nicht glaubhaft, weil er erst seit etwa 800 nachweisbar
ist.

Denn mit den römischen Legionen und Handelsleuten war
auch in diese Gegenden schon frühzeitig das Christentum eingedrungen, und als das alte Reich endlich den stets wiederhol-
ten Angriffen erlag, hatte die christliche Kirche bereits in allen
Provinzen die unbestrittene Herrschaft errungen. Über diese
frühesten Zeiten der Kirche in Deutschland, über ihre Glau-

bensboten und Blutzeugen wußte das Mittelalter gar vieles zu
erzählen; unmittelbar von den Aposteln und ihren ersten Schülern sollte die Predigt und die Stiftung der Bistümer am Rhein
wie in den Donaulanden ausgegangen sein. Es ist darüber eine
so reiche Literatur vorhanden, und diese Erzählungen nehmen
in den Chroniken des Mittelalters eine so bedeutende Stelle
ein, daß wir sie hier nicht ganz übergehen dürfen, wenngleich
diese kirchliche Sage in noch weit höherem Grade als die
weltliche jedes festen Bodens entbehrt. Die Phantasie der
Geistlichkeit, der Heldensage abgewandt, ergriff mit um so
größerem Eifer die kirchliche, und aus den unscheinbarsten
Anfängen erwuchsen da die wunderbarsten Gebilde: weit ver-
zweigte, mit allen Einzelheiten ausgeführte Geschichten, welche sich immer üppiger entwickelten und auf die ganze Denk-
weise der Menschen den größten Einfluß gewannen. Den reich-
sten Baum der Dichtung trieb die Legende von der thebai-
schen Legion[3], von deren Führern Gereon in Köln mit der
heiligen Ursula und ihren 11 000 Jungfrauen zusammentrifft.
Köln wird nun vorzugsweise die heilige Stadt durch die Menge
der Heiligenleiber, welche sie bewahrt, aber fast jeder Ort im
Rheintal hat seinen Anteil an dieser Geschichte und erhält
dadurch eine geheimnisvolle Weihe. In anderen Gegenden sind
mehr vereinzelte Legenden dieser Art, doch fehlen sie auf dem
einst römischen Boden nirgends.
Der leider zu früh verstorbene F. W. Rettberg[4] († 1849) hat das
große Verdienst, zum erstenmal alle diese Erzählungen einer
zusammenhängenden, systematischen, strengen Kritik unter-

---

[3] thebaische Legion: aus Christen zusammengesetzter römischer
Truppenkörper, der – möglicherweise – zur Zeit Diokletians
das Martyrium erlitten haben soll (»theb. Leg.« in: LThK Bd. 10,
Sp. 14, 1965).

[4] F. W. Rettberg, Kirchengeschichte Deutschlands, Göttingen 1846/
48.

zogen zu haben. Den einzig richtigen Weg einschlagend hat er das ganze ungeheure Material kritisch untersucht, der Herkunft und Entstehung jeder einzelnen Nachricht nachgeforscht. Wohl hatte man schon früher einzelnes als unhaltbar aufgegeben, aber immer suchte man doch wieder historisches Material aus dem Wuste der Fabeln zu gewinnen. Man konnte sich nicht entschließen, auf dasjenige, dessen späte betrügliche Entstehung einmal nachgewiesen war, nun auch gänzlich zu verzichten, und auch jetzt noch ist für viele dieser Entschluß zu schwer: man will doch nicht alle scheinbare Ausbeute aufgeben für Zeiten und Gegenstände, von denen man sonst gar nichts weiß. So ist es nur zu gewöhnlich, daß man das gänzlich Unhaltbare fortwirft, aber dasjenige, was nicht in sich unmöglich ist, behält – ein durchaus unhistorisches Verfahren.

Wenn es z. B. feststeht, daß man von S. Disibod im zwölften Jahrhundert noch nichts als den Namen wußte, daß dann die Nonne Hildegard nach angeblichen Visionen seine Geschichte schrieb, die von chronologischen Widersprüchen strotzt, so sollte man doch denken, daß niemand dieses Märchen ferner als Geschichtsquelle benutzen werde. Und dennoch machte Remling in seiner Geschichte der Bischöfe von Speyer[5] davon Gebrauch, obgleich ihm Rettbergs Werk nicht unbekannt war. Jedem besonnenen und gewissenhaften Forscher aber gewährt die »Kirchengeschichte Deutschlands« eine feste Grundlage für die Beurteilung dieser Zeiten. Das Verfahren Rettbergs besteht darin, daß er die Entstehung der Legenden genau untersucht und nachweist, wie sie allmählich gewachsen sind, wie anfangs nur die Namen der Heiligen vorkommen, von denen einige wenige auf wirklich alter lokaler Verehrung beruhen; wie dann zuerst einige Umstände, dann nach und nach mehr hinzugesetzt wird, bis die ganze Geschichte fertig ist. Die Legenden selbst sind großenteils ohne Zeitangaben über ihre Abfassung; einen

---

[5] F. X. Remling, Geschichte der Bischöfe von Speyer, Mainz 1852–54.

ganz bestimmten Anhalt aber gewähren die Martyrologien[6], deren Verfasser bekannt sind, und die uns daher das allmähliche Anwachsen der Legenden auf das deutlichste und bestimmteste erkennen lassen. Daß aber solche späteren Zusätze nicht etwa auf wirklicher, durch mündliche Überlieferung bewahrter Kenntnis beruhen, das zeigt uns, außer den inneren Widersprüchen, besonders der Vergleich mit den späteren echten Legenden, mit den Lebensbeschreibungen der Heiligen aus geschichtlich bekannter Zeit, welche in den Legendarien ebenfalls fortwährend sich verändern und mit allerlei fabelhaften Zutaten vermehrt werden.

Man hat freilich Rettbergs Verfahren als zu negativ angegriffen, und es wird zuzugeben sein, daß er in einzelnen Fällen zu weit gegangen ist. Auch ist hin und wieder etwas aufgefunden, wodurch auf einzelne Fragen neues Licht fällt. Es war deshalb nicht ungerechtfertigt, daß Prof. J. Friedrich den Versuch machte, jenem Werke eine »Kirchengeschichte Deutschlands« (I. Die Römerzeit 1867, II. Die Merowinger 1869) von mehr konservativer Richtung entgegenzusetzen. Allein es fehlt in dieser frühen Arbeit Friedrichs noch an jener strengen wissenschaftlichen Methode, durch welche Rettberg sich so sehr auszeichnet, und infolge übermäßiger Ausdehnung ist von der Zeit der Merowinger nur der Anfang berührt. Eine weitere Fortsetzung ist nicht erschienen.

Das Ergebnis von Rettbergs Kritik aller jener Legenden über die Zeit der ersten Einführung des Christentums in das römische Deutschland ist, daß sie alle späteren Ursprungs sind, daß für die wirkliche Geschichte jener Zeit nichts daraus zu lernen ist. Auch was Friedrich nachträglich zu retten versucht, ist nur sehr wenig, und es trägt für diesen Gegenstand wenig aus, ob

---

[6] Martyrologium: kalendarisch geordnete Verzeichnisse von Heiligengedenktagen, wobei ursprünglich nur Märtyrer erfaßt wurden; vergl. RGG IV Sp. 785 und s.u. § 3.

in der auf den Bischof Eucherius von Lyon (um 450) zurückgehenden Geschichte von dem Märtyrertode der Thebäer in
Agaunum ein dürftiger historischer Kern sich nachweisen läßt,
ob das Martyrium einiger christlicher Jungfrauen zu Köln
glaubhaft bezeugt ist. Etwas erheblicher schien die Verteidigung der Legende von dem Martyrium der hl. Afra zu Augsburg[7], deren Verehrung Fortunatus schon kannte, allein sie
stammt erst aus karolingischer Zeit, und ihren völligen Unwert
hat Krusch gegen Duchesne siegreich erwiesen. Rettberg fällte
ein günstigeres Urteil nur über die Leidensgeschichte des hl.
Florian[8]. Dieser, ein entlassener Veteran, soll infolge der Verfolgungsedikte von Diocletian und Maximinian auf Befehl des
Aquilinus, Präses von Ufernoricum, zu Lorch in die Enns
gestürzt sein. Ungeachtet eines schweren Steins, der an seinen
Hals gebunden ist, trägt ihn der Fluß auf einen hervorragenden
Fels, von wo eine fromme christliche Frau ihn infolge einer
Vision zur Bestattung abholt. Diese Erzählung aber ist eine
deutliche Nachahmung der viel älteren Passio des hl. Irenaeus
von Sirmium, so daß sich die absichtliche Erdichtung darin
kaum verkennen läßt. Denn es ist eben eine Eigentümlichkeit
dieser späteren Legendenfabrikation, daß sich in benachbarten
Gegenden immer dieselben Todesarten und Wunder wiederholen; die Phantasie des Mittelalters erscheint darin arm und
dürftig. Auch finden sich diese Angaben über Sankt Florians
Ende erst in Martyrologien des 9. Jahrhunderts, die Handschriften der Legende reichen nicht höher hinauf, und nichts
weist darauf hin, daß sie etwa, wie das Leben Severins, in
Italien aufbewahrt und von dort zurückgebracht wäre, vielmehr
ist Florian als ein Vorläufer der auf Lorch bezüglichen Passauer
Fälschungen zu betrachten.
Obgleich dem deutschen Boden nur benachbart, verdient eine

---

[7] Passio Afrae ed. Krusch NA 33 (1908) S. 13–52.

[8] Passio Floriani ed. Krusch NA 28 (1903) S. 337–392.

andere Legende, die Leidensgeschichte der heiligen Vier Gekrönten[9], hier noch Erwähnung, welche Rettberg unbekannt
geblieben ist. Sie berichtet uns von vier christlichen Arbeitern
in den Steinbrüchen Pannoniens, welche noch einen ihrer Genossen bekehren; ihn tauft der in Ketten dorthin verbannte
Bischof Cyrill von Antiochien. Das ist ein merkwürdiger Fin-
gerzeig für die Ausbreitung des Christentums. Rettberg, der
nicht nur das spätere Fabelwerk mit schonungsloser Kritik
zerstört, sondern auch den wirklichen Verlauf der Bekehrung
dieser Lande mit größter Sorgfalt aus den einzelnen Anhalts-
punkten nachgewiesen hat, ist zu der Ansicht gekommen, daß
für dieselbe nicht sowohl eigentliche Missionare tätig waren,
als vielmehr die christlichen Soldaten, Handelsleute und Arbeiter, welche hierher kamen, während die späteren Legenden
durchgehend die Gründung der Kirchen durch die Apostel und
ihre ersten Schüler behaupten. Die Verbannung gefangener
Christen in die Steinbrüche Pannoniens, und wohl auch anderer Lande, wird das ihrige dazu beigetragen haben. Es erklärt
sich aber aus dieser unmerklichen und unscheinbaren Verbreitung auch zur Genüge, warum keine Schriftsteller das Andenken derselben aufbewahrt haben. Jene Arbeiter nun fielen dem
Neide ihrer Gesellen durch Diocletians Spruch zum Opfer, so
gerne dieser auch anfangs seine geschicktesten Arbeiter sich
erhalten wollte (307?). Die Reliquien der fünf Arbeiter finden
sich später zu Rom in der Kirche der heiligen Vier Gekrönten,
mit denen sie nur hierdurch in zufällige Verbindung gebracht
sind, und dies hat auch eine Verschmelzung ihrer Legenden
zur Folge gehabt. Vielleicht erst hierdurch sind auch chronologische Widersprüche hineingekommen, aber alt ist die Legende
sicher, geschrieben, bevor Pannonien von den Barbaren über-
schwemmt war, und das Treiben in den Steinbrüchen ist mit

[9] Passio Sanctorum Quattour Coronatorum, ed. Wattenbach, Wiener
SB 10 (1853), S. 115–137.

solcher Anschaulichkeit und auch mit so durchgängiger Beibehaltung der technischen Ausdrücke geschildert, daß der Verfasser selbst noch persönliche Kunde davon gehabt haben muß. Als solchen nennt die alte Pariser Handschrift den Schatzungsbeamten Porphyrius.

Während nun also diese Legende noch die ungestörte Römerherrschaft in diesen Gegenden voraussetzt, führt uns eine andere so recht mitten hinein in die Stürme der Völkerwanderung, und wir können es uns daher nicht versagen, bei dieser etwas länger zu verweilen.

§ 2. *Das Leben des heiligen Severin*

Die Lebensbeschreibung des heiligen Severin, von seinem Schüler Eugippius verfaßt, ist für uns von ganz unschätzbarem Werte, indem sie einen hellen Lichtstrahl wirft in Zeiten und Zustände, von denen wir sonst gar nichts wissen würden, wie denn auch vorher und nachher tiefe Finsternis diese Donauländer bedeckt. Keine andere Quelle gibt uns in so reichhaltiger Weise ein Bild des christlich gewordenen und bereits mit vollständiger kirchlicher Einrichtung versehenen Römerlandes im Süden der Donau; unmittelbar vor der Vernichtung zeigt ein günstiges Geschick uns diese Gegenden und ihre Bevölkerung in scharfen und lebensvollen Umrissen.

Attila war 453 gestorben, und die frei gewordenen Völker wenden nun ihre Waffen gegeneinander und gegen die kläglichen Überbleibsel des römischen Reiches. Alamannen und Thüringer hatten den Grenzwall durchbrochen und drangen in Rätien immer weiter gegen Süden und Osten vor. In Noricum hielt sich noch die römische Bevölkerung, aber in welchem Zustand! Von allen Seiten wurde sie schwer bedrängt durch die vorrückenden Barbaren – denn so nannten damals und noch lange nachher nicht nur die Römer, sondern auch die Deutschen selbst alle Nichtrömer. Jenseits der Donau schalteten die Rugier, durch häufige Streifzüge das Land bedrängend und bald auch diesseits festen Fuß fassend. Sie, wie die Goten in Pannonien, waren Arianer, den katholischen Romanen fast noch verhaßter als die Heiden. In Comagena, einer bald darauf völlig verschwundenen Römerstadt unweit Tuln, hatten bereits Barbaren sich festgesetzt. Unfähig, sie zu vertreiben, schlossen die Römer ein Bündnis mit ihnen, und die Einwohner lebten nun wie Gefangene in ihrer eigenen Stadt. Da tritt plötzlich, ungehindert durch die Wachen, Severinus unter sie: Eben war, wie er vorher verkündigt hatte, die benachbarte Stadt Astura gänzlich zerstört worden, und gläubig horchte man nun auf seine Worte, da er Rettung verhieß, fastete und betete, bis plötzlich in der Nacht ein Erdbeben die Barbaren in Schrecken setzt; voll Angst eilen sie aus den Toren und morden sich gegenseitig in der Finsternis und Verwirrung. So war die Stadt von ihren Drängern befreit, allein was war damit gewonnen! Nur von den Städten aus wurde noch das Feld gebaut, und nur zu häufig fielen Ernte und Schnitter in die Hände der Barbaren; Hunger verwüstete das reiche und fruchtbare Land, wenn die Zufuhr auf dem Inn ausblieb. Die Grenzsoldaten erhielten aus Italien keinen Sold mehr, und infolge davon lösten ihre Scharen sich auf; nur die batavische Cohorte in Passau hielt noch zusammen, und einige von ihren Leuten machen sich auf, um den Sold über die Alpen zu holen, werden aber unterwegs erschlagen. Vor der Donaustadt Faviana, zwischen Passau und Wien, erscheinen plötzlich Räuber und führen alles hinweg, was sie außerhalb der Mauern finden, Menschen und Vieh. Der Tribun Mamertinus hat so wenig Mannschaft, daß er keinen Ausfall wagen will, bis Severin ihm den göttlichen Beistand verheißt; da zieht er mutig hinaus und gewinnt.

Eine der wunderbarsten Erscheinungen ist dieser Severin. Nie hat er sagen wollen, wer er sei, woher er stamme; nur daß er aus dem fernen Osten komme, nahm man aus seinen Reden ab, doch erkannte man an der Sprache den geborenen Lateiner.

Von vornehmer Abkunft, so schien es, hatte er sich in die Einsamkeit zu den heiligen Vätern, vermutlich in die thebaische Wüste, zurückgezogen; dann aber trieb ihn, wie er selber andeutete, eine göttliche Stimme, den bedrängten Bewohnern des Ufernoricum Trost und Hilfe zu bringen. Seine Enthaltsamkeit erschien übermenschlich. Bei der heftigsten Kälte ging er barfuß, und an die strengsten Fasten gewöhnt, schien er Hunger und Entbehrung nur in der Seele der Notleidenden zu empfinden. So durchzog er das ganze Land, ermahnend, Buße predigend, tröstend, vor allem aber Hilfe bringend, so viel er vermochte. Förmliche Zehnten forderte er ein, um Gefangene loszukaufen, Arme zu unterstützen. Sein Ansehen war bald groß im Lande; unbedingte Herrschaft über die Natur maß man ihm bei, und Gottes Zorn traf jeden, der auf sein Wort nicht achtete.

Den merkwürdigsten Gegensatz bildet dieses Land, welches in seiner Bedrängnis sich willig der Leitung eines frommen, gottbegeisterten Mönches hingibt, zu den sittenlosen Grenzstädten Galliens, über deren Verderbtheit und Leichtsinn Salvian vergeblich eiferte, zu Trier, wo »selbst noch bei dem Sturme der fränkischen Sieger auf die Stadt jung und alt der zügellosesten Schlemmerei und Ausschweifung sich ergibt, mit wahrer Raserei alles dem unausweichbaren Untergang trunken und prassend entgegenstürzt«.

Severins Ansehen beugten sich auch die Fürsten der Barbaren, selbst jene böse Königin Giso, welche rechtgläubige Katholiken umtaufen wollte. Halb aus Wohlwollen, halb aus Furcht erfüllten sie seine Bitten, achteten sie auf seine Ermahnungen. Seinen Ratschlägen dankte der Rugierkönig Flaccitheus seine friedliche Regierung. Schützte Severin die Römer manchmal durch Ermutigung zu kräftigem Widerstand und durch Vorhersagen feindlicher Angriffe, so wandte er doch häufiger durch seine Fürbitten Gefahren ab und erlangte die Freigabe der Gefangenen. An vielen Orten hatte er Klöster errichtet, die nach der Weise des Morgenlandes aus einer Vereinigung einzelner Hütten bestanden, das größte, in welchem er sich am häufigsten aufhielt, bei Faviana, einem jetzt spurlos verschwundenen Orte. Hier traten einst einige Barbaren zu ihm, die nach Italien zogen und ihn um seinen Segen baten: unter ihnen Odoakar, damals noch ein gemeiner Krieger und mit schlechten Tierfellen notdürftig bekleidet, aber so hoch gewachsen, daß er sich bücken mußte, um nicht die Decke der Zelle zu berühren. Geh, sagte Severin zu ihm, geh nach Italien; jetzt deckt dich noch ein geringes Gewand, aber bald wirst du vielem Volke große Gaben auszuteilen haben. Als König gedachte Odoakar dieser Weissagung und forderte Severin auf, sich eine Gnade auszubitten, worauf dieser sich für einen Verbannten verwendete.

Severin konnte es doch nicht hindern, daß Stadt auf Stadt in die Hände der Feinde fiel. Die Rugier bemächtigten sich der Stadt Faviana und der benachbarten Orte. Ihre Herrschaft gewährte wenigstens Schutz gegen die wilderen Feinde, welche alle weiter aufwärts gelegenen Burgen und Städte zerstörten. Die geflüchteten Einwohner führte König Feva aus Lorch (Lauriacum), wo sie sich gesammelt hatten, in die ihm untertänigen Städte. Joviacum dagegen wurde von den Herulern gänzlich verheert, während Tiburnia (Teurnia) in Oberkärnten, an dessen Namen noch Liburnia, Lurna, Lurnfeld erinnert, eine Belagerung der Goten glücklich überstand. Noch im 6. Jahrhundert waren hier christliche Bischöfe; dann aber unterlag auch diese uralte Stiftung sowie die alte Bischofstadt Pettau den Slaven und Avaren.

Am 8. Januar um 482 starb Severin. Fevas Bruder Ferderuchus plünderte gleich darauf sein Kloster. Innere Kriege unter den Rugiern und Odoakars Feldzug gegen sie mehrten die Bedrängnis der Römer, bis endlich sechs Jahre nach Severins Tod Odoakar die ganze römische Bevölkerung aus Noricum abrief und ihr in Italien Land anwies. Dadurch erklärt es sich, daß gerade hier von den alten und einst so bedeutenden Römerstädten fast jede Spur verschwand und nur schwache Reste einer unterwürfigen romanischen Bevölkerung in den Gebirgen zurückblieben. Damals scheint auch der heilige Antonius Noricum verlassen zu haben. Er war aus Pannonien zu Severin noch kurz vor dessen Tod gekommen, wie Ennodius in der Lebensbeschreibung des Antonius berichtet[10].

Severins Mönche folgten mit Freuden dem Rufe, welcher sie aus der Knechtschaft erlöste. Der Anordnung ihres Meisters gemäß führten sie dessen Leiche mit sich bis nach Neapel, wo sie endlich Ruhe fanden. Hier richtete ihnen eine vornehme Frau, namens Barbaria, ein Kloster ein im Castellum Lucullanum, dessen Name noch das Andenken der üppigen Gärten Luculls bewahrte. Ebenda war kurz zuvor auch dem letzten römischen Kaiser sein Aufenthalt angewiesen worden.

In diesem Kloster nun war Eugippius[11] Abt, ein Schüler Severins, der nach Cassiodors Zeugnis von weltlicher Gelehrsamkeit nicht gar viel wußte, aber in den heiligen Schriften wohl belesen war, der Verfasser eines Auszuges aus den Schriften des heiligen Augustin. Mit bedeutenden Kirchenschriftstellern der Zeit stand er im Briefwechsel. Diesen Eugippius nun forderte ein ungenannter Laie auf, ihm Materialien zu einer Lebensbeschreibung Severins zu geben; er zeichnete darauf auch wirklich seine Erinnerungen auf, sandte dieselben aber (511) nicht an jenen Laien, denn das erschien ihm unpassend, sondern an den gelehrten Diakonus der römischen Kirche, Paschasius, mit der Bitte, sie zu einer förmlichen Lebensbeschreibung zu verarbeiten. Zugleich sandte er ihm in dem Boten einen Mann,

---

[10] Ennodius, Vita Antoni monarchi. MGH AA 7.
    Literatur zu Ennodius: Dahlmann-Waitz, Quellenkunde der deutschen Geschichte (DW) 162/341–344 (Werke); 345–354 (Lit.).
[11] zur Person Eugipps: Reallexikon der ger. Altertumskunde Bd. 7 (Neuauflage 1989), S. 620–622 mit reichhaltiger Literatur.

der als Augenzeuge über die Wunder berichten sollte, welche
auf dem Zuge durch Italien an Severins Sarg geschehen waren.
Paschasius aber lehnte jede Änderung an Eugipps Aufzeichnungen ab, und in der Tat ist es auch sehr zweifelhaft, ob jene
Bitte ernsthaft gemeint war, da uns ähnliche Aufforderungen,
die nichts als Redensart sind, so häufig begegnen. Eugipps
Aufzeichnungen sind durchaus nicht unfertig, nicht nachlässig
und formlos, und gerade aus jenen italischen Wundern hebt er
einige als die wichtigsten sorgsam hervor. Auch gibt er als den
wesentlichsten Grund, weshalb er den Wunsch jenes Laien,
von dem eine andere Biographie ihm bekannt war, nicht erfüllt,
die Besorgnis an, er möchte durch die Anwendung der rhetorischen Kunst den Gegenstand verhüllen und für den einfachen
und ungebildeten Gläubigen geradezu unverständlich machen.
Er war also kein Freund von den kunstgerechten Büchern
jener Zeit, welche, wie z. B. die Schriften des Ennodius und
manche von Cassiodor, durch eine Überfülle gesuchter Antithe-
sen und wortreichen Phrasenschwall so unerträglich schwülstig
und geziert sind, daß man oft nur mit Mühe den Sinn der Worte
enträtselt. Das galt in den Rhetorenschulen als schöner Stil.
Eugipps Aufzeichnungen dagegen sind viel einfacher und fast
schmucklos, ohne strenge Reihenfolge und Ordnung, aber um
so mehr der treue Ausdruck dessen, was ihm in seiner Erinnerung als das Bemerkenswerteste erschienen war. Gerade darin
liegt der Hauptvorzug dieser Lebensbeschreibung vor den zahlreichen Legenden, aus deren salbungsvollem Wortreichtum die
wenigen geschichtlichen Nachrichten mühsam hervorgesucht
werden müssen. Er selbst hatte Severin und den Schauplatz
seiner Wirksamkeit gekannt; in den letzten Abschnitten bezeichnet er sich ausdrücklich als Augenzeugen, aber auch nur
in diesen, während er sich übrigens auf die häufig gehörten
Erzählungen, zuweilen auf bestimmte Gewährsmänner beruft.
Das Leben Severins finden wir schon bald nach seiner Entstehung bei dem sogenannten Anonymus Valesianus, im Anfange

des 7. Jahrhunderts von Isidor erwähnt, im 8. von Paulus
Diaconus benutzt. Um dieselbe Zeit verfaßte man zu Neapel
einen Hymnus, dem dasselbe zu Grunde liegt. Bald wurde es
dann auch an dem Schauplatz seiner Wirksamkeit bekannt,
denn schon im Jahre 903 erwarb die Passauer Kirche eine
Handschrift desselben von dem Landbischof Madalwin, die
Grundlage vielleicht eines Teiles der bayerischen und öster-
reichischen Handschriften. Eigentümlich sind die Wirkungen,
welche hier von diesem Werk ausgingen. Man las darin von
der großen alten Stadt Faviana, die man nirgends fand, und
da man nun bei Wien alte Römersteine aufgrub, so zweifelte
man nicht daran, daß hier einst Faviana gelegen habe; Otto
von Freising und Herzog Heinrich von Österreich nahmen
diese Meinung an, und sie hat sich bis auf die neuesten Zeiten
behauptet, bis endlich Blumberger sie siegreich widerlegte.

Schlimmere Folgen hatte es, daß man in Passau nun erfuhr,
Lorch habe einst Bischöfe gehabt, lange bevor Salzburg den
Krummstab führte. Es lag nahe, sich als Erben der benachbarten Stadt zu betrachten, welche jetzt zum Passauer Sprengel
gehörte. Aber der einmal angefachte Ehrgeiz strebte immer
weiter; um dem Vorrange des jüngeren Salzburg nachdrückli-
cher entgegentreten zu können, wurde ein Erzbistum Lorch
erdacht und bald zu fabelhafter Größe ausgedehnt; neu ange-
fertigte Legenden von St. Quirin und Maximilian mußten die
Beweise dazu hergeben, untergeschobene Urkunden das Vor-
gehen unterstützen, und mit Hilfe dieser Waffen setzte Passau
wirklich bei dem in geschichtlicher Kritik wenig erfahrenen
Stuhle Petri seine Ansprüche durch und wußte sich seit dem
Ende des 17. Jahrhunderts der rechtmäßigen Salzburger Metro-
politangewalt zu entziehen. Viel größer aber, oder doch für
uns bedeutender, ist das Unheil, welches diese Fälschungen in
der Geschichtsforschung angerichtet haben; noch Rettbergs
Werk trägt bedeutende Spuren davon, und es wird noch eine
gute Weile dauern, bis es gelingt, diesen häßlichen Spuk gänz-

lich aus der Geschichte zu verbannen. Aufgedeckt aber ist die ganze Sache namentlich in E. Dümmlers Werk über Piligrim von Passau[12], und das Erzbistum Lorch. Nachdem dann die Fälschung wohl zugegeben, aber verschiedene Versuche gemacht waren, Piligrim von dem auf ihm lastenden Verdacht zu befreien, hat neuerdings Karl Uhlirz alle betreffenden Urkunden einer genauen Kritik unterzogen und ist zu dem Ergebnis gelangt, daß als Fälscher sich ein Beamter aus der Kanzlei Ottos II. nachweisen läßt, welcher von Pilgrim gewonnen sein muß.

Severins Leben ist der letzte Sonnenblick vor einer Zeit der äußersten Finsternis wie der Abendstrahl durch die Grotte des Posilipp. Erst viel später, von Gallien aus, werden wir Deutschland wieder erreichen können. Von dort wurde ihm aufs neue die literarische Kultur gebracht, vermittelt durch diejenigen Stämme des deutschen Volkes, welche auf römischem Boden sich niedergelassen hatten und hier die Schüler ihrer Feinde geworden waren. Die Geschichtsschreibung, welche sich im römischen Reiche während der letzten Jahrhunderte entwikkelte, bildet die Grundlage der mittelalterlichen, welche mit ihr im unmittelbaren Zusammenhange steht, und es ist deshalb notwendig, daß wir sie auch hier etwas ausführlicher ins Auge fassen, da sonst die Entwicklung der deutschen Historiographie nicht verständlich sein würde.

§ 3. Die Anfänge und Gattungen der christlichen Geschichtsschreibung

Das Mittelalter ist durch keine bestimmte Grenzlinie vom Altertum geschieden, lange Zeit laufen beide gewissermaßen parallel nebeneinander her. Das unterscheidende Element ist

---

[12] Dümmler, Pilgrim v. Passau, Leipzig 1854.

das Christentum, welches das antike Wesen zersetzt, teils ver-
nichtet, teils umformt; dann das Eintreten ganz neuer Völker
in die Geschichte, welche nach und nach den Schwerpunkt
ihrer Entwicklung zu sich hinüberziehen. Die klassisch-heidni-
sche Literatur gehört einem anderen Gebiete an, und liegt
unserer Aufgabe fern; allmählich erstarb in ihr das Leben, und
auch die Geschichtsschreibung beschränkte sich immer mehr
auf Auszüge aus den älteren Werken. Hieran konnte sich natürlich keine weitere Entwicklung anknüpfen. Den vorhandenen
Stoff, wie ihn besonders Eutropius zubereitet hatte, faßte zuletzt noch einmal Paulus Diaconus in seiner römischen Geschichte zusammen und machte ihn durch Verschmelzung mit
der Kirchengeschichte für seine Zeit brauchbarer. So ging er
in das Mittelalter hinüber, und bildete hier die Grundlage aller
Kenntnis der römischen Welt. Aber ungeachtet der christlichen
Zusätze und Fortsetzungen blieb doch dieses Werk nur eine
tote Masse; die lebendige neue Entwicklung schloß sich an die
christliche Geschichtsschreibung, welche sich für die verän-
derte Auffassung und andere Bedürfnisse auch neue Formen
erschuf.

Die römische Weltgeschichte konnte den Christen unmöglich
genügen, die eigene Geschichte der römischen Republik sie
nur wenig anziehen. Ihnen war das Wesentliche in der Weltgeschichte die Geschichte des Reiches Gottes, der Mittelpunkt
lag ihnen in der jüdischen Geschichte, und davon meldeten
die Werke der Römer nichts. Daher fand auch des Königs
Desiderius Tochter Adelperga den Eutrop[13], welchen Paulus
Diaconus ihr zu lesen gegeben, so ungenügend, und einige
Zusätze konnten hier nichts helfen; es mußte eine ganz neue

---

[13] Eutrop, Abriß der römischen Geschichte, übers. v. A. Forbiger,
Berlin 1921 (3. Aufl.).
Lat. Ausgabe: Brevarium ab urbe condita, ed. K. Santini, Leipzig
1979.

Weltgeschichte aufgestellt werden, die mit dem veränderten Standpunkte im Einklang war, die namentlich auch das hohe Alter der jüdischen Kultur, die spätere Entstehung der heidnischen Staaten nachwies. Um dieses möglich zu machen, kam es vor allem darauf an, das chronologische Verhältnis der heiligen und profanen Geschichte zu bestimmen, um dann eine Verschmelzung der beiderseitigen Nachrichten vornehmen zu können. Diese Aufgabe löste, nach dem Vorgang des Sextus Julius Africanus, welcher zuerst den Versuch machte, chronologisch das gesamte Altertum mit der Bibel zu vereinigen, Eusebius (um 264–340). Seine zwei Bücher *Allgemeiner Geschichte* enthielten zuerst in darstellender Form die Chronographie, dann tabellarisch den synchronistischen Kanon bis 325. Auf diesem großen Werke beruhen alle späteren Weltchroniken, der Byzantiner sowohl wie des Abendlandes, während zugleich aus seiner Kirchengeschichte das Mittelalter alle seine Kenntnis von den Anfängen der christlichen Kirche schöpfte. Dieses letztere Werk hatte für die Lateiner Rufinus bearbeitet und (bis 395) fortgesetzt, die Chronik aber Hieronymus (345–420), welcher sie zugleich bis 378 fortsetzte.

Diese Chronik des Hieronymus finden wir vollständig oder im Auszug an der Spitze aller umfassenden Chroniken des Mittelalters. Sie war ihre Grundlage und ihr Vorbild, und dadurch war die knappe Form der annalistischen Aufzeichnungen gegeben. Darstellende Werke aller Art hatten daneben freien Raum, aber um eine übersichtliche Anschauung von dem chronologischen Zusammenhange der Weltbegebenheiten zu erhalten, war diese Form unstreitig die angemessenste, wie man ja auch heutzutage der Tabellen zu diesem Zwecke nicht entbehren kann. Sehr dürftig und ungenügend freilich erscheint uns dieselbe, wo sie fast allein und ausschließlich zur Überlieferung der geschichtlichen Ereignisse verwandt wird, oder doch anderes uns nicht erhalten ist, wie dies in den nächsten Jahrhunderten nach Hieronymus der Fall war. Diese ersten mageren Fortsetzungen seiner Chronik sind für uns ihres Inhalts wegen wichtig. Der Geschichtschreiber der auf römischem Boden angesiedelten deutschen Stämme ist größtenteils auf diese dürftigen Quellen angewiesen, für die Entwicklung der Historiographie in Deutschland aber haben sie nur insofern Bedeutung, als durch ihre Vermittlung die unmittelbare Anknüpfung der späteren Chronisten an Hieronymus möglich wurde.

Bemerkenswert ist aber bei diesen Chronisten der allen gemeinsame römische Standpunkt, das ängstliche Festhalten am römischen Reich. Uns erscheint gegenwärtig der Gedanke, daß in den neuen Bildungen, den romanischen Staaten, der fruchtbare Keim einer neuen Zukunft enthalten war, als natürlich und naheliegend; damals aber fiel weit mehr die Zerstörung des alten Reiches ins Auge; man sah und beklagte überall nur den Verfall, und wer die Weltgeschichte zu betrachten versuchte, sah fortwährend nur in dem römischen Weltreich den Träger derselben. Boten doch die Jahre seiner Kaiser und seiner Konsulate die einzig vorhandene Zeitrechnung, denn weder die von Eusebius eingeführte Rechnung nach Jahren Abrahams noch die Jahre von Erbauung der Stadt Rom erscheinen im Westreiche je im praktischen Gebrauch, und Justinians Siege stellten noch einmal die Fortdauer all der neu entstandenen Reiche in Frage. Mochte aber auch das abendländische Römerreich in Trümmer fallen, das morgenländische keinen Schatten von Macht über den Westen besitzen, für die Chronisten ist und bleibt es das Weltreich, der Faden, der sie leitet. Die in das Reich eindringenden deutschen Stämme sind und bleiben Barbaren, wenn auch der Schreibende, welcher jedoch immer der Kirche angehört, selber ihr Landsmann ist. Diese Auffassung beschränkt sich nicht auf diese Zeit, sie bleibt herrschend durch das ganze Mittelalter, denn sie war bedingt durch die auf Anschauungen der Alten beruhende, seit Hieronymus allgemein angenommene Erklärung von dem Traum des Nebukadnezar bei dem Propheten Daniel, nach welchem das römische Reich, das eiserne, welches die früheren zermalmt, bleiben soll bis zum Eintritt des himmlichen Reiches[14]. Die Fortdauer desselben war daher außer aller Frage. Demgemäß behandeln auch die späteren Weltchroniken die deutsche Geschichte niemals als etwas Neues, Selbständiges, sondern nur als eine Fortführung des römischen Reiches: Sie führen nach dem Untergange des westlichen Reiches die byzantinischen Kaiser fort bis auf Karl den Großen und bewahren so seine scheinbare Kontinuität, wenn sie auch dazwischen die Volksgeschichten episodisch in ihr großes Fachwerk einschalten wie Frutolf von Michelsberg.

Neben der großen Chronik des Hieronymus gab es nun aber auch noch eine andere, sehr dürftige und kompendiarische, welche nur einige Anhaltspunkte zur chronologischen Orientierung gewährte. Sie läßt sich zurückführen auf ein älteres griechisches Werk des Hippolyt von Rom, das bis 234 reichte, ein Werk, welches auch dem Liber Generationis des sogenannten Fredegar zu Grunde liegt. Überarbeitet und bis 334 fortgesetzt, bildet es einen Teil jenes merkwürdigen römischen Staatskalenders, den Th. Mommsen in seiner Abhandlung über den Chronographus von 354 ausführlich behandelt hat[15]. Er hat nachgewiesen, daß dieser Kalender mit den nötigen Veränderungen von Zeit zu Zeit neu herausgegeben wurde. Doch war er viel zu kostbar, als daß sich, wer ihn einmal besaß, immer ein neues Exemplar davon angeschafft hätte, und da die ganze Einrichtung des Werkes zur Eintragung geschichtlicher Ereignisse eine sehr passende Gelegenheit darbot, so ist seine Form nicht ohne Einfluß auf die Gestaltung der verschiedenen Gattungen geschichtlicher Aufzeichnungen geblieben. Sein Inhalt muß folgenden Stücken entsprochen haben, welche die noch erhaltene Abschrift eines Exemplars vom Jahre 354 uns kennen lehrt:

---

[14] Daniel 2, 1–13; vergl. Otto v. Freising, Chronik II, 13.
[15] MGH AA 9, 13 ed. Mommsen; vergl. Levison, Geschichtsquellen im Mittelalter, Heft 1, Weimar 1952, S. 53, Anm. 46 (sehr ausführl.)

1. Der eigentliche Kalender mit Bildern, die noch völlig in heidnisch-antiker Weise gezeichnet sind. Der Kalender selbst ist nicht mehr heidnisch, aber doch auch noch nicht christlich. Die öffentlichen Spiele, die Senatstage und andere sind darin verzeichnet und die Geburtstage der Cäsaren auch noch abgesondert auf einem verzierten Blatt vorangestellt.

2. Konsularfasten bis zum Jahre 354.

3. Ostertafeln von 312–411

4. Ein Verzeichnis der Stadtpräfekten von 254.

5. Die Todestage (Depositiones) der römischen Bischöfe und der Märtyrer.

6. Ein Papstkatalog bis auf Liberius.

7. Die oben erwähnte Weltchronik bis 334, verbunden mit einer Stadtchronik vom Rom und der Regionenbeschreibung.

In diesen Stücken läßt sich mehr als ein Keim erkennen, der später zu weiterer Entfaltung gelangt ist. Während aus dem letzten Teile jene so zahlreichen, immer neu aufgelegten Beschreibungen von Rom entstanden, hauptsächlich zum Wegweiser für die Pilger bestimmt, forderten die Konsularfasten sowie die Ostertafeln von selbst dazu auf, bedeutende Begebenheiten bei den betreffenden Namen und Zahlen einzutragen, wie es z. B. Cassiodor getan hat, und in vollständigerer Weise Prosper. Ein solches Werk ist auch den späteren Exemplaren jenes Kalenders eingefügt; Fasten, die anfangs nur sehr vereinzelte Bemerkungen enthalten, für das fünfte Jahrhundert aber reichhaltiger und wegen der genauen chronologischen Bezeichnung wichtig werden, ohne Zweifel, abgesehen von dem früheren Teil, in Ravenna geschrieben. Und zwar haben sie einen durchaus offiziellen Charakter; es sind bedeutende Vorfälle bezüglich der kaiserlichen Familie, mit denen sie sich beschäftigen, dazu wichtige staatliche Begebenheiten und Naturerscheinungen mit

ausschließlicher Beschränkung auf Italien. Mit den Konsullisten wurden sie von Zeit zu Zeit neu ausgegeben. Durch sehr
sorgfältige und eingehende Untersuchungen von Pallmann,
Waitz, G. Kaufmann, Holder-Egger ist die Benutzung dieser
Annalen bei immer zahlreicheren Schriftstellern nachgewiesen,
so daß Holder-Egger sogar den Versuch machen konnte, dieselben von 397–572 wieder herzustellen[16]. Nach dem Ergebnis
seiner Untersuchung (S. 344) sind diese Fasti consulares für
uns für volle zwei Jahrhunderte in chronologischer Beziehung
eine Quelle von höchstem Werte. »Sie haben«, so heißt es bei
ihm, »ganz außerordentliche Verbreitung gefunden: fast alle
weströmischen und ein oströmischer Chronist des 5. und 6.
Jahrhunderts haben sie benutzt, sie teilweise zur chronologischen Grundlage ihrer Werke gemacht. Zuletzt sind sie noch
im 9. Jahrhundert von Theophanes, Agnellus und einem Mönche von St. Gallen benutzt. Sie müssen mehrmals redigiert und
jedesmal mit neuer Fortsetzung herausgegeben sein. Die erste
Redaktion fällt vor das Jahr 415, in welchem Prosper sie bereits
für die erste Ausgabe seiner Chronik benutzt hat. Dieselbe
Redaktion wird auch dem Chronicon imperiale vorgelegen
haben. Eine zweite schloß, wie wir mit ziemlicher Sicherheit
sagen können, mit dem Jahre 493; sie ist von Cassiodor und
Marcellin benutzt. Die meisten Chronisten schöpften aus einer
Vorlage, welche über dieses Jahr noch hinausreichte, so der
Anonymus Valesianus, Marius, der langobardische Chronist
(Cont. Prosperi Havnicnsis), wahrscheinlich auch der Verfasser
der Continuatio und des Auctarium Prosperi in der vatikani-
schen Handschrift ... Wie weit deren Exemplare reichten, läßt
sich nicht bestimmen; doch ist einiger Grund zu der Annahme
vorhanden, daß im Jahre 526 eine neue Redaktion abgeschlos-
sen ist. Wahrscheinlich ist dann noch eine neue Fortsetzung
etwa bis zum Jahre 572 in Ravenna hinzugefügt; diese letztere

---

[16] Ravennater Annalen, NA 1 (1876) S. 215–368.

hätte dann Agnellus, möglicherweise auch der Mönch von St.
Gallen benutzt.«

Leicht möglich ist es, daß Holder-Egger in seinen Folgerungen
zu weit gegangen ist. G. Kaufmann hat dieselben angegriffen;
er bestreitet die Ableitung mancher Nachrichten aus dieser
Quelle, beschränkt die Ravennater Fasten auf die Zeit von
455–493 und bestreitet ihren amtlichen Charakter. Das Gewicht
seiner Gründe ist nicht zu verkennen; ohne Zweifel hat es
damals noch vielerlei Aufzeichnungen gegeben, welche sich
meistens an Konsullisten angeschlossen haben werden. Doch
von allen unterscheiden sich die Ravennater durch ihre knappe
Auswahl und Fassung und durch die genauen Tagesdaten.

Auch von einer zweiten Konsulliste mit stadtrömischen Nachrichten lassen sich Spuren nachweisen. Ein Exemplar der ravennatischen aber bis etwa 456 ist nach Holder-Eggers Vermutung nach Arles gekommen, dort überarbeitet, mit gallischen
Nachrichten verbunden und fortgesetzt worden. Diese so neu
entstandenen Annalen sind von Gregor von Tours und dem
sogenannten Severus Sulcicius benutzt.

Die ursprünglich in Italien zusammengestellten und fortgesetzten Fasten kamen unter Konstantin auch nach Konstantinopel
und wurden hier fortgeführt; ein Exemplar, welches bis zum
Tode Theodosius' I. reichte, kam nach Spanien und ist uns,
jedoch nur im Auszug, von Hydatius mit seiner Fortsetzung
und in engster Verbindung mit seiner Chronik bis 468 erhalten[17]. Reichlichere Auszüge aus dem ursprünglichen und in
Konstantinopel fortgeführten Werk sind im Chronicon paschale
bis 630 enthalten. Aus beiden hat Mommsen die *Consularia
Constantinopolitana* (bis 468) zusammengestellt.

In gleicher Weise wie diese Konsultafeln zu einem chronologischen Anhalt für geschichtliche Notizen dienten, benutzte man

---

[17] Hydatius, MGH AA 11, ed. Mommsen; Literatur: DW 162/8, 226,
317.

auch die Folge der Kaiser, indem man entweder nur mit jedem
Namen kurze Bemerkungen verband, oder auch die Regierungsjahre der Kaiser einzeln unterschied. Weit zweckmäßiger
für kurze annalistische Aufzeichnungen waren aber nach dem
Aufhören der Konsularfasten die Ostertafeln, welche sich ebenfalls in jenem Kalender fanden und auch ohne denselben bald
in jeder bedeutenderen Kirche vorhanden waren. Im Abendland fand nach manchen Versuchen, unter denen die Ostertafel
des Aquitaniers Victorius eine gewisse Rolle spielt, besonders
der von Dionysius Exiguus angenommene Kanon des Alexan-
drinischen Bischofs Cyrillus eine große Verbreitung, welche
noch zunahm, als Beda die Tafeln desselben über die Cyklen
von 1–532 und von da bis 1063 in sein Werk *De ratione temporum*
aufnahm.

Doch hat es längere Zeit gedauert, bis man von der einmal
herkömmlichen Rechnung nach Konsulaten und Jahren der
Kaiser abging; in England zuerst, wo man außerhalb des römischen Herkommens stand, sind Ostertafeln zu diesem Zwecke
benutzt und von dort durch die Vermittlung der irischen und
englischen Missionare nach Gallien und Deutschland gekommen.

Schon 354 hatte auch der römische Staatskalender ein Verzeichnis der römischen Päpste aufgenommen. Dieses wurde in der
Folge nicht allein immer weiter fortgesetzt, sondern auch durch
allerlei Zusätze vermehrt. Man fügte die Amtsdauer der Päpste
hinzu, ihre Bauten und andere Verdienste um die kirchliche
Verwaltung, die von ihnen vorgenommenen Weihen, endlich
auch geschichtliche Vorfälle, und so entstand das *Pontificale
Romanum*, welches früher gewöhnlich nach dem päpstlichen
Bibliothekar Anastasius benannt wurde. Doch zeigen weit ältere Handschriften, daß schon im 7. Jahrhundert der Anfang
des Werkes vorhanden war, welches in erster Ausgabe nach
Mommsen nicht vor dem Tode Theoderichs abschloß, in zweiter
bis auf Conon 686–687 reichte; Beda und Paulus Diakonus

haben diese Aufzeichnungen bereits benutzen können. Eine
ältere Rezension aus dem Anfange des 6. Jahrhunderts, die
mit Felix IV. († 530) enden sollte, nahmen Rossi und Duchesne
an. Wie in Rom so entstanden ähnliche Aufzeichnungen auch
an anderen Bischofsitzen und in manchen Klöstern, und daraus
erwuchsen später die ausführlichen Geschichten der Bistümer
und Klöster, welche in der geschichtlichen Literatur des Mittelalters eine so bedeutende Stelle einnehmen.

Endlich aber enthält auch der Abschnitt des Kalenders, in
welchem die Todestage der Märtyrer und Päpste verzeichnet
sind, den Anfang eines ganz eigentümlichen Zweiges der Literatur, nämlich der Martyrologien[18], in welchen die dort ver-
zeichneten Namen sich immer als die ersten wiederfinden und
gewissermaßen den Kern der immer mehr anwachsenden Verzeichnisse bilden, welche zu dem bloßen Namen bald auch
Nachrichten über Leiden und Leben der Märtyrer und Bekenner hinzufügen. Wir sahen schon, wie lehrreich diese Martyrologien in Rettbergs Händen für die Entstehungsgeschichte der
kirchlichen Sage geworden sind; denn da die Zeit der Verfasser
bekannt ist, so läßt sich darin die allmähliche Erweiterung der
Legenden urkundlich nachweisen. Das älteste trägt den Namen
des Hieronymus, obwohl mit Unrecht; es hat sich nur in einer
gallischen Redaktion erhalten, die auf Luxeuil und die Jahre
627–628 zurückgeht, wie Krusch gegen Duchesne, der sich für
Auxerre erklärte, überzeugend nachgewiesen hat. Die größte
Verbreitung fand, wie alle Schriften Bedas[19], auch dessen Martyrologium, das wir jedoch nicht in seiner ursprünglichen Gestalt besitzen, sondern nur mit den Zusätzen des Florus, eines
Subdiakonus zu Lyon im 9. Jahrhundert. So kam also auch

---

[18] vergl. Anm. 6; zu »Märtyrer«: LThK Bd. 7, Sp. 127–132; 1965.

[19] Zu Beda: Manitius, Geschichte der lateinischen Literatur des
Mittelalters, Bd. 1, München 1911, S. 70–87 (Beda wird als einer
der bedeutendsten Gelehrten des Mittelalters gesehen).

dieser Zweig der Literatur über England nach Gallien; hier wurde er im 9. Jahrhundert mit besonderer Vorliebe behandelt, und aus der mündlich sich fortbildenden Tradition kamen bei jeder neuen Ausgabe stets auch neue Zusätze hinzu. Ein Reichenauer, welches zwischen 837 und 842 entstanden ist, gab A. Holder heraus. Eine metrische Bearbeitung verfaßte um 850 Wandalbert, Mönch zu Prüm, andere in Prosa Hraban zwischen 842 und 854, Ado von Vienne (859–874); am Ende des Jahrhunderts schrieben Notker der Stammler (896) auf der Basis des von Ado 870 den Mönchen von St. Gallen geschenkten Exemplars seines Martyrologium, und in Versen Erchempert, der Mönch von Montecassino; noch im 11. Jahrhundert verfaßte Hermann von Reichenau ein Martyrologium[20]. Damit war nun aber auch dem Verlangen nach Martyrologien völlig genügt. Man fragte nicht mehr so viel nach diesen immer noch kurzen und dürftigen Aufzeichnungen, da man bereits eine sehr große Zahl ausführlicher Legenden besaß, teils aus der Zeit der Merowinger, teils aber auch über eben jene alten Märtyrer, von denen die Martyrologien so wenig zu sagen wußten. Der Wunsch danach war zu dringend, besonders in den Klöstern, welche Reliquien von ihnen besaßen, als daß nicht eine reiche Auswahl nachgemachter Legenden hätte entstehen sollen, welche leicht genug Glauben fanden oder doch in Ermangelung anderer benutzt wurden, wie z. B. die Legende vom Apostel Thomas, deren Unglaubwürdigkeit wohl bekannt war. Bald hatte man Legenden für jeden Tag im Jahr, und eine Sammlung derselben veranstaltete schon im Anfange des

---

[20] prototypisch kann herausgehoben werden: Hermann v. Reichenau; dazu: A. Borst, Hermann der Lahme und die Geschichte, in: A. Borst, Barbaren, Ketzer und Artisten, München 1988, S. 135–154 (spannend lesbare Skizze eines mittelalterlichen Geschichtsschreibers in klösterlicher Umgebung); vergl. dazu auch Kap. VIII, § 10.

10. Jahrhunderts Wolfhard, Mönch zu Herrieden. Kleinere,
unvollständige Legendarien hatte man schon früher, und sie
finden sich in großer Zahl in den folgenden Jahrhunderten,
bis sie endlich wiederum verdrängt wurden durch die in zahllo-
sen Abschriften verbreitete Goldene Legende des Jacob von
Genua, welche dem Gebrauch für das Leben und für die
praktische Anwendung auf der Kanzel am meisten entsprach
und in gedrängter Kürze den ganzen Kreis der Heiligenge-
schichte auf den Umfang eines Bandes beschränkte.
Geschichtlich ist Jacobs kompendiarische Behandlung der Legenden unbrauchbar; die ausführlichen Lebensbeschreibungen
der Heiligen aber enthalten für manche Zeiträume die wertvollsten Nachrichten. Auch diese Aufzeichnungen finden ihre Vorbilder schon in den früheren Jahrhunderten der römischen
Kaiserzeit. Die christlichen Gemeinden teilten sich untereinander die Todestage der Märtyrer samt den Umständen ihres
Leidens, und solche Mitteilungen wurden bei ihren Zusammen-
künften verlesen. Bald fing man auch an, das Leben anderer
frommen Männer, der Bekenner, aufzuzeichnen. Cassians viel-
gelesenes Werk über die Einsiedler der Thebais, das Leben des
Cyprian, Ambrosius, Augustin, und ganz besonders das um
400 von Sulpicius Severus verfaßte und durch ganz Gallien
verbreitete Leben des heiligen Martin von Tours[21], von Fortunatus später in Verse gebracht, regten zu ähnlicher Tätigkeit
an. Benedikt von Nursia, der eigentliche Begründer des abend-
ländischen Mönchtums, fand einen Biographen in dem Papst
Gregor dem Großen, und dieses Werk fehlte natürlich in keinem Kloster seines Ordens; nebst den übrigen Büchern der
Dialoge bot es der Wundergläubigkeit des Mittelalters reichli-
che Nahrung und reizte zur Nachahmung. Daran also schließt

---

[21] Sulpicius Severus; Die Schriften über den hl. Martin, übers. von
P. Bihlmeyer (Bibliothek der Kirchenväter, Bd. 20) 1914; weiter:
DW 162/819–825 (Ausgaben) und 826–832 (Literatur).

sich nun eine überaus reiche Literatur, und wenn auch vielfach der erbauliche Ton so sehr überwiegt, daß der geschichtliche Wert nur gering ist, so ist doch keine der wirklich echten gleichzeitigen Biographien ganz ohne Frucht, und für die Zeiten, wo die Heiligen zugleich Staatsmänner waren, gehören ihre Lebensbeschreibungen zu den wichtigsten Quellen der Geschichte. Mit dem 13. Jahrhundert aber verlieren sie fast alle Bedeutung.

Ganz vereinzelt erscheint daneben die weltliche Biographie. Nur einige Kaiser haben Lebensbeschreiber gefunden, und wenn Einhard den Sueton zum Vorbild nahm, so ist das nur eine vereinzelte Frucht der durch Karl den Großen erneuten Einwirkung auch der heidnischen Klassiker. Eine lebendige Fortentwicklung knüpfte sich allein an die kirchliche Literatur.

Zu erwähnen bleibt endlich noch eine Art der Aufzeichnung, welche den Martyrologien sehr nahe steht und häufig damit verbunden ist, die Nekrologien nämlich, in welchen die Todestage (ohne die Jahre) aller derjenigen verzeichnet wurden, deren Gedächtnis in der Kirche oder dem Kloster, dem diese Aufzeichnungen angehörten, gefeiert werden sollte. Da jeder angesehene Mann sich um seiner Seligkeit willen eine solche Gedächtnisfeier zu sichern pflegte, erfahren wir hierdurch ihre Todestage, deren Kenntnis für manche Fragen wichtig werden kann; auch für die verwandtschaftlichen Verhältnisse ist manches daraus zu entnehmen, und zuweilen sind auch einzelne geschichtliche Begebenheiten anderer Art, z. B. sogar Schlachttage, darin verzeichnet. Zur geschichtlichen Literatur kann man diese dürren Namensverzeichnisse, welche freilich einen großen Wert für die deutsche Sprachforschung haben, nicht rechnen, und ich beschränke mich daher auf diese Erwähnung und auf ein Verzeichnis der mir bekannt gewordenen gedruckten Nekrologien, welches im Anfang zu finden ist.

Eine Zeitbestimmung ist nicht hinzugefügt, weil auch in jüngere Nekrologien einzelne ältere Angaben herübergenommen sind und ältere durch die fortgesetzten Eintragungen wertvoller zu werden pflegen. Doch ist es nicht unwichtig, die Zeit der ersten Anlage zu erkennen; bei dem lobenswerten Versuche, dahin zu gelangen, begegnet aber stets wiederholt ein Fehler, vor dem ich deshalb ausdrücklich warnen möchte. Die Herausgeber glauben nämlich, zu dieser Bestimmung die Ansetzung des Osterfestes benutzen zu können.

Den vollen Nutzen für geschichtliche Forschung werden diese Nekrologien erst gewähren, wenn sie systematisch gesammelt, durchgearbeitet und zusammengestellt sind. Das ist geleistet von Baumann für die Sprengel von Augsburg, Constanz und Chur, von Herzberg-Fränkel für Salzburg.

Geschichtlich noch wichtiger sind die Toten-Annalen, in welchen Jahr für Jahr die Todesfälle eingetragen sind. Solche sind aus Fulda von 779–1065 erhalten und an diese sich anschließend, aber weit weniger reichhaltig, aus Prüm, von 1039–1104, aus St. Blasien von vor 1036–1453.

Eine besondere Erwähnung verdienen neben jenen die alten Diptycha, in welche Namen ohne Daten eingetragen wurden, um sie der Fürbitte teilhaftig werden zu lassen, wobei auf die Ordnung nichts ankam; aus Fulda, Trier, Novara haben sich dergleichen erhalten. In Ermangelung anderer Denkmäler hat man daraus Bischofslisten entnommen, deren Lücken und Umstellungen sich aus solchem Ursprung erklären.

Hierher gehört auch die Sitte, in Evangelienbücher und Sakramentarien Namen einzutragen, wovon man sich gute Folgen für das Seelenheil versprach. So schrieb nach einer Mitteilung von K. Lamprecht in der Westd. Zeitschr. IV, 156 in einem Evangeliar des Kastorstifts in Koblenz der Schreiber selbst hinzu: »Waniggus peccator nomen habeo. In vitae libro mei memoriam condo.«

Darauf folgen andere Namen. Beispiele davon kommen auch sonst in Sakramentarien vor; geschichtlich wichtig sind die Eintragungen im Evangeliar von Aquileja (aus Duino bei

Triest stammend) für Anfänge des Christentums unter den Bulgaren, während Theodelinde und andere Namen später trügerisch zugesetzt sind, was Bethmann entdeckt und nachgewiesen hat.

Auf diesen Grundlagen beruhen die Verbrüderungsbücher (libri vitae), in welche Lebende eingetragen wurden. Bei weitem das wichtigste darunter ist das von Karajan, jetzt aber mit wesentlichen Verbesserungen von Herzberg-Fränkel herausgegebene von Sankt Peter in Salzburg. Als Anfang einer systematischen Bearbeitung sind die von Sankt Gallen, Reichenau und Pfävers erschienen. Sie geben über die Verbindungen der Klöster untereinander Kunde und sind, ebenso wie die Totenbücher, durch die Fülle alter Eigennamen für die Sprachforschung von Bedeutung. Auch von den Roteln späterer Zeit, durch welche man von den Todesfällen verbundenen Klöstern Nachricht gab, und welche teils nur mit Empfangsbescheinigung, teils sogar mit längeren Gedichten versehen wurden, hat sich namentlich in Frankreich eine große Anzahl, wenn auch meistens nur fragmentarisch, erhalten, welche von L. Delisle gesammelt und herausgegeben ist.

§ 4. Die Ostgoten. Cassiodor

Das ostgotische Reich, so kurz es dauerte, bildete doch ein sehr wichtiges Mittelglied zwischen der antiken Welt und dem Mittelalter, welche sich in ihm auf merkwürdige Weise berühren.

Der gotische Stamm war einer der begabtesten, bildungsfähigsten deutschen Stämme. Er allein, nebst den Angelsachsen, hat von Anfang an auch die Muttersprache ausgebildet, nicht nur in Lied und Gesang, sondern auch für die Rechtssatzungen und zu wissenschaftlichem Gebrauch. Außer Wulfilas Bibelübersetzung haben sich auch Fragmente einer Evangelienharmonie erhalten. Getrennt von der herrschenden Kirche, feierten sie den Gottesdienst in ihrer eigenen Sprache, und deren Gebrauch war dadurch bei ihnen, wie später bei den Slawen, besser gesichert als in der römischen Kirche. Dennoch hätten auch die Ostgoten, wäre ihrem Reiche längere Dauer beschieden gewesen, sich der Übermacht römischer Kultur sicher ebensowenig zu erwehren vermocht wie die Westgoten in Spanien und später die Angelsachsen.

Denn mit der größten Empfänglichkeit wandten die Goten sich auch der antiken Bildung zu. Theoderichs Reich ist merkwürdig als ein Versuch, die neuen Elemente mit den alten zu vereinen und die Herrschaft in den alten Formen fortzuführen. An seinem Hofe hörte man noch die alten gotischen Heldenlieder, aber es sammelten sich dort auch die noch übrigen Träger der alten Bildung; hier entstanden mehrere Werke, welche die Elemente der alten Kultur dem Mittelalter überlieferten, aus denen es seine Kenntnis des Altertums schöpfte und zugleich den gezierten dunklen Stil lernte, der damals in den Schulen der Rhetoren und Grammatiker für schön galt.

Den Schriftstellern des 4. Jahrhunderts, Donat, Macrobius, Marcianus Capella, reiht sich Priscianus an, Theoderichs Zeitgenosse und mit Cassiodor bekannt. Doch lebte er in Konstantinopel. Einer der Hauptlehrer des Mittelalters aber, dem es zunächst die Kenntnis der Aristotelischen Philosophie verdankte, war Boethius[22], der mit seinem gelehrten Schwiegervater Symmachus am Hofe zu Ravenna lebte. Die Familie der Symmacher, die domni Symmachi, werden uns ganz besonders genannt unter den Männern, welche in genauer Verbindung mit den Schulen der Grammatiker und Rhetoren noch einmal die heidnische Bildung neu zu beleben suchten, durch Auf-

---

[22] Boethius: DW 162/132–145 (Ausgaben und Literatur); M. Schanz, Geschichte der römischen Literatur 4/2, München 1959, S. 149–165 (straffer Überblick).

frischung der Mysterien, der Philosophie, und namentlich auch durch angelegentliche Beschäftigung mit der alten Literatur, deren Werke sie durch sorgfältige Verbesserung der verwahrlosten Handschriften in diejenige Gestalt brachten, in welcher sie uns jetzt vorliegen. Das Christentum war nun freilich bereits zum unbestrittenen Sieg durchgedrungen, Boethius selbst ist zugleich Theologe und der erste, welcher aristotelische Methoden auf theologische Stoffe angewendet hat. Auch Cassiodor gehört zu diesen Vermittlern. Erst in seinem Alter gab er sich immer ausschließlicher einer kirchlich frommen Richtung hin.

Dieselbe Mischung römischer und deutscher, heidnischer und christlicher Elemente, wie an Theoderichs Hofe, finden wir nun auch in der geschichtlichen Literatur, die uns leider nur unvollständig erhalten ist. Die Philosophen Athanarit, Hildebald und Markomir, auf die sich der Ravennatische Geograph beruft, sind Erfindungen eines nach 800 schreibenden Verfassers. Deutlicher tritt der von Jordanis benutzte und gelobte Ablavius, der »treffliche Geschichtsschreiber des gotischen Volks« hervor. Mommsen vermutet, daß er an Theoderichs Hofe nicht lange vor Cassiodor geschrieben und, der gotischen Sprache kundig, ihre Überlieferungen und Lieder mit den Nachrichten des Priscus u. a. verbunden habe. Er ist geneigt, einen sehr wesentlichen Teil des Cassiodorischen Werkes ihm zuzuschreiben, wenn auch Schirren sich von neuem sehr nachdrücklich dagegen erklärt hat. Der Name ist in jener Zeit häufig und lautet richtiger Ablabius, doch folge ich lieber der damals üblichen, durch Jordanis bezeugten Aussprache.

Der rechte Vertreter dieses Übergangsreiches ist Flavius Magnus Aurelius Cassiodorus Senator, ein vornehmer Römer von angesehener Familie aus Bruttien, vielleicht aus Squillace stammend (gegen 490). Dem Beispiele seines Vaters folgend, stellte er sich der Herrschaft der Barbaren nicht feindselig oder schmollend gegenüber, sondern war als Staatsmann und als Gelehrter aufrichtig und unablässig bemüht, die widerstrebenden Elemente friedlich zu verbinden und auszugleichen; als Minister Theoderichs und seiner Nachfolger suchte er die Regierung in den alten Formen fortzuführen, und als Geschichtsschreiber verkündete er den erstaunten Römern, daß das Volk der Goten und das Königsgeschlecht der Amaler ihnen an Alter und Adel, ja sogar an uralter Kultur mindestens ebenbürtig sei.

Schon die Chronik Cassiodors dient der Verherrlichung Theoderichs und seines Schwiegervaters Eutharich, dem sie in seinem Konsulatsjahr überreicht wurde. Der Schwall der Lobrede belebt 500 bis 519 das dürftig und ungeschickt zusammengestoppelte chronologische Gerippe, dessen Mangelhaftigkeit und willkürlich leichtsinniges Machwerk Th. Mommsen schonungslos aufgedeckt hat[23]. Auch die wenigen früheren historischen Notizen zur Konsulartafel, die er aus Hieronymus, Prosper, Eutrop, von 456–493 aus den Ravennater Fasten schöpfte, hat er in gotischem Interesse verändert. Von weit größerem Wert, fleißiger gearbeitet und der schulmäßigen Gelehrsamkeit jener Zeit entsprechend waren Cassiodors zwölf Bücher Gotischer Geschichten, ein früh verlorenes Werk[24], über welches jedoch der Auszug des Jordanis ein Urteil gestattet, denn nach den Untersuchungen von Schirren und Koepke kann man es jetzt wohl als festgestellte Tatsache betrachten, wie es denn auch von Mommsen angenommen ist, daß der ganze wesentliche Inhalt dieses Werkes mit Einschluß des gelehrten Apparats von Cassiodor selbst herrührt. Außerdem finden sich in der Sammlung seiner Briefe mehrere Äußerungen, welche sich auf sein Geschichtswerk beziehen. So legt er gleich in der Vorrede einem Freunde die Worte in den Mund: »Du hast in zwölf Büchern die Geschichte der Goten in einer Blütenlese ihrer

---

[23] aber wichtig für die Konsullisten, die bis 519 geführt werden.
[24] von Theoderich in Auftrag gegeben, mittelbar durch Jordanis überliefert.

glücklichen Taten niedergelegt«. Varr. XII, 20 (p. 377) wird eine Stelle über die Einnahme Roms durch Alarich daraus angeführt, welche beweist, daß auch die Geschichte der Westgoten darin behandelt war.

Wichtiger aber und lehrreicher sind die Worte des Königs Athalarich in dem Schreiben[25] (Varr. IX, 25, p. 291), durch welches er dem römischen Senate Cassiodors Erhebung zum Praefectus praetorio für das Jahr 534 anzeigt. Nicht damit habe er sich begnügt, heißt es da, die lebenden Herren zu loben: »auch in das Altertum Unseres Geschlechtes ist er hinaufgestiegen und hat durch Lesen erkundet, was kaum noch in dem Gedächtnis unserer Altvorderen haftete. Er hat die Könige der Goten, welche lange Vergessenheit barg, aus den Schlupfwinkeln der Urzeit hervorgezogen. Er hat die Amaler mit dem vollen Ruhm ihres Geschlechtes wieder ans Licht gestellt, indem er klärlich nachwies, daß Wir bis in die 17. Generation von königlichem Stamme sind. Er hat die Herkunft der Goten zu einer römischen Geschichte gemacht und die Blütenkeime, welche bis dahin auf den Gefilden der Bücher hier und dort zerstreut waren, in einen einzigen Kranz gesammelt. Bedenkt, welche Liebe zu euch er durch Unser Lob bewiesen hat, da er nachwies, daß eueres Herrschers Stamm von Uranfang her wunderbar gewesen ist, so daß, wie ihr von eueren Vorfahren her immer für edeler Art gegolten habt, so nun auch ein altes Königshaus über euch die Herrschaft führt.« Und weiterhin wird Cassiodor gerühmt, weil er gleich den Anfang von Athalarichs Herrschaft gleichmäßig mit den Waffen und mit gelehrter Tätigkeit (litteris) gefördert habe; von der tiefen Ruhe literarischer Beschäftigung aufgescheucht, habe er ohne Zaudern zu den Waffen gegriffen.

---

[25] Variae (Briefe): wichtig vor allem wegen der literarischen Form, die später Vorbild für mittelalterliche Formelbücher wurde.

Cassiodor selbst ist es, der diesen Brief verfaßt hat, und klar
genug hat er darin Zweck und Absicht seines Werkes ausgespro-
chen. Der übergroße Abstand zwischen dem kräftigen, aber
noch den Römern als barbarisch geltenden Gotenvolke und
den auf ihre Geschichte und Bildung stolzen Römern sollte
ausgeglichen werden, das war der leitende Gedanke in Cassió-
dors ganzer Tätigkeit. Dazu mußte ihm nun auch seine Gelehrsamkeit dienen. Daß Goten und Geten dasselbe Volk wären,
war eine längst geläufige Annahme, aber noch hatte niemand
es versucht, den Zusammenhang nachzuweisen. Cassiodor tat
es. Er verflocht zu diesem Zwecke, was er über die Goten
wußte und bei Ablabius las, mit dem, was er bei Römern und
Griechen über die Geten vorfand, und da diese wie jene von
den Griechen häufig Skythen genannt wurden, zog er auch die
ganze Urgeschichte der Skythen heran und machte sogar die
Amazonen ohne Bedenken zu gotischen Weibern. So erschienen die Amaler, deren Glanz die gotische Sage verkündete,
nun als unmittelbare Nachfolger des Zamolxis und Sitalkes,
und die Römer konnten darin einen Trost finden für die Bitter-
keit der fremden Herrschaft. Es war das ein Gedanke, der
wohl Anerkennung verdient, wenn auch der Zweck unerreicht
blieb, die Grundlage irrig war, wenn auch zur Verherrlichung
der Amaler er ihren Stammbaum selbst mit freier Dichtung
über alle Gebühr verherrlicht haben mag.
Als Cassiodor oder Senator, denn das war sein eigentlicher
Name, alle seine Bestrebungen vereitelt sah, als das Gotenreich
dem Angriff der Mächte, mit welchen er es hatte aussöhnen
wollen, unterlag, da zog er sich, vermutlich nach Wibgis Sturz
(um 540) vor 555 von der Welt zurück und gründete ein Kloster
(monasterium Vivariense) in Bruttien, wo er das Ende seines
Lebens in stiller Beschaulichkeit und schriftstellerischer Tätigkeit als hochbetagter Greis erwartete. Hier ließ er unter
seiner Aufsicht die im Mittelalter vielgelesene Kirchengeschichte (aus Theodoret, Sozomenos und Sokrates) zusammen-

stellen und übersetzen.[26] Hier schrieb er in seinem 93. Jahre
eine Abhandlung über die Orthographie, zum Frommen seiner
Mönche, denen er die Vervielfältigung der Bücher durch Abschriften ganz besonders zur Pflicht machte. Er zuerst hat die
wissenschaftliche Arbeit[27] grundsätzlich in die Klöster eingeführt und dadurch einen weitreichenden segensreichen Anstoß
gegeben. Ist er, wie Mommsen annimmt, erst gegen 583 gestorben, so erlebte er noch die neue Verwüstung Italiens durch die
Langobarden, sah er, wie die blutigen Lorbeeren Justianus'
fruchtlos hinwelkten.

Von vorzüglichem Werte für uns sind unter seinen erhaltenen
Werken die 537–538 verfaßten zwölf Bücher seiner Briefe (Variae), in welchen er die Kanzleiformen der Zeit und viele auch
durch ihren Inhalt wichtige Briefe aus der königlichen Kanzlei
der Goten aufbewahrt hat[28]. Das Zureden seiner Freunde, sagt
er in der Vorrede, habe ihn zu dieser Sammlung veranlaßt, welche einen Vorrat fertiger Formeln darbieten und zugleich zur
Bildung junger Staatsmänner dienen sollte, während sie auch
das Andenken der von ihm gelobten trefflichen Männer der
Nachwelt erhalte. Alles habe er hier vereinigt, was er aus der
Zeit seiner Quästur, seines Magisteriums und seiner Präfektur
in den öffentlichen Aktenstücken von ihm herrührend habe finden können. Doch nicht selten sei es ihm begegnet, daß er
wegen übergroßer Eile bei der Erteilung von Würden und
Ehren hastige und schmucklose Schreiben erlassen habe. Davor wolle er nun andere bewahren, und deshalb habe er die
im sechsten und siebten Buche enthaltenen Formulare für die
Verleihung aller Würden nun mit Sorgfalt überarbeitet. Denn

[26] wegen der drei Quellen als Historia tripartita bezeichnet.
[27] v.a. die sog. »weltlichen« Wissenschaften, des weiteren legte er
eine umfassende Klosterbibliothek an.
[28] Briefe, die er als hoher Beamter zumeist im Namen des Königs
verfaßte.

reden können wir alle ohne Unterschied. Nur der Schmuck ist es, welcher den Gelehrten vom Ungelehrten unterscheidet.
Das war der Grundsatz und die Richtschnur der damaligen Schulen, und demgemäß hat denn auch Cassiodor den oft geringfügigen Inhalt seiner Briefe unter einem solchen Wortschwall und so vielem Zierrat der gesuchtesten Phrasen verborgen, daß es häufig nicht leicht ist, ihn herauszufinden. Bruchstücke von Lobreden haben sich erhalten auf Eutharich aus dem Jahre 518 oder 519 und auf Witigis und Mataswintha aus dem Jahre 536.
Im höchsten Grad trifft der Vorwurf des Schwulstes auch die Schriften des Ennodius, Bischof von Pavia, unter denen besonders sein Panegyricus auf Theoderich vom Jahre 507 geschichtlich wichtig ist.

§ 5. Jordanis

An jene Vertreter der antiken Bildung, welche Theoderich an seinem Hofe versammelte, reiht sich nun der erste und einzige gotische Schriftsteller, dessen Werke wir besitzen, Jordanis; denn so wird sein Name in den besten Handschriften geschrieben, mit so überwiegender Autorität, daß die durch Peutingers Ausgabe von 1515 gebräuchlich gewordene Form Jornandes sich dagegen nicht behaupten kann. Jakob Grimm hat sie sehr nachdrücklich in Schutz genommen, und unmöglich wäre es nicht, daß in der entscheidenden Stelle (Kap. 50) ursprünglich gestanden hat: Jordanis sive Jornandes. Dann wäre nach Grimms Vermutung der kriegerischer lautende gotische Name Jornandes, d. i. Eberkühn, beim Eintritt in den geistlichen Stand mit dem griechisch-römischen Namen Jordanis vertauscht worden. Wie dem nun auch sein möge, sichergestellt ist allein der letztere, durch das ganze Mittelalter gebräuchliche Name, den wir deshalb auch hier vorziehen.

Jordanis rechnet sich selbst zum gotischen Volke. Er stammte aus einem sehr angesehenen Geschlecht, das mit den Amalern verschwägert war; sein Großvater war Notar oder Kanzler des Alanenkönigs Candac in Mösien, er selbst ebenfalls Notar: Leider wissen wir nicht, wo und unter welchen Verhältnissen. Später ist er in den geistlichen Stand eingetreten. Seiner, wie es scheint, alanischen Abkunft entsprechend, zeigt er für dieses Volk eine deutliche Vorliebe, während er die Wandalen nicht leiden kann.

Die eigentliche grammatische Bildung der Schule war ihm fremd, wie er selbst sagt, doch konnte es ihm nicht schwer fallen, griechische und lateinische Schriftsteller zu lesen, und damit hat er sich denn auch, wohl besonders in der späteren Zeit seines Lebens, eifrig beschäftigt, wenngleich die umfassende Belesenheit, welche seine Gotengeschichte zu zeigen scheint, nur als erborgtes Gut gelten kann. Seine Schreibweise ist entstellt durch den gesuchten, sententiösen Charakter der Zeit, doch nur da, wo er seiner cassiodorischen Vorlage folgt; er selbst drückt sich ungeschickt und unbehilflich aus und klammert sich ängstlich an seine Quellen; die volle Barbarei der damals gewöhnlichen Schreibweise einer Bevölkerung, welche fast alles Gefühl für grammatische Formen verloren hatte, bis dahin nur aus den im Original uns erhaltenen Urkunden bekannt, ist nun auch bei ihm nach den ältesten und besten Handschriften hergestellt.

Die Vorrede seiner Getica hat Jordanis mit geringen Änderungen wörtlich von Rufin entlehnt. Natürlich eignete er sich auch die römisch-christliche Weltanschauung an. Dahin führte ihn sein Stand, dahin auch die ganze Richtung seines Volkes. Vollkommen teilt er die Verehrung des Kaisertums, und wenn er es unternahm, die Folge der Weltreiche in gedrängter Übersicht darzustellen, so konnte ihm doch der Gedanke niemals nahen, daß etwa auch das römische Reich sein Ende erreicht habe und andere an seine Stelle treten würden. Eben war er, wie er

uns berichtet, mit der Abfassung eines solchen Handbuches
beschäftigt, als sein Freund Castalius ihn aufforderte, Cassiodors Geschichte der Goten in einem Auszug zu bringen. Diese
Aufgabe, sagt er, sei für ihn um so schwieriger gewesen, da
ihm das Werk nicht einmal vorliege, sondern er es nur einmal
in früherer Zeit auf drei Tage zum Lesen erhalten habe. Doch
glaube er sich des wesentlichen Inhalts noch vollständig zu
erinnern. Damit habe er nun Verschiedenes aus griechischen
und lateinischen Geschichten verbunden, den Anfang und das
Ende aber, wie auch mehreres in der Mitte von seinem Eigenen
dazu getan. Später, im Verlauf der Geschichte, nennt er den
Cassiodor nie, ebensowenig aber auch den gegen das Ende
benutzten Marcellinus. Es unterliegt nun wohl kaum noch
einem Zweifel, daß er, wie schon Cassel angenommen hatte,
bis auf wenige unbedeutende Zusätze eben nur den Cassiodor
in Auszügen übernommen hat, was ihm ja auch aufgetragen
war, und die Ungenauigkeit der gelehrten Zitate bestätigt, daß
auch sie fast alle mit herüber genommen sind. Man muß also
annehmen, daß er sich schon früher schriftliche Auszüge gemacht hatte, die er jetzt, ohne das Werk selbst wieder einsehen
zu können, verarbeitete. Doch läßt sich freilich nicht leugnen,
daß seine Benutzung der Annalen des Zeitgenossen Marcellinus Comes nicht befriedigender ausgefallen ist. Denn nach
diesem Vorbild erzählt er mit auffallender Kürze von den
Siegen Belisars, und der Vergleich mit den knappen, aber
genauen und zuverlässigen Angaben dieses Schriftstellers fällt
nicht günstig für unseren Autor aus, der sich offenbar mit
größerer Vorliebe den alten Überlieferungen zuwendet, und
wie das bei den Anfängen einer gelehrten Geschichtschreibung
so häufig ist, gerne eine unverdaute Gelehrsamkeit auskramt,
von der sorgsamen Gewissenhaftigkeit aber, welche die Nachwelt am höchsten schätzt, kaum einen Begriff hat.
Indem er nun hierin gegen gleichzeitige und spätere Annalen
zurücksteht, zeichnet er sich dagegen vor den einfachen Chro-

nisten aus durch das Festhalten eines leitenden Gedankens, welcher die Darstellung beherrscht. Man hat Jordanis eine gänzliche Entfremdung von seinem Volke zum Vorwurf gemacht. Nicht zum Ruhme der Goten, sagt er schließlich, habe er dieses geschrieben, sondern um den Ruhm des Siegers zu erhöhen. Allein darauf darf man nicht zu viel Gewicht legen. Die Liebe zu seinem Volk, der Stolz auf die Tapferkeit der Goten, auf die Herrlichkeit der Amaler, treten vielmehr mit großer Lebhaftigkeit überall hervor, und eben deshalb hielt Jordanis es für nötig, durch eine solche Wendung in der damaligen Zeit des Krieges dem Argwohn der Herrscher zu begegnen. Denn als er dieses schrieb, war der Krieg noch keineswegs beendigt, sondern vielmehr mit neuer Wut entbrannt. Jordanis aber hatte allerdings für diesen letzten Todeskampf der Goten keine Teilnahme. Dem stand in ihm teils seine politische Ansicht, teils das Blut der Amaler entgegen, welches mächtiger war als das Volksbewußtsein. Er setzte seine Hoffnungen auf Germanus, den Gemahl der Mataswintha, dem ja auch von seinen Landsleuten so viele sich zuwandten, und nach dessen frühem Tode auf den letzten Sprossen der Amaler, auf das Kind Germanus: der sollte sein Volk wieder sammeln und beherrschen, im engsten Anschluß an das Römerreich so wie einst Theoderich. An drei Stellen gedenkt er dieses Kindes, und an der letzten spricht er ausdrücklich die Hoffnungen aus, welche er an diesen Erben der vereinigten Anicier und Amaler knüpft. Denn das ist eben, wie Sybel nachgewiesen und Stahlberg weiter ausgeführt hat, der leitende Gedanke des Jordanis, daß er, was ja auch richtig war, nur in der friedlichen Einfügung des Gotenvolkes in das römische Reich die Möglichkeit und Hoffnung einer gedeihlichen Zukunft für dasselbe erkennt. Ihm konnte es nur als ein hoffnungsloses und frevelhaftes Unternehmen erscheinen, wenn die letzten Gotenfürsten, die dem Stamm der Amaler fremd waren, sich dem letzten Weltreiche gegenüber feindlich behaupten wollten, um so mehr, da

er katholisch war und dadurch im Gegensatz zu seinen arianischen Volksgenossen mit der Einheit der Kirche auch die Einheit des weltlichen Reiches erstreben mußte. Daher legt er
überall besonderes Gewicht auf die friedlichen Beziehungen
der Goten zum Ostreiche, und seine Teilnahme und Hoffnung
konnten sich nur dem Germanus zuwenden. Dieser Auffassung
konnte sich damals niemand entziehen, der in den Bildungs-
kreis der römischen Kirche eingetreten war, und sie blieb
beherrschend, bis die Franken stark genug waren, um sich
selbst als die wahren Träger des erneuten römischen Reiches
betrachten zu können. Vollkommen zutreffend bezeichnet daher L. v. Ranke sein Werk als eine »zwar auf historische Vorstu-
dien basierte, aber zugleich auf den Moment angelegte poli-
tisch-historische Arbeit über die Geschichte der Goten«. Auch
ist es richtig, daß er ganz im Sinne Cassiodors geschrieben hat,
aber wenn dann die Vermutung hinzugefügt wird, daß Cassiodor selbst als der intellektuelle Urheber des Werkes zu betrachten sei, so läßt sich das weder mit den Verhältnissen vereinigen,
noch ist zu erklären, weshalb Jordanis das so sorgfältig hätte
verbergen sollen.

Von großer Wichtigkeit aber ist es festzustellen, wo und unter
welchen Verhältnissen Jordanis sein Werk geschrieben hat. Da
finden wir nun bei Mommsen, dem sich Cipolla anschließt, die
Behauptung, daß er als Mönch in einem mösischen oder thra-
kischen Kloster gelebt und geschrieben habe. Er beruft sich
auf seine besonders genaue Kenntnis des unteren Donaulaufes
und der benachbarten Gegenden und daß er bei dem Auszug
aus Cassiodor gerade, was sich auf Mösien und Thrakien bezog,
bevorzugt habe, was sich indessen durch die Angaben über
seine Herkunft leicht erklären läßt. Weit wichtiger ist die Frage,
ob aus den Worten »ante conversionem meam« mit Notwendigkeit zu schließen ist, daß er Mönch geworden sei. Das wird
behauptet, doch nach den von B. v. Simson gebrachten Zeug-
nissen kann auch der Eintritt in den geistlichen Stand so be-

zeichnet werden. Wir haben ja aus späterer Zeit Mönche genug, welche geschichtliche Werke geschrieben haben, aber aus diesen Jahrhunderten ist mir keiner bekannt. Ihre Stellung zur Welt hat sich im Laufe der Zeit, und vorzüglich durch die eigentümliche Entwicklung der Kirche, im Abendland völlig verändert. Wer damals in ein Kloster eintrat, zog sich in vollem Ernst aus der Welt zurück und erfuhr, wie noch jetzt orientalische Mönche, sehr wenig von ihr. Cassiodor zuerst scheint seine Mönche überhaupt auf literarische Beschäftigung hingewiesen zu haben. Ich halte es für vollkommen undenkbar, daß ein Mönch in einem Kloster in Mösien ein solches Werk hätte zustandebringen, daß er das neueste Annalenwerk hätte erhalten und über die politischen Angelegenheiten der Gegenwart hätte schreiben können[29].

Deshalb halte ich fest an der Entdeckung Jakob Grimms, der in dem Vigilius, welchem Jordanis sein zweites Werk gewidmet hat, den damaligen römischen Papst erkannt und mit überzeugenden Gründen nachgewiesen hat. Schon früher hatte Cassel auf einen Jordanis, Bischof von Kroton, aufmerksam gemacht, welcher in einem Schreiben des Papstes Vigilius erwähnt wird. Seine Vermutung, daß er mit unserem Autor identisch sei, fand Zustimmung. Es erklärt sich nun dadurch leicht, daß er von dem Verwalter der unfern gelegenen Güter Cassiodors dessen Werk auf kurze Zeit erhielt, auch daß er sich nicht selbst im Gotenreiche befand, als er schrieb. Schirren freilich hat einen anderen Jordanis vorgezogen, den Papst Pelagius in einem Schreiben vom Jahre 556 als Defensor der römischen Kirche erwähnt; allein mit Recht hat Bessell hervorgehoben, daß doch nur ein Bischof den römischen Papst *frater* anreden könne und daß auch der ganze Inhalt des Trostschreibens nur für einen Amtsbruder angemessen sei. Auch bezeichnen ihn als solchen

---

[29] vergl. dazu und im folgenden: Levison, Geschichtsquellen, Heft 1, S. 79-81.

häufig die Handschriften. Noch erheblicher aber ist der Umstand, daß nach jenem Schreiben des Vigilius Jordanis (von Kroton) sich im Jahre 551 mit ihm in Konstantinopel befand, daß er also zu denjenigen gehörte, welche ihn in seinem Exil (547–554) begleiteten. Dasselbe nimmt auch Schirren von dem Defensor Jordanis an und hat deshalb die Vermutung, welche auch Stahlberg wahrscheinlich fand, ausführlich begründet, daß nämlich Jordanis seine Gotengeschichte 551 in Konstantinopel verfaßt habe; darin stimmen Bessell und Gutschmid mit ihm überein, und in der Tat ist die Wahrscheinlichkeit dafür so groß, daß sie fast zur Gewißheit wird. Nun erklärt es sich sehr einfach, weshalb Jordanis sich Cassiodors Buch nicht wieder verschaffen konnte, während Marcellins Annalen ihm zugänglich waren. Man begreift, daß Vigilius und seine Anhänger eines Buches bedurften, welches ihnen die gotische Geschichte kurz und übersichtlich vorführte, die ältere vorzüglich, weil die Ereignisse der letzten Jahrzehnte noch in frischem Gedächtnis waren. Die Worte Jordanis, in welchen er seinen Freund Castalius als Nachbar der Goten (vicinus genti) im Gegensatz zu seiner eigenen Lage bezeichnet, sind nun nicht mehr auffallend, und der politische Standpunkt, die ängstliche Behutsamkeit des Verfassers, seine geringe Kenntnis der Kämpfe in Italien, der Mangel an Teilnahme für die neue Erhebung unter Totila, die lebhafte Hoffnung, welche er an den Sprößling der Anicier und Amaler knüpft, sowie die Vertrautheit mit den in Byzanz getroffenen Maßregeln und erst begonnenen Unternehmungen, alles das tritt in ein helleres Licht, so daß an der Richtigkeit dieser Annahme kaum zu zweifeln ist. An einen afrikanischen Bischof hat neuerdings B. v. Simson gedacht, ohne jedoch einen solchen dieses Namens nachweisen zu können.

Bald nach der Vollendung der Gotengeschichte konnte Jordanis auch dem Vigilius seine Chronik überreichen, die, wie er selbst sagt, im 24. Jahre Justinians (welches am 1. April 551 begann), beendigt war. Die erneuten Kämpfe der Goten sind hier mit sichtlicher Abneigung gegen Totila berührt, die letzte Katastrophe aber war noch nicht zur Kenntnis des Verfassers gekommen. Übrigens ist dieses Werk, welches gewöhnlich *De regnorum successione* genannt wird, richtiger (nach Mommsen) *De summa temporum vel origine actibusque gentis Romanorum* heißen sollte, eine unbedeutende und ungeschickte Kompilation; es ist großenteils aus Florus entlehnt, so wörtlich, daß die neuesten Herausgeber aus Jordanis den Text des Florus bedeutend berichtigen konnten; später benutzt er den Eutrop, Orosius und andere, welche in der Ausgabe von Mommsen nachgewiesen sind. Wichtig ist diese Schrift fast nur als höchst charakteristisch für den Standpunkt des Verfassers, denn die Weltgeschichte ist ihm eben nur die römische, angeknüpft an die aus der Chronik des Hieronymus entlehnten Generationen des alten Testaments und die Regentenreihen der früheren Weltreiche; er beruft sich ausdrücklich auf die Prophezeiung des Daniel, daß diesem Reiche die Herrschaft bis ans Ende der Welt beschieden sei.

§ 6. Die Westgoten. Isidor

Spanien gehörte, wie Gallien, in den letzten Zeiten des römischen Reiches zu den blühendsten Provinzen und war von der römischen Bildung der damaligen Zeit vollkommen durchdrungen. Unendlich viel ging hier zu Grunde in den verheerenden Kriegen des 5. Jahrhunderts, wo Spanien unausgesetzt der Kampfplatz verschiedener Völkerschaften war. Die Westgoten aber, welche allmählich ihr Reich dort befestigten, zeigten sich der römischen Bildung ebenso wenig abgeneigt wie die Ostgoten, und während sie die unterworfenen Romanen mit großer Milde behandelten, erhielt sich auch unter ihnen noch ein Nachklang des wissenschaftlichen Lebens der besseren Zeit. Sie selbst jedoch haben nicht in namhafter Weise an dieser Tätigkeit teilgenommen.

Den Anfang der barbarischen Heimsuchung Spaniens erlebte noch Orosius, der Augustins Geschichte des Reiches Gottes auf dessen Wunsch die Schilderung des Elendes dieser Welt zur Seite stellte. Er wollte darin nachweisen, daß nicht das Christentum, wie die Heiden behaupteten, das Elend über die Welt gebracht habe, sondern daß es zu allen Zeiten viel Trübsal und Leiden gegeben hat, eine Auffassung, welche in den Zeiten des Unglücks und der Verwirrung überall Anklang fand und großen Einfluß auf die Ansichten der mittelalterlichen Geschichtsschreiber geübt hat, ganz besonders auf Otto von Freising, dessen Chronik sich unmittelbar an Augustin und Orosius anschließt. Für uns mindert die unhistorische Auffassung des Orosius, die dadurch bedingte einseitige Benutzung und Entstellung seiner Quellen, und sein ziemlich leichtfertiges Verfahren, den Wert, welchen sein Werk sonst durch die Benutzung jetzt verlorener Schriften, namentlich des Livius, haben würde. Im Anfang legt auch er den Eusebius in der Bearbeitung des Hieronymus und des Rufin zu Grunde, schreibt dann vorzüglich den Justin aus und geht endlich zu einer ganz überwiegenden Darstellung der römischen Geschichte über. Das römische Reich ist ihm nach der erst kurz zuvor, wenn auch nicht zuerst, von Hieronymus aufgestellten Deutung die vierte Weltmonarchie. Als die vorgehenden aber sieht er, abweichend von den späteren Chronisten, das babylonische, makedonische und karthagische Reich an. Am Schluß seines Werkes gibt Orosius die Geschichte seiner Zeit bis 417, in welchem Jahre er endete, und dieser Abschnitt hat, obschon dürftig und ganz erfüllt von dem engherzigen Geist der pfäffischen Hofpartei, welcher soeben der Sturz des großen Stilicho gelungen war, doch selbständigen Wert und enthält namentlich gute Nachrichten über Spanien und die Geschichte der Westgoten.

Unter der westgotischen Herrschaft entstanden ferner mehrere jener wortkargen annalistischen Aufzeichnungen, welche sich an die Chronik des Hieronymus anschlossen und in den späte-

ren Weltchroniken regelmäßig den Übergang vom Hieronymus
zum Beda bilden, weshalb eine Zeit lang westgotische, später
angelsächsische Namen vorherrschen. Die wichtigste dieser
Chroniken, für viele Begebenheiten unsere einzige Quelle, ist
das Werk des Aquitaniers Tiro Prosper[30], wie er an einigen
Stellen genannt wird, oder kurzweg Prosper, wie er gewöhnlich
heißt. Um 390 geboren, hat Prosper sich eine für jene Zeit
hervorragende Bildung erworben, und zwar haben ihn, obgleich er Laie war und blieb, ganz vorzüglich theologische
Studien beschäftigt. Als eifriger Verehrer und Bewunderer Augustins kämpfte er wacker gegen Pelagianer und andere Ketzer
und erwarb sich als Schriftsteller einen angesehenen Namen.
Im Jahre 440 scheint er den Papst Leo nach Rom, das er schon
einmal 431 besucht hatte, begleitet zu haben; er wird als Verfasser von Briefen genannt, welche Leos Namen tragen, und blieb
fortan, vermutlich als Notar, am römischen Hofe, wo er die
Angst vor Attila und den Schrecken der vandalischen Eroberung
erlebte. Hier, wie es scheint, hat er sein *Chronicon* geschrieben,
oder doch vollendet, welches in erster Redaktion bis 445 reicht,
in zweiter bis 455 fortgeführt ist. Er lebte vielleicht bis 463.
Er beginnt mit der Erschaffung der Welt, beschränkt sich aber
im ersten Teile ganz auf einen grundschlechten Auszug aus
Hieronymus, welcher dessen eigentümlichen Vorzug, die chronologische Bestimmtheit und Übersichtlichkeit, ganz zerstört.
Von Christi Tod an beginnt bei ihm das Verzeichnis der Konsuln,
welches er einem Exemplare der Ravennatischen Fasten ent-
lehnte. Auch finden sich Zusätze, welche sich vorzüglich auf die
verschiedenen Ketzereien beziehen und auf Augustins Schriften beruhen. Weiterhin sind auch andere Quellen benutzt, dar-

---

[30] Tiro Prosper MGH AA 9 und 11 ed. Mommsen; dazu: DW 162/
693–701 (incl. Fortsetzer). Neben Tiro Prosper, dessen Chronik
bis 455 reicht, ist an die Chronik des Hydatius zu denken (bis
468), vergl. Anm. 17.

unter die Geschichte des ihm geistesverwandten Orosius. Spätestens von 425 an berichtet er als Zeitgenosse, und zwar über einen Zeitraum, aus welchem andere Quellen fast ganz mangeln. Flüchtig und nachlässig, in dürftiger Kürze berichtet er auch hier, aber wertvoll ist in hohem Grade, was er mitteilt. Dem Interesse des römischen Stuhles zeigt er sich überall eifrig ergeben und verändert sogar Nachrichten des Hieronymus in solcher Tendenz, die Kirche liegt ihm viel mehr am Herzen als der Staat.

Verständigerweise hat man schon früh den ersten Teil bis 378 als wertlos fortgelassen und nur den zweiten als Fortsetzung mit der Chronik des Hieronymus verbunden. In dieser Gestalt wurde die Chronik als bequemstes Handbuch der Weltgeschichte schon sehr früh allgemein benutzt und noch im 16. Jahrhundert häufig gedruckt, jedoch mit Zusätzen, welche den ursprünglichen Text verdunkeln. Man verband damit die Fortsetzung des Matthaeus Palmerius bis 1449, die weitere des Matthias Palmerius bis 1482, und fügte noch eine Fortführung bis zum Druckjahre hinzu, weil man den praktischen Gebrauch im Auge hatte.

Irrtümlich Prosper zugeschrieben ist das *Chronicon imperiale* oder *Pithoeanum*[31] (379–452), welches am Anfang und am Ende mit Prosper übereinstimmt, übrigens aber in Form und Inhalt ganz von ihm verschieden ist. Als Zeitrechnung dienen hier die Regierungsjahre der Kaiser. Verfaßt ist es als Fortsetzung des Hieronymus, wenigstens findet es sich nur mit diesem verbunden. Geschrieben ist es auf Grundlage der Konsularfasten mit Benutzung des Rufinus und anderer unbekannter Quellen im südlichen Gallien, vielleicht in Marseille, mit besonderer Verehrung des Klosters Lerins. In scharfem Gegensatze zu Prosper erscheint der Verfasser zwar auch von lebhaf-

---

[31] Chronica Gallia id. Chronicon imperiale MGH AA 9 ed. Mommsen; Literatur: DW 162/221, 222.

tem kirchlichen Eifer erfüllt, aber Augustin abgeneigt und semipelagianisch gesinnt. Holder-Egger vermutet, daß die Chronik vielleicht unvollendet blieb und von anderer Hand aus Prosper ergänzt wurde, um den Übergang zum Marius zu bilden. Benutzt ist es nur von dem sogenannten Severus Sulpicius, von Paulus und später von Sigebert, durch den es allgemein bekannt und verbreitet wurde. Es ist voll von chronologischen Irrtümern, enthält aber wichtige Nachrichten über die Geschicke der germanischen Völker in Gallien.

Von erheblichem Wert und namentlich durch gute Nachrichten über die Sueben und Westgoten sehr schätzbar ist die Chronik des galicischen Bischofs Idatius, richtiger Hydatius (gebürtig aus Lemica in Galicien, das von Lamego verschieden ist, jetzt Jinzo de Lima, daher Lemicensis), welcher den Hieronymus fortsetzte und nach seiner eigenen Angabe bis 427, in welchem Jahre er Bischof wurde, aus Büchern und den Berichten der Zeitgenossen schöpfte, von da an bis 468 aus eigener Erfahrung von den Begebenheiten berichtete, in welchen er als angesehener Bischof eine nicht unbedeutende Rolle spielte.

Eine für die Zeitgeschichte durch ihren überwiegend kirchlichen Inhalt wichtige Chronik schrieb Victor, Bischof der unbekannten Stadt Tunnuna in der afrikanischen Prokonsularprovinz. Er scheint von der Schöpfung begonnen zu haben, aber erhalten ist sein Werk nur als Fortsetzung des Prosper. An dasselbe schließt sich die Fortsetzung eines Goten, Johannes von Biclaro, der aber in Konstantinopel seine Bildung erhalten hatte, bis zum Jahre 590. Er stiftete 586 das Kloster Biclaro unbekannter Lage, wo er auch seine Chronik geschrieben hat. 591 ist er Bischof von Gerona geworden und starb nach 610. Eine Fortsetzung des Prosper bis 581 schrieb in Burgund der Bischof Marius von Avenches, auf welchen wir noch zurückkommen. Eine eigentümliche Umgestaltung des Textes mit wertvollen Zusätzen und Fortsetzung bis etwa 625 bietet uns der Continuator Prosperi Havniensis, so genannt, weil die

Handschrift 1836 von G. Waitz in Kopenhagen entdeckt wurde. Der Verfasser schrieb um 625 unter König Ariwald im Langobardenreiche, vielleicht in Mailand oder Pavia, gehörte aber der romanischen Bevölkerung an. Er versah schon den Auszug aus Hieronymus, Prosper und den Consularia Italica, welche er vollständig ausschrieb, mit Zusätzen aus Isidor und einem Papstkatalog, auch hat er gallische Annalen benutzt. Der Fortsetzung fehlen die Jahre 458–474. Beim Jahre 523 hört die Rechnung nach Konsuln auf, und die Regierungen der Kaiser treten an die Stelle wie bei Isidor, welcher von nun an dem Verfasser als Leitfaden dient. Wir verdanken ihm wertvolle Nachrichten.

Näher auf diese Werke einzugehen, deren Wert nur in ihrem materiellen Inhalte besteht, würde hier nicht am Orte sein; sie durften nicht ganz übergangen werden, weil sie den Übergang zu den späteren Chronisten bildeten, denen vorzüglich Prosper und Hydatius ganz allgemein als Grundlage für diese Zeiten dienten. Dagegen haben wir noch eines Mannes zu gedenken, der, wie jene Vertreter der alten grammatischen Bildung am Hofe von Ravenna, alles, was von der überlieferten Schulbildung noch übrig war, in sich aufgenommen hatte und durch seine Schriften einer der einflußreichsten Lehrer des Mittelalters geworden ist, nämlich Isidor von Sevilla.

Isidor, etwa 560 geboren, war der Sohn des Severian, eines Provinzialen aus dem Dikstrikt von Karthagena. Er folgte seinem Bruder Leander auf dem bischöflichen Stuhle von Sevilla um 603 und starb 636. Außer vielen anderen Werken brachte er die Summe aller Kenntnisse, welche er sich vermittels der damals noch vorhandenen Hilfsmittel erworben hatte, in ein von ihm nicht ganz vollendetes Kompendium, die 20 Bücher *Originum sive Etymologiarum*, welche eine außerordentliche Verbreitung erlangten und allgemein gelesen und benutzt wurden. Heutzutage ist man geneigt, diese Bestrebungen gering zu schätzen, ja ihnen zu zürnen, weil dadurch die älteren und besseren Werke verdrängt wurden. Allein es war damals schwer, sich eine Bibliothek zu sammeln; nur wenige von denen, welche sich mit Wissenschaften überhaupt beschäftigten, konnten sich die umfangreichen Handschriften der alten Klassiker verschaffen, und deshalb gewannen die leicht zugänglichen Auszüge eine so rasche Verbreitung. Es ist sehr fraglich, ob sich die reineren Quellen besser erhalten haben würden, wenn auch niemand Auszüge daraus verfaßt hätte. Diese dagegen setzten auch unbemittelte Schüler in den Stand, wenigstens etwas zu lernen.

In jenem umfassenden Werke, welches freilich auch die mäßigsten Ansprüche unbefriedigt läßt, ist nun auch eine kurze Chronik bis 627 oder chronologische Übersicht enthalten, ein dürftiger Auszug aus der zwölf Jahre früher verfaßten Chronik, welche in gedrängter Kürze eine Übersicht der Begebenheiten von der Erschaffung der Welt bis zum fünften Jahre des Heraklius, dem vierten des Sisebut (615) gab, mit Zusätzen von anderer Hand bis 624 und 630, von denen jene nicht unwichtig für die fränkische Geschichte sind. Der Stoff ist ganz überwiegend aus bekannten Quellen geschöpft. Eigen ist Isidor die Einteilung nach den sechs Weltaltern, entsprechend den sechs Schöpfungstagen. Das letzte beginnt mit Christi Geburt und Augustus' Kaisertum. Es ist das ein bei Augustin wiederholt vorkommender Gedanke, welcher hier zuerst chronistisch verwertet wurde und später durch Beda allgemeine Verbreitung fand.

So sehr nun auch Isidor von der kirchlichen Auffassung der Geschichte erfüllt war, so hatte er doch auch ein lebhaftes Gefühl für sein Land und für das Volk der Westgoten, von deren Milde und Menschenfreundlichkeit er ein schönes Zeugnis ablegt. Denn nachdem er die Einnahme Roms durch Alarich und die dabei geübte Schonung beschrieben hat, fügt er (nach Orosius) hinzu: »Deshalb lieben auch bis auf den heutigen Tag die Römer, welche im Reiche der Goten leben, die

Herrschaft derselben so sehr, daß sie es für besser halten, mit den Goten in Armut zu leben, als unter den Römern mächtig zu sein und die schwere Last der Abgaben zu tragen.« Das steht in der Volksgeschichte der Westgoten, welche er verfaßt hat, kurz zwar und dürftig für uns, die wir nach eingehenderer Darstellung verlangen, aber doch nicht ohne Geschick zusammengefaßt und mit Wärme erzählt. Kurze Geschichten der Vandalen und der Sueben schließen sich daran. Vorangeschickt aber ist ein überschwengliches Lob Spaniens, das jetzt von dem blühenden Volke der Goten in Reichtum und glücklicher Sicherheit beherrscht werde. Von der Gotengeschichte gibt es zwei Rezensionen bis 619 und 624, beide gleichzeitig unter König Svinthila verfaßt, jene von einem Bearbeiter verkürzt, diese mit manchen Zusätzen versehen. Die Widmung eines Exemplars an König Sisenand (631–636) kann von Isidor selbst, aber auch von einem Anderen herrühren.

Außerdem aber haben wir endlich noch ein Werk des Isidor zu erwähnen, welches ebenfalls große Verbreitung gefunden und manchen zur Nachahmung gereizt hat. Das ist sein literarhistorisches Buch *De scriptoribus ecclesiasticis*. Er selbst folgte darin dem Vorgange des Hieronymus und des Gennadius, eines Marseiller Priesters im 5. Jahrhundert. Ihm schloß sich dann zunächst Ildefons von Toledo an und darauf nach langem Zwischenraume im 12. Jahrhundert Sigebert, Honorius, Petrus Diaconus und der ungenannte Mönch, welcher nach dem Fundort der Handschrift von Melk Anonymus Mellicensis genannt wird, aber dem Inhalt nach vielmehr nach Regensburg gehört[32], alle dürftig und mager, aber schätzenswert durch einige nur von ihnen aufbewahrte Nachrichten. Im 13. Jahrhundert folgte ihnen Heinrich von Gent und endlich am Schluß des Mittelalters der vielbelesene, aber unzuverlässige Johann von Trittenheim. Denselben Gegenstand behandelte im 12. Jahr-

---

[32] um 1170 in Prüfening geschrieben.

hundert Konrad von Hirsau in seinem *Dialogus super auctores*
und im Jahre 1380 Hugo von Trimberg, Lehrer zu St. Gangolf
in Bamberg[33].

§ 7. Quellen und Literatur zu Kapitel I (§§ 1–6)

Grundlegende Literatur zur Einführung: (zu den §§ 1–3)

Die Verwandlung der Mittelmeerwelt (Fischer Weltgeschichte
Bd. 9) hrsg. von F. G. Maier, Frankfurt 1968.
Allgemeinbildender Überblick über den Untergang des Weströmischen Reiches, das Zeitalter Justinians, der das Ostreich festigte,
sich jedoch der islamischen Herausforderung gegenübersah, und
die entstehenden neuen Herrschaftskomplexe der Germanen auf
dem Boden des westlichen Reichsteiles.

J. Vogt, der Niedergang Roms, Zürich 1965.
Vogt analysiert zunächst die Reichskrise des 3. Jahrhunderts, wobei er auch die geistesgeschichtliche Entwicklung im Auge behält
– etwa: Neuplatonismus und Christentum. Der 2. Schwerpunkt
liegt beim Zeitalter Konstantins. Die ausführliche Behandlung
der Germanen bis zu Theoderich d. Gr. bilanziert die endgültige
Abdankung Roms.

J. Martin, Spätantike und Völkerwanderung (Oldenbourg
Grundriß der Geschichte, Bd. 4), München 1987.
Zwei Teile bestimmen dieses Buch. Zuerst wird auf etwa 130
Seiten die Geschichte des angegebenen Zeitraumes dargestellt.
Anschließend folgt ein ebenso umfangreicher Teil, der Quellen
und Forschungsstand behandelt. Ein umfassendes Literaturver-
zeichnis rundet diesen grundlegenden Band ab.

Handbuch der Europäischen Geschichte Bd. 1, hrsg. von Th.
Schieder, Stuttgart 1976.

[33] weiterführend: Levison, Geschichtsquellen, Heft 1, S. 90/91.

Ausführlichste und fundierteste Darstellung der Geschichte des europäischen Raumes und der angrenzenden Kulturräume von der Spätantike bis zum Hochmittelalter – bis etwa zur Jahrtausendwende.

Dahlmann/Waitz, Quellenkunde der deutschen Geschichte, Bd. 5, Stuttgart 1980, Abschnitt 160 (Germanen), Abschnitt 162 (Wanderungen und Reiche der Germanen) – unverzichtbares bibliographisches Hilfsmittel.

Zu einzelnen Quellen und Problemen:

Tacitus (§ 1):

Textausgabe: Tacitus, Germania, erläutert von R. Much, hrsg. von W. Lange, Heidelberg 1967

Übersetzung: Tacitus, Sämtliche erhaltene Werke. Unter Zugrundelegung der Übertragung von W. Bötticher neu bearb. von A. Schaefer. Kettwig 1986.

Literatur: E. Norden, Die germanische Urgeschichte in Tacitus' Germania Darmstadt 1959 (4. Aufl.)
Die Studie Nordens wie die Erläuterungen Muchs vergleichen Tacitus' Germania mit dessen Historien und anderen Autoren, die sich des Germanenproblems unter dem Aspekt antiker Geographie annehmen.

weitere Literatur: DW 160/17–55.

Christianisierung der Germanen:

K. D. Schmidt, Die Bekehrung der Germanen zum Christentum, 2 Bde., Göttingen 1939–42.
Schmidt beginnt sein Werk mit einer ausführlichen Studie über nichtchristliche Kulturen der germanischen Frühzeit, behandelt dann die Bekehrung von Germanen zum Arianismus (Schwerpunkt: Westgoten). Im 2. Band beschäftigt sich die Studie mit der Christianisierung der Franken, wobei besonderes Gewicht auf die Bedeutung Chlodwigs gelegt wird.

H. V. Schubert, Geschichte der christlichen Kirche im Frühen Mittelalter, Darmstadt 1962 (1921) 2. Aufl. Darmstadt 1962.

Der Schwerpunkt dieser Abhandlung liegt bei der Analyse des Verhältnisses von geistlicher zu weltlicher Gewalt zur Zeit der Merowinger und Karolinger. Die Ausführungen über die Frühzeit spannen den Bogen vom gotischen Arianismus zum frühen germanisch-römischen Katholizismus.
Weitere Literatur: DW 165/32–54.

Zu Severin (§ 2):

Textausgabe: R. Noll, Eugippius, Das Leben des heiligen Severin, Berlin 1963.
Das Leben des heiligen Severin nach Eugipp. Übers. von K. Rodenberg (GdV II, 4), Leipzig 1912 (2. Aufl.)
Eugippius. Das Leben des heiligen Severin. Neu hrsg. von A. Heine (HddA), Kettwig 1986.
Literatur: F. Lotter, Severin von Noricum – Staatsmann und Heiliger. Das Severin-Bild der Vita; in: Theologisch-praktische Quartalschrift 130 (1982), S. 110–124.
Ein kompakter monographischer Abriß über Severin und dessen politische Tätigkeit, soweit man von einer solchen sprechen kann.
F. Kaphahn, Zwischen Antike und Mittelalter. Das Donau- und Alpenland im Zeitalter St. Severins, München 1944 (Neudr. 1980).
Das Buch stellt Severin in einen größeren Kontext der Geschichte der römischen Provinz Noricum, wobei verstärkt ein Augenmerk auf die römische Provinzkultur der Spätantike und das frühe Mittelalter gelegt wird.

Zu den Anfängen der christlichen Geschichtsschreibung (§ 3):

Eusebius und Hieronymus:
Textausgaben: Eusebius, chronicorum libri duo, ed. A. Schoene, 1875 (2. Aufl.). Eusebius, Kirchengeschichte, hrsg. von A. Kraft (deutsch), Darmstadt 1967.

Die Chronik des Hieronymus, hrsg. von R. Helm, Berlin 1956.
Literatur: R. Laqueur, Eusebius als Historiker seiner Zeit,
Berlin 1929.
Vergleichende Textuntersuchung, die zeitlich-thematisch primär
die Zeit Maximinius' und Konstantins abhandelt.

H. v. Campenhausen, Lateinische Kirchenväter, Stuttgart
1965 (2. Aufl.).

H. v. Campenhausen, Griechische Kirchenväter, Stuttgart
1987 (7. Aufl.).
Gut lesbare Portraits der »Gründungsväter« des Christentums,
u.a. Eusebius, Hieronymus, v.a. Augustinus.

Zu den Goten (§ 4):

Überblicksliteratur: H. Wolfram, Die Goten, München 1990
(3. Aufl.).
Gut gegliederte, detailreiche und doch übersichtliche Darstellung
zu folgenden Schwerpunkten: Stammesbildung, Westgoten und
ihr Tolosanisches Reich, Geschichte der Ostgoten bis zum Untergang 552 – reichhaltiges Literaturverzeichnis.
Weitere Literatur: DW 162/1070–1164 (Westgoten), 162/1195–
1236 (Ostgoten).

Zu Cassiodor:
Textausgabe: Chronica, MGH AA 11 ed. Mommsen.
Literatur: Cassiodor, in: Reallexikon der germanischen Alter-
tumskunde, Bd. 4, 1981, S. 347–350.
DW 162/183–187 (Ausgaben) 162/188–219 (Literatur).

Zu Jordanis (§ 5):

Textausgabe: Opera, MGH AA 5 ed. Mommsen.
Übersetzung: Jordanes Gotengeschichte nebst Auszügen aus
seiner römischen Geschichte. Übers. von W. Martens (GdV
II, 5). Leipzig 1913 (3. Aufl.)
Jordanis, Gotengeschichte nebst Auszügen aus seiner römi-

schen Geschichte. Nach der Übers. von W. Martens neu
hrsg. von A. Heine (HddA). Kettwig 1986 (2. Aufl.).
Literatur: N. Wagner, Getica, Untersuchungen zum Leben des
Jordanis und zur frühen Geschichte der Goten, Berlin 1967.
Abhandlung über die Volkszugehörigkeit und den Stand des Jorda-
nis; sich anschließend: u.a. eine ausführliche Studie über die
Urheimat der Goten.
Weitere Literatur: DW 162/479–490.

Zu Isidor und Orosius (§ 6):

Textausgaben: Orosius, die antike Weltgeschichte in christlicher
Sicht (I–IV), übersetzt und erläutert von A. Lippold, Zü-
rich–München 1985.
Isidors Geschichte der Goten, Vandalen, Sueven, nebst Aus-
zügen aus der Kirchengeschichte des Beda Verserubilis.
Übers. von D. Coste (GdV II, 10). Leipzig 1910 (3. Aufl.).
Isidor, Geschichte der Goten, Vandalen und Sueven, nebst
Auszügen aus der Kirchengeschichte des Beda Venerabilis.
Nach der Übers. von D. Coste, neu hrsg. von A. Heine
(HddA). Kettwig 1990 (2. Auf.).

Literatur zu Orosius:
H. W. Goetz, Die Geschichtstheologie des Orosius, Darmstadt
1980.
Ausgehend von der theologischen Sichtweise der Geschichte bei
Augustinus wird das Wirken des göttlichen Heilsplanes in der
Geschichte an Hand der Orosius-Quelle behandelt.
D. Koch-Peters, Ansichten des Orosius zur Geschichte sei-
ner Zeit, Frankfurt 1984.
Nach einem Überblick über die Forschungstendenzen wird die
Grundthese des Orosius, daß das Imperium als Ausgleich zwischen
»Romanitas« und »Christianitas« weiterexistieren könne, unter-
sucht.
Weitere Literatur: DW 162/565–577.

Literatur zu Isidor:

J. Fontaine, Isiodore de Seville, Paris 1965.

Fontaine behandelt vor allem rhetorische, philosophische und kulturelle Aspekte im Werk des Isiodor.

E. Brehant, An Encyclopedist of the dark ages: Isidor of Seville, New York 1952.

II.
FRÄNKISCHE ZEIT
ZEIT DER MEROWINGER

§ 1. Die Franken.

Die Goten waren ohne Zweifel ein wohlbegabter, bildsamer Stamm und ihre Anfänge vielversprechend; aber die Westgoten zeigen nach Isidor keine fortschreitende Entwicklung in der Literatur, und das Reich der Ostgoten war in vollster Auflösung begriffen, als es den Feldherren Justinians erlag. Keines der germanischen Reiche, welche auf römischem Boden errichtet wurden, vermochte die innere Festigkeit und Ordnung zu gewinnen, welche allein die Grundlage einer dauernden und fortschreitenden Geistesbildung und literarischen Entwicklung darbieten kann. Einen ganz ähnlichen Verlauf der Dinge sehen wir auch bei den Franken[1]. Auch sie finden einige Reste der alten Bildung vor, welche sich eine Zeit lang kümmerlich erhalten; in der Kirche regt sich dann einige literarische Tätigkeit, aber zuletzt droht doch alles in der allgemeinen Auflösung und Verwirrung rettungslos unterzugehen, und es bedarf einer Neubelebung der fast ganz erstorbenen Keime, um ein besseres Zeitalter herbeizuführen auf der Grundlage festerer staatlicher Bildungen.

Hochberühmt waren in den letzten Jahrhunderten der Kaiserherrschaft die Schulen der Grammatiker und Rhetoren in Gallien; die französischen Schriftsteller gefallen sich darin, das Bild dieser Zeiten auszumalen, und es tritt uns in den Werken

---

[1] zu den Franken: schriftl. Quellen: DW 164/16–70, Literatur: 164/242–342.

von Guizot und Ampère lebendig entgegen. Diese Studien, welche noch in den letzten Jahrzehnten des Reiches so eifrig betrieben wurden, waren aber, wie sich das bei dem Geiste dieser Zeiten nicht anders erwarten läßt, dem wirklichen Leben gänzlich entfremdet und bewegten sich nur auf dem Boden der Schule. Die Prosa war bis auf einen unerträglichen Grad verkünstelt. Die gesuchte, kaum verständliche Schreibart, deren wir schon bei Ennodius und Cassiodor gedachten, ist hier auf die Spitze getrieben. Die Poesie war vorherrschend epigrammatisch und diente fast nur dem Zeitvertreibe der vornehmen Welt. Durch Gelegenheitsgedichte suchten die Poeten die Gunst hoher Gönner, oder diese griffen auch selbst zur Feder und bewiesen ihre feine Bildung durch allerhand poetisches Spielwerk wie Ausonius aus Bordeaux[2], der nach der Verwaltung bedeutender Staatsämter in Muße der Literatur lebte und bald nach 392 gestorben ist. Weniger glücklich als dieser sah sich Apollinaris Sidonius[3] schon verdammt, unter den Barbaren zu leben, und deshalb sind seine Gedichte und Briefe von um so größerem Wert für uns. Sie zeigen uns nicht nur den damaligen Zustand der Schulen und des Lebens in Gallien, sondern gewähren auch manche Kunde von den Burgundern und Westgoten, denen er mit seiner Kunst dienen mußte. Innigst verabscheut er diese Barbaren, und bei mancher Gelegenheit spricht er das unverhohlen aus, aber bewundern und feiern ließ er sich doch recht gerne von ihnen. Auch das große Hochzeitsfest der Franken, bei welchem diese von Aëtius überfallen wurden, hat Sidonius zum Preise des Siegers geschildert. Zuletzt wandte er sich der Kirche zu, welche allein noch einen sicheren Hafen darbot, wurde 471 Bischof von Clermont in der Auvergne und starb bald nach 484. Ein Verwandter des Sidonius war der hochangesehene Bischof (seit 490) Alcimus Ecdicius Avitus, geb. um 450, gest. nach 518,

---

[2] Ausonius, MGH AA 5,2 ed. C. Schenkl; DW 162/102 ff.
[3] Apollinaris Sidonius, MGH AA 8 ed. Luetjohann; DW 162/780 ff.

einer der letzten Vertreter der römischen Bildung in Gallien und eifrigster Vorkämpfer der katholischen Kirche gegen den Arianismus[4]. Wenn uns auch hier weder seine Homilien und theologischen Schriften berühren, noch seine sehr geschätzten Dichtungen über alttestamentliche Stoffe, so bilden doch seine Briefe eine wichtige Quelle für die Zeitgeschichte. Die Bedeutung der Taufe Chlowigs erkannte er mit prophetischem Blicke, und im burgundischen Königshause gelang es ihm, den Sohn des eifrigen Arianers Gundobad, Sigismund, zum katholischen Glauben zu bekehren.

Einst hatte Konstantin die fränkischen Gefangenen den wilden Tieren vorwerfen lassen, weil sie ihm zu wild und treulos erschienen, um sich wie andere Barbaren zum Anbau des Landes, zum Kriegsdienst oder als Sklaven verwenden zu lassen. Nur der Schrecken, meinte er, vermöge sie zu bändigen. Aber die vielfache, wenn auch feindliche Berührung mit den Römern milderte allmählich ihre Wildheit. Bald finden wir Franken in ansehnlichen Ämtern bei den Römern, und schon am Ende des 4. Jahrhunderts war der Franke Arbogast Befehlshaber der Heeresmacht im westlichen Reiche. In der Mitte des 5. Jahrhunderts sind die salischen Franken von den Römern abhängig, sie führen ihre Kriege und schlagen ihre Schlachten. Mit den Römern verbündet, durchzieht der König Childerich ganz Gallien nach allen Seiten, er besiegt mit ihnen die ketzerischen Westgoten, die britischen und sächsischen Seeräuber, die plündernden Alamannen. Obgleich noch Heide, ist Childerich mit seinen Franken doch bereits dem ganzen Lande wohlbekannt, aber nicht mehr als der wildeste aller Feinde, sondern als Retter und Beschützer. Man freute sich über den alten Hünen, wo man ihn sah, hoch zu Roß, in reicher und prächtiger Rüstung. Der Königsmantel, in welchem seine Getreuen ihn zu Tournai bestattet haben, bestand aus purpurner, golddurch-

---

[4] Avitus, Opera MGH AA 6,2 ed. Peiper; DW 162/118 ff.

wirkter Seide, wahrscheinlich besetzt mit den goldenen Bienen, die man in so großer Zahl in seinem Grabe fand, und die Napoleon von ihm entlehnt hat. Natürlich war das alles von römischer Arbeit, auch sein Siegelring führte die lateinische Inschrift: CHILDIRICI REGIS.

Da ist es denn nicht zu verwundern, daß auch daheim im Salierlande schon Römer wohnen konnten, als Gäste und Hausgenossen des Königs, ja, daß auch die Salier selbst ihr eigenes Volksrecht in lateinischer Sprache aufzeichneten – denn noch wagte oder verstand man es nicht, die fränkische zur Schriftsprache zu machen, und erst an eben dieses Rechtsbuch lehnten die ersten noch unbeholfenen Versuche sich an – und andererseits erklärt es sich auch, wie bald darauf die Vermischung der Franken mit den schon halb barbarisch gewordenen Provinzialen so leicht und rasch von statten gehen konnte, war man doch beiderseitig schon längst daran gewöhnt, miteinander zu leben und zu verkehren.

In lateinischer Sprache ist auch das älteste uns erhaltene Denkmal einheimischer Poesie der Franken verfaßt, der Prolog zum Volksrecht der Salier[5], wo das Volk der Franken hoch gepriesen wird, das schöne, kluge, tapfere und treue, das jetzt auch den katholischen Glauben empfangen habe und von jeder Ketzerei rein sei. Die frühere Abhängigkeit von den Römern erschien ihnen in der Erinnerung als die härteste Knechtschaft, deren Joch sie mit ihrer gewaltigen Kraft abgeworfen hätten, und voll Stolzes rühmen sie sich der reichen Gaben an die Kirchen der heiligen Märtyrer, gegen welche die Römer einst mit Feuer und Schwert gewütet hätten.

---

[5] Lex Salica, in: Germanenrechte, Texte u. Übersetzungen, Bd. 1, Götting 1955/57.
MGH-Ausgabe LL, nat. Ger. IV.
Lit.: Lex Salica, in: Handwörterbuch der dt. Rechtsgeschichte 2, 1949–1962.

Dieser letzte Satz, welcher erst lange nach der Bekehrung geschrieben sein kann, hat aber nicht mehr die rhythmische Form,
welche für den Anfang dieses Prologs zuerst v. Bethmann-Holl-
weg nachgewiesen hat, und dieser erste Teil, in welchem die neu-
lich geschehene Bekehrung des Volkes erwähnt wird, scheint
älterer Zeit anzugehören. Doch das ist sehr unsicher und die
genauere Zeitbestimmung des Prologs viel umstritten[6].

So wie die Franken das Christentum sogleich mit dem orthodoxen Eifer ergriffen, welcher sich in jenen Worten ausspricht,
so waren sie auch der übrigen römischen Bildung durchaus
nicht feind; ja Chlodwigs Enkel Chilperich, der auch für byzantinischen Hofstaat und römische Staatseinrichtung große Vorliebe zeigte, versuchte sogar, das lateinische Alphabet durch
Erfindung neuer Buchstaben zu verbessern und machte selbst
lateinische Verse nach dem Vorbilde des Sedulius, aber wie
Gregor von Tours berichtet, wollte es ihm mit der Metrik nicht
recht gelingen.

Höchst charakteristisch für diese erste Zeit der Vermischung
des Alten und Neuen ist die Persönlichkeit des Venantius Fortunatus[7]. Noch in den alten Rhetorenschulen gebildet, ist er
einer der letzten Vertreter jener verkünstelten Schulgelehrsamkeit. Er stammte aus Italien und kam um das Jahr 565 nach
Gallien, an König Sigiberts Hof, wo man viel Gefallen an
dieser Poesie fand. Überall bei den fränkischen wie bei den
römischen vornehmen Herren und Bischöfen war er ein gern
gesehener Gast, und auf ein Lobgedicht von ihm legte man
den größten Wert. Aber mehr als alles dieses fesselte ihn (seit
567) die Freundschaft der heiligen Radegunde, die ihn zuletzt
bewog, in den geistlichen Stand einzutreten und sich ganz

---

[6] wohl Mitte des 8. Jahrhunderts.

[7] Venantius, opera poetica MGH AA 4 ed. Leo; opera pedestria
MGH AA 4, ed. Krusch.
Lit.: Manitius, Lat. Literatur des MA I, S. 170–181.

nach Poitiers zurückzuziehen. Hierhin hatte Radegunde, aller
Herrlichkeit der Welt entsagend, sich begeben, um ihr Leben
in dem von ihr gestifteten Kloster bei den Werken der Frömmigkeit und Demut zu beschließen, sie, einst die Gemahlin Chlothars, den sie aber nach der Ermordung ihres Bruders, des
letzten Sprossen der thüringischen Königsfamilie, verlassen
hatte. Nur ein Vetter von ihr war noch übrig, der in Konstantinopel lebte, Amalafrid, und an diesen schrieb nun Fortunat
in ihrem Namen eine wahrhaft schöne poetische Epistel, in
welcher er den Untergang des thüringischen Reiches in ergrei-
fender Weise schildert. Ebenso schön ist ein zweites langes
Gedicht über das traurige Geschick der Galswintha, Tochter
des Westgotenkönigs Athanagild, der Schwester der Königin
Brunhilde, die mit König Chilperich vermählt, aber bald nach
der Hochzeit auf Anstiften der Fredegunde ermordet wurde.
Wo Fortunat in solcher Weise einen bedeutenden Gegenstand
aus dem wirklichen Leben zu behandeln unternimmt, zeigt er
wahres Gefühl und ungewöhnliches Talent. Aber bei weitem
die Mehrzahl seiner Gedichte bewegt sich ganz in der spielen-
den Weise seiner Zeit; er besingt jede gute Mahlzeit, die
Radegunde ihm zukommen läßt und widmet jedem kleinen
Vorfall ein Epigramm. Doch ist er im Ausdruck sehr selbständig
und dichtet nur, wenn eine greifbare Wirklichkeit ihn dazu
veranlaßt. Die ersten acht Bücher seiner Gedichte gab er, wie
W. Meyer gezeigt hat (576 oder bald nachher), selbst heraus,
ebenso noch (nach 584) das neunte; das zehnte und elfte aber
sind von anderen als Ergänzung veröffentlicht. Vollends verun-
glückt ist seine Prosa, schwülstig, geziert, kaum verständlich.
Nur in den von ihm verfaßten Heiligenleben redet er einfach
und natürlich. Das findet sich überhaupt fast durchgehends,
nur wenige derselben sind in dem gesuchten Stile der Schule
geschrieben, und zwar aus dem einfachen Grunde, weil sie zur
Erbauung, zum Vorlesen bestimmt waren und deshalb allgemein verständlich sein mußten. Den heiligen Martin verherr-

lichte er in Versen (zwischen 573 und 576) in vier Büchern ganz nach Sulpicius Severus.

In den Heiligenleben, die Fortunat verfaßte, darunter das des heiligen Remigius, herrscht übrigens der moralisch-theologische Zweck und Standpunkt zu sehr vor als daß sie einen bedeutenden historischen Wert haben könnten; am anziehendsten und am lehrreichsten ist das Leben der Radegunde[8] († 13. August 587), worin das Klosterwesen der damaligen Zeit anschaulich geschildert wird, doch waren auch hier so bedeutende und für das Kloster wichtige geschichtliche Vorgänge ganz übergangen, daß schon von der damaligen Äbtissin Dedimia der Nonne Baudonivia die Abfassung einer zweiten Biographie aufgetragen wurde, was sie gewissenhaft, wenn auch in ungeschickter Weise, bald nach 600 ausgeführt hat.

Wie nun die Legenden sich schon durch ihre einfache Sprache als dem Leben näherstehend bewähren, so zeigt es sich überhaupt bald, daß die kirchliche Literatur die einzige wahrhaft lebensfähige war. In die Kirche flüchteten sich alle, welche noch Sinn und Neigung für literarische Bildung hatten, die in dem wilden Getümmel des weltlichen Lebens keine Stätte mehr fand. Das sahen wir an Ennodius, der auch im südlichen Gallien geboren und in den dortigen Rhetorenschulen gebildet war; an Cassiodor, Jordanis, Apollinaris Sidonius, und auch Fortunat wurde in seinem hohen Alter (um 600) noch Bischof von Poitiers, wo er zu Anfang des 7. Jahrhunderts gestorben ist. Jene innerlich leblose, gekünstelte Literatur der Grammatiker starb mit ihren letzten, von den Franken noch vorgefundenen Vertretern ab, und nur die Kirche bewahrte von nun an die Keime des geistigen Lebens, welche sie naturgemäß für ihren Dienst verwandte. Freilich konnte auch sie dem Drucke dieser Zeiten nicht unversehrt widerstehen. Die früher in Gallien sehr bedeutende spekulativ-theologische Tätigkeit hörte gänz-

---

[8] Vita Radegundis ed. Krusch, MGH SS rer. Mer. 2.

lich auf, da man zu gewaltsam vom Drange des praktischen
Lebens ergriffen wurde. Aber in diesem bewahrte die Kirche
eine bedeutende Stellung. Politisch war die Macht der Bischöfe
im fränkischen Reich bald größer als sie je gewesen war, und
wenn sie auch von der immer mehr überhandnehmenden Verwilderung stark ergriffen wurden, so ging der tiefere sittliche
Gehalt in der Kirche doch niemals völlig verloren, und mitten
in dem allgemeinen Verderben erschienen immer aufs neue
einzelne Männer, welche durch Reinheit der Gesinnung und
durch rückhaltlose Hingabe ihrer eigenen Person für die Gebote des Evangeliums die Verehrung ihrer Zeitgenossen und
die Bewunderung der Nachwelt erzwangen. Zu keiner Zeit
nach den ersten Jahrhunderten der christlichen Kirche finden
wir eine größere Zahl von Heiligen als gerade damals, Männer
und Frauen, großenteils von hervorragender äußerer Stellung,
die durch Entsagungen aller Art, durch aufopfernde Wohltätig-
keit, durch unerschrockenes Auftreten gegen die Verbrechen
der Großen und Mächtigen, sich die dankbare Verehrung des
Volkes erwarben. Das äußere Leben nahm gebieterisch alle
ihre Kräfte in Anspruch. Für wissenschaftliche Bestrebungen
war kein Raum in dieser Zeit, und die geringe literarische
Tätigkeit, welche noch stattfindet, beschränkt sich auf Predigten, moralische Schriften und Legenden, die ebenfalls als Vorbilder zum Zweck der unmittelbaren Einwirkung auf die Zeitgenossen verfaßt wurden.

Auf diesem Felde schloß sich an Sulpicius Severus eine reiche
Literatur an, und auch der Mann, mit dem wir uns zunächst
zu beschäftigen haben, der bedeutendste Schriftsteller der merowingischen Zeit, Gregor von Tours, wandte der Legende
seine Tätigkeit hauptsächlich zu.

§ 2. Gregor von Tours

Gregor von Tours stammte aus einer sehr vornehmen römischen Familie, der fast alle Bischöfe von Tours und viele Heilige angehörten. Um das Jahr 538 oder 539 in Clermont-Ferrand (Arverni) geboren, erhielt er nach seinem Vater und seinem Großvater die Namen Georgius Florentius; Gregor hat er sich erst später genannt, nach seinem mütterlichen Ahnherrn, dem heiligen Gregorius, Bischof von Langres. Seinen Vater scheint er früh verloren zu haben; erzogen wurde er an seinem Geburtsorte von seinem Onkel, dem heiligen Bischof Gallus, und nach dessen Tode von dem Priester Avitus, der im Jahre 571 ebenfalls Bischof von Clermont wurde[9]. Er selbst nennt nur diesen, der ihn nicht in weltlicher, sondern in kirchlicher Wissenschaft unterwiesen habe. Doch hat er natürlich in der Schule einige Kenntnis des Vergil und Sallust bekommen, weiß auch von A. Gellius und Marcianus Capella und liebt die christlichen Dichter, aber wenn auch seine Zitate sich sehr beschränken, so ist doch der von G. Kurth daraus gezogene Schluß irrig, daß Gregor nur ein Excerptenschulbuch benutzt habe.

Im Jahre 573 erhielt Gregor von König Sigebert das Bistum Tours, und Fortunat versäumte nicht, sein Gedicht dazu zu machen. Gregor, der ihm nahe befreundet war, hat ihn später sogar mit einem kleinen Landgut beschenkt.

Der Bischof von Tours, der Nachfolger des heiligen Martin, war eine der ansehnlichsten Personen im fränkischen Reiche, ein Kirchenfürst von bedeutender Macht, und mehr noch wegen der ungemeinen Verehrung des heiligen Martin ein Mann, auf den die Blicke vieler Menschen gerichtet waren und dessen Stimme bei allen Staatshändeln von Gewicht war. In Tours,

---

[9] Gregor, Fränkische Geschichte IV, 35. Zu Gregor: Vergl. Ergänzungen zu diesem Kapitel.

dem wichtigsten religiösen Mittelpunkte des Reiches, liefen
die Fäden von allen Seiten zusammen. Bei den inneren Kriegen unter den Merowingern konnte es daher nicht fehlen,
daß Gregor sehr bald in schwierige Entwicklungen hineingezogen wurde, und gleich anfangs sah er sich in sehr gefährdeter
Lage, als Chilperich die Stadt Tours seiner Herrschaft unter-
warf. Er benahm sich aber stets mit Klugheit und Festigkeit
und wußte sich selbst gegen erbitterte und mächtige Feinde zu
behaupten. Nach Chilperichs Tode (584) stieg sein Ansehen,
und von nun an war er einer der einflußreichsten Männer im
Reiche[10]. Allgemein geachtet starb er am 17. November 594,
und hinterließ ein dankbares Andenken in seinem Sprengel,
für den er in jeder Beziehung mit unermüdlichem Eifer tätig
gewesen war. Man verehrte ihn sogar als einen Heiligen. Seine
im 10. Jahrhundert in Tours verfaßte Biographie hebt nur
diese Seite hervor und gewährt fast keine neue Belehrung über
ihn.

Vieles hatte Gregor erlebt und gesehen, von seiner Kindheit
an, wo die Auvergne der Schauplatz des Kampfes zwischen
Chlothar und Childebert war, bis zu dem blutigen Streite der
Königinnen Brunhilde und Fredegunde; seitdem er zu den
Bischöfen des Reiches gehörte, konnte kein bedeutendes Ereignis eintreten, ohne ihn unmittelbar zu berühren; von allem
erfuhr er, und an vielen wichtigen Staatsgeschäften nahm er
persönlich teil; einen großen Teil des Reiches kannte er aus
persönlicher Anschauung. Da erwachte in ihm der Wunsch,
die Kunde dieser Dinge auch der Nachwelt zu überliefern, und
während er das Leben der Heiligen beschrieb und reiche
Sammlungen von Wundergeschichten verzeichnete, arbeitete
er zugleich unablässig an dem Geschichtswerke, welchem wir
fast allein unsere Kenntnis von dem Reiche der Merowinger

---

[10] Gregor stand bei König Guntram, der sich in den Wirren des
Bruderkrieges Tours bemächtigte, in hohem Ansehen.

verdanken. Noch trägt es die Spuren seiner allmählichen Entstehung, man erkennt spätere Nachträge, und es fehlt ihm die
letzte Vollendung. Um so größer ist deshalb die Glaubwürdigkeit der letzten Bücher, in welche er den Ereignissen gleichzeitig die Zeitgeschichte eintrug.

Häufig nennt man dieses Werk die Kirchengeschichte der Franken, und in manchen Handschriften trägt es diesen Titel *(Historia ecclesiastica Francorum)*. Allein so sehr auch dem Charakter
der Zeit entsprechend das kirchliche Element vorwiegt, der
Inhalt zeigt doch, daß jene Überschrift den Grundgedanken
des Werkes nicht ausdrückt und also nicht von Gregor herrühren kann. Richtiger nennt man es: *Zehn Bücher fränkischer
Geschichten.*

Gregor hatte bereits Vorgänger gehabt. Er selbst, und nur
er allein, hat uns (II, 8. 9) Namen und Bruchstücke von
zwei verlorenen Historikern aufbewahrt, von Renatus Profu-
turus Frigeridus, dessen zwölftes Buch der Geschichten er
anführt, und Sulpicius Alexander. Aber diese scheinen beide
noch den Zeiten der letzten Kaiser angehört zu haben[11],
und niemand versuchte mehr das Andenken dieser trüben
Zeiten aufzuzeichnen. Mit der Klage darüber beginnt Gregor
sein Werk. Jetzt, da die Pflege der schönen Wissenschaften
in den Städten Galliens vernachlässigt, ja sogar gänzlich
in Verfall geraten sei, so lauten die inhaltsschweren Worte,
jetzt finde sich kein Gelehrter, dem die Kunst der Rede zu
Gebote stände, der in Prosa oder Versen die Begebenheiten
der Gegenwart der Nachwelt aufbewahre. Laut klage das
Volk: Wehe über unsere Tage, daß die Pflege der Wissenschaften bei uns untergegangen ist und niemand sich findet, der,
was zu unseren Zeiten geschehen, berichten könnte! Deshalb also, weil kein anderer auftrete, habe er es auf sich

---

[11] wahrscheinlich haben sie im Zusammenhang einer Darstellung
der römischen Geschichte die der Franken gestreift.

genommen, das Gedächtnis dieser Tage den Nachkommen zu
überliefern.

Die Geschichte seiner Zeit also ist sein Gegenstand. Aber um
dafür eine chronologische Grundlage zu gewinnen, schickt er
im ersten Buche eine Übersicht der Weltgeschichte, hauptsächlich der biblischen seit der Schöpfung voran; die Erzählung
von der Stiftung der gallischen Kirchen, zuletzt von seinem
Schutzheiligen Martin, gibt dann den Übergang zur fränkischen Geschichte. Allein er führt doch auch noch einen anderen Grund an für die Berechnungen, mit denen er sein Werk
beschließt, nämlich damit diejenigen, welche wegen des heran-
nahenden Endes der Welt in Sorgen sind, genau wissen möchten, wie viele Jahre seit der Erschaffung der Welt verflossen
wären. Denn diese Vorstellung beherrschte auch ihn sowie alle,
die auf das untergehende römische Reich, das letzte Weltreich,
ihre Blicke gerichtet hatten. Und in der Tat bot diese Zeit kaum
etwas anderes dar, als Zeichen des Verfalles und des Untergan-
ges. Keime neuen Lebens mußten dem Frankenreiche in Gallien erst von außen wieder zugetragen werden für die Neuge-
staltung des Staates von Austrasien, für die Kirche von den
britischen Inseln.

Vor allem findet nun Gregor es durchaus notwendig, sein
Glaubensbekenntnis an die Spitze des Buches zu stellen,
damit kein Leser an seiner Rechtgläubigkeit zweifeln könne.
Denn ein Hauptgegenstand seines Werkes würden die Kämpfe
der Kirche mit den Ketzern sein. Höchst charakteristisch
ist dies für eine Zeit, die seit Jahrhunderten von dem Gegensatz
der Katholiken und Arianer erfüllt war, wo der Name des
Orthodoxen der höchste Ehrentitel der Fürsten war und die
Franken ihren größten Stolz darin fanden, von jeder Ketzerei
frei zu sein. Das gesteht ihnen auch der Mönch Jonas
im Leben des Columban zu. Den katholischen Glauben finde
man bei ihnen, nur leider von den Werken auch gar keine
Spur.

Es ist aber dieser Standpunkt für die Beurteilung von Gregors Werk sehr wichtig, seine ganze Auffassung Chlodwigs darauf. Nicht nach schriftlichen Aufzeichnungen schildert ihn Gregor; für die ersten Zeiten hat er wohl die schon erwähnten Autoren und den Orosius benutzt, auch einzelne annalistische Notizen und Heiligenleben, vorzüglich das Leben des Remigius, nebst Briefen und Aktenstücken, aber seine Hauptquelle für die Urgeschichte der Franken, und bald seine einzige, ist doch die lebendige Überlieferung, und die Darstellung Chlodwigs sowie seiner nächsten Nachfolger ist darum schon durchaus sagenhaft; in diesem Abschnitte hat man sich sehr davor zu hüten, Gregors Zeugnis zu überschätzen[12].

Chlodwig ist ihm der Streiter der Kirche, ihr Vorkämpfer gegen die Arianer. Als solchen faßt er ihn vorzugsweise auf, und deshalb kann er auch (II, 40) von ihm sagen: »Gott aber warf Tag für Tag seine Feinde vor ihm zu Boden und vermehrte sein Reich, darum, daß er rechten Herzens vor ihm wandelte, und tat, was seinen Augen wohlgefällig war.«

Unmittelbar vorher hat Gregor erzählt, wie sich Chlodwig durch Mord und Verrat des ripuarischen Reiches bemächtigte, und man hat ihm daher jenen Ausspruch sehr zum Vorwurf gemacht. Diese Worte fassen aber den Inhalt nicht des einen Kapitels allein, sondern auch der vorhergehenden zusammen, in welchen die Bekämpfung der arianischen Westgoten erzählt ist, der Kreuzzug, welchen die Kirche als Chlodwigs größtes Verdienst betrachtete. Ein feines Gefühl für Recht und Unrecht darf man freilich bei den Schriftstellern dieser Zeit nicht suchen; wie bei den Italienern des 15. Jahrhunderts war durch die täglich sich wiederholenden Greueltaten das Gefühl dafür abgestumpft worden. Mord und Hinterlist waren so gewöhnliche

---

[12] ältere Lit. bei: Levison, Geschichtsquellen S. 103, Anm. 226. Insgesamt aber doch etwas überzogene Skepsis; vergl. Buchner – Einleitung zur Frhr. v. Stein-Ausgabe S. 31.

Werkzeuge geworden, daß, wer sie nicht selber anwandte, ihnen zum Opfer fiel. Es kam daher für die Beurteilung nur noch darauf an, ob sich ein lobenswerter Zweck damit verband oder ob sie bloß der Selbstsucht und anderen schlechten Leidenschaften dienten. So erzählt denn auch Gregor zahlreiche Geschichten derart mit einer Kälte, die uns unheimlich berührt, ohne irgend etwas von dem Abscheu zu äußern, welcher den heutigen Leser dabei ergreift. Eben dadurch aber gewinnt er um so mehr an Glaubwürdigkeit. Ganz in seiner Zeit stehend, gewährt er uns das treueste Bild derselben, und indem er nur einfach berichtet, was geschehen war, verdient er ohne Zweifel vollen Glauben, soweit seine eigene Kenntnis der Begebenheiten reicht und soweit nicht etwa leidenschaftliche Erregung, soweit nicht seine eifrig kirchliche Denkart, sein Haß gegen die Ketzer, sein Urteil trüben oder seine übergroße Leichtgläubigkeit ihn irre führt. Sehr mit Unrecht hat man ihm absichtliche Entstellung unterstellt. Von Flüchtigkeit und Ungenauigkeit dagegen ist er im ersten Teile seines Werkes nicht frei, und daran wird es auch wohl in den späteren Abschnitten, wo er unsere einzige Quelle ist, nicht fehlen.

Die Darstellung Gregors ist einfach und kunstlos. Er selbst bittet um Entschuldigung deshalb: »Ich bitte die Leser vorher um Verzeihung«, sagt er, »wenn ich im großen oder geringen gegen die Grammatik fehlen sollte, denn ich bin nicht recht bewandert in dieser Wissenschaft.« Die Schulgelehrsamkeit der Zeit mangelte ihm, und das ist ein Glück für uns. Gregor selbst sagt darüber nicht ohne Ironie, daß er sich zu dieser Arbeit entschlossen habe, weil kein Gelehrter sie auf sich nehme und weil er häufig verwundert habe vernehmen müssen, daß einen Schriftsteller von gelehrter Bildung nur wenige verständen, des schlichten Mannes Rede aber viele. Einige Stellen seines Werkes, wo er sich in dieser Schreibart versucht hat, zeigen uns die Gefahr, vor welcher sein Mangel an Schulbildung uns bewahrt hat. In der Regel aber ist seine Schreibart

diejenige, welche sich damals für die Legende ausgebildet
hatte und nach und nach allgemein herrschend wurde: schlicht
und einfach, weil sie allgemein verständlich sein mußte, und
erfüllt von biblischen Ausdrücken und Anspielungen, dem
Standpunkte der Verfasser und dem Zweck ihrer Werke angemessen, da sie ja sämtlich Geistliche sind und auch in der
Darstellung der Geschichte die kirchliche Bedeutung derselben
fast überall vorherrscht: dabei dem verfallenen Zustand der
damaligen Umgangssprache entsprechend, erfüllt von den ärg-
sten grammatischen Verstößen. Das Gefühl für die Bedeutung
der Flexionsendungen hatte sich fast ganz verloren.

Die kunstlose, einfache Sprache Gregors, seine behagliche,
memoirenartige Erzählung, welche Geschichten aller Art, die
größten Staatsbegebenheiten und unbedeutende Vorfälle des
gewöhnlichen Lebens bunt durcheinander mischt, das ist es
eben, was seinem Werk einen so großen Reiz verleiht und es
zu einem so treuen Spiegel seiner Zeit macht, daß ihm in dieser
Hinsicht kein zweites vergleichbar ist.

Vorzüglich zeigt uns Gregors Werk auch die völlige Verschmelzung der fränkischen und der romanischen Bevölkerung; von
einem feindlichen Gegensatz beider Elemente ist nichts darin
wahrzunehmen, und die römische Abkunft des Verfassers hat
durchaus keinen Einfluß auf seine Darstellung ausgeübt.

Was er hörte, was er sah, das erzählte er, ohne weiteren Zweck
als das Andenken der Dinge zu erhalten. Er dachte keineswegs
gering von dieser Aufgabe und dem Wert derselben, denn
ausdrücklich beschwört er am Ende des letzten Buches seine
Nachfolger auf dem Stuhle des heiligen Martin, sie unverkürzt
und unversehrt der Nachwelt aufzubewahren und nichts daran
zu ändern. Und wenn auch nicht durch ihr Verdienst, so ist
uns doch wirklich Gregors Werk in seiner ursprünglichen Gestalt überliefert worden, und seit Jahrhunderten hat man diese
ungeschminkte Darstellung einer fernen Zeit hoch geschätzt
und in Ehren gehalten. Wir können ihm keine hohe Stelle unter

den Geschichtsschreibern einräumen, denn ihm fehlen die wesentlichsten Eigenschaften, welche dazu gehören, die Beherrschung des Stoffes, das tiefere Eindringen in den Zusammenhang der Dinge. Aber um so dankbarer ist es anzuerkennen, daß er nicht versucht hat, was ihm nicht gelingen konnte, sondern sich in Bescheidenheit begnügte, eine reiche Fülle des mannigfaltigen Stoffes in seinen Werken zusammenzufassen. Von vorzüglichstem Wert ist darunter für uns seine Geschichte der Franken, doch enthalten auch seine Wundergeschichten und Heiligenleben viele für die Charakteristik der Zeit wichtige Züge.

In seinen letzten Jahren, als die blutigen Stürme, die das Frankenreich zerrissen hatten, eine Weile ruhten, als Childebert und König Guntram den Frieden aufrecht hielten, hat Gregor seine Erzählung fortgeführt bis zum Jahre 591. Am Ende fügte er noch eine kurze Geschichte der Bischöfe von Tours, und zuletzt einen Abriß seines eigenen Lebens hinzu: ein Schlußwort, welches Monod als Epilog zu allen seinen Werken, nicht zur Geschichte allein betrachtet. Dann begann er, wie es scheint, sein Werk noch einmal zu überarbeiten; die sechs ersten Bücher enthalten Einschiebungen, welche um diese Zeit geschrieben sind, und diese sechs Bücher sind denn auch, so scheint es, zuerst allein bekannt geworden; nur sie finden sich in der ältesten Handschrift, und sie allein wurden später in einen Auszug gebracht.[13]

Bei weitem nicht mehr in dem Grade wie Isidor, hatte Gregor in sich aufgenommen, was von der alten Bildung noch übrig war; doch war sie auch auf ihn nicht ohne Einfluß geblieben. Hoch überragt er die nun folgende Zeit der tiefsten Barbarei, wo kaum noch einzelne Funken literarischen Lebens zu finden sind, wo die aus der alten Welt herübergenommene Bildung fast vollständig abstarb, während zugleich politisch die ärgste

---

[13] von Fredegar und in den Libri Historiae Francorum.

Verwilderung und Auflösung eintrat. Im 7. Jahrhundert nach Brunhilde und Fredegunde verliert im merowingischen Königshause auch das Laster seine Größe, in wachsender Jämmerlichkeit schleppt sich das entartete Geschlecht noch anderthalb Jahrhunderte durch die Geschichte.

Erwähnt habe ich, daß Gregor auch annalistische Notizen benutzt habe, welche im Anfang seiner Geschichte sehr deutlich zu erkennen sind. Schon oben ist der Annalen von Arles gedacht worden, welche mit Konsularfasten verbunden sind. Holder-Egger hat ihre Benutzung nachgewiesen in einer Weltchronik des Severus Sulpicius, die bis 511 reicht und nicht unwichtig für die westgotische Geschichte von 450–500 ist. Er findet außerdem ihre Spuren bei Isidor, Marius, Jordanis, und in Verbindung mit den Ravennater Fasten bei Gregor und in der Fortsetzung des Prosper bis 641. Gregor hat außerdem noch Annalen benutzt, welche wahrscheinlich aus Angers stammen, und burgundische, welche auch Marius hatte und deren Verwertung bei beiden ihre Übereinstimmung erklärt, wie W. Arndt nachgewiesen und Monod, welcher früher Benutzung des Marius bei Gregor angenommen hatte, ihm zugegeben hat.

Der Bischof Marius von Avenches[14], ein Zeitgenosse Gregors, ist zu erwähnen als Verfasser einer Fortsetzung des Prosper, oder vielmehr des Chronicon imperiale bis 581. Marius scheint ein vortrefflicher Mann und vorbildlicher Bischof gewesen zu sein, dazu ein geschickter Goldschmied, welcher kunstreiche Geräte für seine Kirche selbst verfertigte. Im Jahre 530 oder 531 aus edlem Geschlecht im Sprengel von Autun geboren, wurde er 574 Bischof der alten Römerstadt Avenches, welche sich von der Zerstörung durch die Alamannen niemals recht erholt hatte, und deshalb verlegte er den Sitz des Bischofs nach Lausanne, wo er am 31. Dezember 594 gestorben ist.

---

[14] Marius v. Avenches MGH AA 11 ed. Mommsen; DW 162/52 und Levison, Geschichtsquellen S. 107.

In seiner Schulbildung stand er nicht höher als Gregor. Es verdient Anerkennung, daß er in dieser Zeit den Versuch machte, die Weltchronik fortzusetzen, aber dürftig genug ist der Versuch ausgefallen. Er besaß ein Exemplar der Ravennater Fasten, mit annalistischen Notizen aus Arles vermehrt, und benutzt, ihnen folgend, die Konsulreihe, zu welcher er die Indiktionen hinzufügt, später die Jahre p.c. Basilii und die Regierungsjahre Justins II. und Tiberius II., als einzige brauchbare Chronologie. Inmitten der vorübergehenden und durch innere Kriege erschütterten neuen Reiche ist ihm die »res Publica« das einzig bleibende, und ganz außerhalb ihres Bereiches, scheint er doch die Kaiser als die wahren Herren der Christenheit zu betrachten. Übrigens berichtet er vorzüglich die ihn näher berührenden Vorgänge des burgundischen und des fränkischen Reiches, und was er mitteilt, hat für uns großen Wert. Bis 467 lassen sich bei ihm (nach W. Arndt) die Annalen von Arles, bis 526 die Ravennater verfolgen.

Im burgundischen Reiche ist angeblich schon in der ersten Hälfte des 6. Jahrhunderts die Vita sanctorum abbatum Acaunensium[15] (von St. Maurice im Wallis) geschrieben, welche zuerst W. Arndt nach einer Abschrift des Jesuiten P. Fr. Chifflet herausgegeben hat, allein Krusch hat gezeigt, daß es sich um ein Erzeugnis des 9. Jahrhunderts handelt, mehrere Grabschriften sind angehängt, namentlich eine in rhythmischen Versen des Priesters Pragmatius auf Probus. Ein ebenso ungünstiges Urteil fällt Krusch über das Leben der Stifter von Condate (St. Claude) im Jura und zwei anderer Klöster, Romanus, Lupicinus und Eugendus, angeblich von einem Schüler des letzteren verfaßt, indem er es aus dem 6. in den Anfang des 9. Jahrhunderts versetzte, doch ist dieser Annahme von Poupardin und Duchesne widersprochen worden. Dem 6. Jahrhun-

---

[15] Vita sanctorum abbatum Acaunensium ed. Krusch, MGH SS rer. Mer. 7.

dert gehört das Leben eines Einsiedlers an, des Hostianus, welcher ein Verwandter des Königs Sigismund war.

Nach Gregor versiegt im Frankenreiche die geschichtliche Aufzeichnung der Begebenheiten fast völlig, und nur in Burgund entstehen noch Schriften, welche uns über die folgenden Zeiten dürftige Kunde gewähren.

§ 3. Fredegar

Das einzige Geschichtswerk, welches uns aus dem 7. Jahrhundert aufbewahrt ist, trägt den Namen des Scholasticus Fredegar[16]; aber dieser Name findet sich nur bei J. Scaliger im Jahre 1598 und in den Antiquités Gauloises et Françoises von Claude Fauchet. Doch ist es zweckmäßig ihn beizubehalten, wie ja auch allgemein üblich ist. Allein durch die scharfsinnigsten Untersuchungen hat Bruno Krusch, gestützt auf die früher noch nicht bekannt gewordenen Kapitel des Liber generationum, der ganzen Untersuchung über den rätselhaften Schulmeister – den Monod für einen Mönch in St. Marcel zu Chalon an der Saône hielt[17] – eine neue Wendung gegeben, und unter seinem kritischen Messer hat das scheinbar einheitliche Werk sich in ganz verschiedene Bestandteile, in die Arbeiten von drei Verfassern, aufgelöst.

Zunächst treten uns Annalen entgegen, die in Burgund, im »pagus Ultrajoranus«, vielleicht in Avenches, von wo Marius nach Lausanne fortgezogen war, bis in den Anfang des 7. Jahr-

---

[16] Der Name wird zuerst in einer Handschrift des 16. Jahrhunderts genannt – »Putemque esse Fredegarium archidiaconum«. Zu Fredegar: vergl. Ergänzungen zu diesem Kapitel.

[17] wahrscheinlich stammt Fredegar aus Burgund. Zur Konzeption des Werkes gibt Fredegar selbst den Schlüssel: Prolog zu Buch IV – er will die »acta regum et bella gentium« beschreiben.

hunderts fortgeführt wurden, und deutlich zu erkennen sind
in der Kompilation eines Burgunders, welcher vielleicht auf
Grund einer älteren verloren gegangenen Quelle die Geschichte bis auf seine Zeit fortsetzt, und um den Zusammenhang der Weltgeschichte zu gewinnen, den im Jahre 235 von
Hippolyt verfaßten *Liber generationis* und einen Auszug aus
Hieronymus, Isidor und Hydatius voranstellte. Auf ihn ist auch
(nach Schnürer) das dritte Buch zurückzuführen, ein Auszug
aus den ihm allein bekannt gewordenen sechs ersten Büchern
Gregors von Tours. Er ist der Königin Brunhilde überaus
feindlich gesinnt. Seine nach 624 verfaßte Arbeit reicht bis zum
39. Kapitel (nach Schnürer bis zum 42.) des vierten Buches
des sogenannten Fredegar, und dieser Anfang gewinnt also
durch diese Entdeckung bedeutend an Gewicht. Der Fortsetzer
aber, von welchem man bisher allgemein annahm, daß er vor
dem Jahre 660 nicht geschrieben haben könne, nahm, wie
Krusch jetzt ganz überzeugend nachgewiesen hat, im Jahre
642, bis wohin er seine Arbeit geführt hat, das ältere Werk vor;
er war im Süden der Loire heimisch. Er versah die ersten
Bücher mit Zusätzen, nicht ohne Einmischung von allerlei
Fabeln, namentlich im dritten Buch nach dem wirklichen
Hydatius jene über die Vorzeit der Franken, von welchen
Gregor noch frei ist, die uns aber von nun an allerorten begegnen, und bald weiter ausgesponnen wurden: Erzeugnisse einer
kindischen Gelehrsamkeit und kecker Erfindung, echter Sage
völlig fremd, die aber nach und nach bei Halbgelehrten und
Ungelehrten Eingang fanden.

Dasselbe nun, was die ersten Bearbeiter, für ihre Zeit und
Bildung gut genug, geleistet hatten, versuchte um 658 ein
dritter, ein Austrasier, den Krusch vermutungsweise nach Metz
setzt. Er ergänzte das Werk durch einen Auszug der Vita Colum-
bani, der auf nähere Beziehungen zu Luxeuil hinweist, und
fügte verschiedene Ergänzungen über austrasische, westgotische, oströmische Geschichte, auch über Samo hinzu. Von ihm

muß auch der Absatz vom Schluß des Kapitels 84–88 mit entschieden austrasischem Charakter herrühren. Seine Zutaten sind es, welche früher zu der Annahme führten, das ganze Werk könne nicht vor 660 geschrieben sein. Eine weitere Fortsetzung aber hat er nicht zustande gebracht. Man hat ihn und seine Vorgänger unter den Hofbeamten gesucht, weil sie namentlich mit den Hausmeiern in engen Beziehungen standen, bestimmte Personen aber lassen sich nicht namhaft machen[18]. Wie nun später die Sammlung fortgesetzt, vermehrt und umgestaltet ist, werden wir noch zu betrachten haben. Unbeholfen trocken und dürftig war diese Schriftstellerei, aber es kommt auch Fredegar gar nicht in den Sinn, große Ansprüche zu machen. Er empfindet lebhaft den traurigen Zustand der Zeit, und sieht nach der damals herrschenden Vorstellung das Ende der Welt als nahe bevorstehend an. »Wir stehen jetzt im Greisenalter der Welt, sagt er; darum hat die Schärfe des Geistes nachgelassen, und niemand vermag es in dieser Zeit den früheren Schriftstellern gleichzukommen.« Sich selbst legte er nur einen bäuerischen und ganz beschränkten Sinn bei, und diese rührende Bescheidenheit sollte wohl den Spott über den ehrlichen Mann entwaffnen, welcher mit aller Anstrengung geleistet hat, was er vermochte; und der sich dadurch um die Nachwelt ein unsterbliches Verdienst erworben hat.
Merkwürdig wäre es allerdings, wenn Fredegar wirklich einer Schule vorgestanden hätte. Denn seine und seiner Genossen Kenntnis des Lateinischen war unglaublich gering, seine Sprache ist über die Maßen barbarisch, aber freilich nicht verschieden von derjenigen, welche wir auch in den Urkunden der Zeit und in Italien bis ins 11. Jahrhundert finden. Entschieden falsch ist es, wenn man diese Sprache als die des romanischen Volkes bezeichnet, sie kann nie gesprochen worden sein. Alle

---

[18] Fredegar war *ein* Autor, der 658/660 sein Werk unter starkem Einfluß anderer Quellen verfaßte.

Flexionsendungen sind nämlich darin vorhanden, sie werden aber nur noch aus Konvenienz gebraucht, da das Gefühl für ihre Bedeutung sich fast ganz verloren hat. Das Volk wirft in solchem Falle die Endungen ab und bildet sich neue. Nur wer gelehrt scheinen will, braucht sie noch, ohne aber ihre Bedeutung recht zu kennen. Treffend vergleicht einmal Kausler diese Schreibart mit schriftlichen Aufsätzen, die einer aus der niederen Klasse in der Sprache der Gebildeten, welcher er nicht recht mächtig ist, niedergeschrieben hat. Wir finden sie deshalb nur da, wo die Volkssprache der lateinischen noch nahe genug stand, daß man lateinisch schreiben konnte, ohne es schulgemäß erlernt zu haben, besonders in Italien, wo sich ein solches Kauderwelsch bei den Notaren am längsten erhielt. Dort zeigt es sich auch deutlich, daß die Schreiber weit davon entfernt waren, in der Volkssprache schreiben zu wollen, denn mitten in solchen Urkunden kommen Zeugenaussagen in ausgebildetem Italienisch vor.

Fredegar stand übrigens mit seinem Latein durchaus nicht allein unter der fränkischen Geistlichkeit des 7. Jahrhunderts. Das zeigt uns das Leben des um 668 verstorbenen Wandregisil[19], des Stifters von Fontanelle (St. Wandrille), welches W. Arndt genau nach der schönen Uncialhandschrift hat abdrukken lassen, die der etwa ein Menschenalter nach dem Tode desselben anzusetzenden Abfassung sehr nahe stehen muß und gewiß mit aller Sorgfalt geschrieben ist. Jordanis und Gregor von Tours scheinen ebenfalls schon auf diesen Weg geführt zu haben.

Wiederum verging nach Fredegar mehr als ein halbes Jahrhundert, in dem, außer einigen Heiligenleben, unter denen jedoch mehrere nicht gering anzuschlagen sind, das ganze Franken-

---

[19] Vita Wandregisili ed. Arndt MGH SS, rer. Mer. 5.
   Weitere wichtige Quelle für die späte Merowingerzeit: Gesta SS.
   patrum Fontanellensis coenobii edd. Lohier et Lapotre.

reich keine Spur von Geschichtschreibung darbietet. Erst in den letzten Zeiten der Merowinger, als in Austrasien schon die ganze literarische Tätigkeit dem aufstrebenden Geschlecht der Hausmeier sich zugewandt hatte, wurde in Neustrien ein Werk verfaßt, welches sich Gregor und Fredegar anschließt und in seiner Armseligkeit dem Zustande des absterbenden Reiches vollkommen entspricht.

§ 4. *Die Taten der Frankenkönige*[20]

Die Anfänge, die Herkunft und die Taten des Frankenvolkes und seiner Könige will ich erzählen – so beginnt nicht ohne Kühnheit der Verfasser sein Werk, aber genannt hat er sich nicht, und obgleich er für seine Zeit Außerordentliches leistete und im ganzen Mittelalter sein Buch viel gelesen wurde, so hat doch niemand seinen Namen uns überliefert. Ohne Zweifel war er ein Neustrier. E. Cauer glaubte, wegen der besonderen Verehrung, mit welcher er des heiligen Bischofs Audoin[21] gedenkt, daß er der Kirche zu Rouen angehört habe, und dieser Ansicht hat auch Krusch sich angeschlossen und einige Stellen für seinen Aufenthalt in dieser Gegend geltend gemacht. Die von G. Monod aufgestellte Vermutung, daß der Verfasser ein aus Spanien geflüchteter westgotischer Mönch in Paris gewesen sei, kann wohl als ausreichend widerlegt betrachtet werden, aber seine Beziehungen zu Paris sind auch von Kurth wieder schärfer betont. Er hält ihn für einen Mönch von Saint-Denis. Seine Heimat vermutet er in der Gegend von Laon und Soisson, von wo er allerlei zu berichten und Örtlichkeiten zu nennen weiß[22].

---

[20] als »Gesta Francorm« identisch mit den »Libri Historiae Francorum«. Vergl. Ergänzungen zu diesem Kapitel.

[21] Vita Audoini ed. Levison, MGH SS rer. Mer. 5.

[22] der Verfasser stammt wohl aus der Gegend um Laon.

Neustrien ist das Land, von dem der Verfasser des *liber historiae* berichtet. Austrasien erwähnt er nur gelegentlich, er liebt es nicht, und von dem Neuen, was sich dort bildet, ist er unberührt. Während man in Austrasien wenig mehr von den Merowingern weiß, sie in den Annalen kaum noch kennt, stehen sie bei ihm überall im Vordergrunde. Er gehört ganz der alten Zeit an und bezeichnet durch seine den Fredegar weit übertreffende Dürftigkeit und Armut den fortgehenden Verfall, wenn auch sein Latein weniger barbarisch ist. Dafür aber fehlt ihm auch die gelehrte Belesenheit Fredegars. Er hat für die alte Zeit, außer dem Prologus legis Salicae, nur eine Quelle, die ersten sechs Bücher Gregors, und hierauf gestützt unternahm er es im sechsten Jahre Theuderichs IV d.i. im Jahre 727[23], die Geschichte seines Volkes zu schreiben. Mit mageren Auszügen aus Gregor verbindet er wie Fredegar die halb volkstümlichen, halb gelehrten Sagen über die Anfänge der Franken; dann fährt er selbständig fort, nicht Jahr für Jahr berichtend, sondern in kurzen Umrissen, wie sie sich allenfalls durch mündliche Überlieferung erhalten konnten. Fredegars Chronik war ihm nicht bekannt, und soweit diese reicht, ist sein Werk kaum zu benutzen. Dann aber ist es für lange Zeit die einzige zusammenhängende Erzählung, welche wir besitzen, und wie er seiner eigenen Zeit näher kommt, wird seine Darstellung, wenn sie gleich immer dürftig bleibt, doch zuverlässig. Die besseren Heiligenleben, aus denen einzelne Abschnitte sich ergänzen lassen, bestätigen seine Nachrichten.

Wenige Jahre nachher, noch bei Lebzeiten Theuderichs IV., der 737 gestorben ist, hat ein Austrasier eine neue Bearbeitung dieses Buches (B) unternommen, welches er für ein Werk Gregors von Tours hielt und dem er daher den Titel gab »Liber sancti Gregorii Toronis episcopi gesta regum Francorum«. Daher der gewöhnliche Titel, an welchem man als an einem ge-

---

[23] 727: der gesicherte Zeitpunkt der Abfassung.

wohnten und allgemein verständlichen wohl auch ferner festhalten wird. Der Verfasser ergänzte einiges aus Gregors Geschichte, auch aus Isidor. Schon 736 wurde dazu eine Fortsetzung geschrieben, welche wir nur in überarbeiteter Gestalt als
erste Fortsetzung des Fredegar kennen.

Damit ist nun die Zahl der merowingischen Historiker er-
schöpft. Die Taten Dagoberts[24], eine von einem Mönche zu
Saint-Denis verfaßte Kompilation, um das Kloster und seinen
Stifter zu verherrlichen, zum Teil auf mündlicher Tradition
beruhend, sind von einigem Wert durch die Benutzung der
damals noch vorhandenen Urkunden, unter welchen schon
falsche sich befanden. Hat man früher sie in das Ende des
9. Jahrhunderts gesetzt, so weist dagegen Krusch nach, daß sie
835 schon vorhanden waren. Entschiedener hat Julien Havet
ihre Glaubwürdigkeit in Schutz genommen, natürlich abgesehen von den nur wiedererzählten Fabeln, vorzüglich in bezug
auf die Tatsache, daß wirklich Dagobert I., wenn auch bei
Lebzeiten seines Vaters, das Kloster gestiftet hat, während
Mabillon eine viel frühere Stiftung annahm.

Der so viel benutzte und oft angeführte Aimoin aber ist gar
erst aus dem Anfange des 11. Jahrhunderts und ohne allen
eigenen Wert. Es war die Rohheit der Form, welche zur neuen
Bearbeitung trieb, wie Aimoin ausdrücklich sagt, und aus demselben Grunde zog man später diese Bearbeitungen vor. Für
geschichtliche Untersuchungen aber darf man sich auf Aimoin
so wenig wie auf den noch späteren Rorico berufen.

Aktenstücke, Gesetzbücher und Formeln[25] liegen unserer Aufgabe fern, aber gedenken müssen wir doch der Briefe, welche

---

[24] Gesta Dagoberti ed. Krusch, MGH SS rer. Mer. 2.
   Lit.: M. Bucher, Entstehung und Tendenz der Gesta Dagoberti,
   in: HJB 47 (1927).

[25] nähere Quellenangaben: vergl. Levison, Geschichtsquellen S. 116/
   117, Anm. 263 ff.

teils einzeln und ihrer besonderen Wichtigkeit wegen teils, und vorzüglich, in Sammlungen, die als Muster gebraucht wurden, sich erhalten haben. Für diesen Zeitraum schließen sie sich an die berühmten Namen der Bischöfe Avitus von Vienne, dessen wir oben gedachten, Remigius von Reims, Desiderius von Cahors. Von besonderer Wichtigkeit ist die Sammlung der *Epistolae Austrasicae*, welche, mit einigen Schreiben des Remigius beginnend, in großer Zahl amtliche Korrespondenzen der Könige Sigebert und Childebert II. (bis 585) enthält, und zwar nach Konzepten, so daß die Entstehung notwendig in der königlichen Kanzlei zu suchen ist. Hier hatte der von Fortunat (L. VII, 1–4) besungene Gogo gewirkt, gefeiert als ein neuer Cicero wegen seiner Beredsamkeit, Vorsteher der Hofschule und aus weiter Ferne aufgesuchter Lehrer. Zweimal wird er als Konzipient genannt. In der kritisch gereinigten Ausgabe von Gundlach, der ersten seit Freher, sind diese Briefe erst recht benutzbar, doch bleibt der Text oft schwierig und dunkel.

Sehr eigentümlicher Art ist die Korrespondenz zwischen einem Bischof Frodebert, vermutlich Chrodebert II. von Tours, und Importunus von Paris (um 666), welcher jenem u.a. vorwirft, daß er des Hausmeiers Grimoald Frau entführt habe. In höchst barbarischem Latein verfaßt, aber durchgehend gereimt, können diese Schmähschriften unmöglich als wirkliche Briefe betrachtet werden, sind aber um so merkwürdiger als ein boshaftes Pasquill des 7. Jahrhunderts. Den um 630 geschriebenen Brief eines Venerandus, Stifters von Altaripa, an den Bischof Constantius von Albi hat Traube aus einer jungen Handschrift herausgegeben.

Von jenen halb verklungenen, halb durch Zutaten der Schulgelehrsamkeit entstellten Stammsagen der Franken finden sich Spuren auch in dem schon früher erwähnten Prologe des Salischen Gesetzes, und an diesen erinnert ein seltsames Werk des 7. Jahrhunderts, die poetische Weltbeschreibung eines ungenannten Verfassers, der in ganz ähnlicher Sprache und Weise

einige Kapitel des Isidor in Verse brachte, und nur über die
Franken einige selbständige Zusätze anbrachte, in denen sich
das stolze Selbstgefühl jenes Prologs wieder erkennen läßt. Es
sind dreizeilige Strophen mit sehr ungenauen Endreimen,
rhythmische Langzeilen von fünfzehn Silben mit einer Zäsur
nach der achten Silbe, eine in jener Zeit häufige Form. Für
den Verfasser dieses Kunstwerkes hält Dümmler denselben
Theodofridus, welcher ein anderes, nicht minder rohes Gedicht
über die sechs Weltalter verfaßt hat. Beide sind von demselben
Winitharius abgeschrieben. Auch einen dritten, chronologischen Rhythmus vom Jahre 718 fügt er hinzu. In Theodofrid
aber erkennt er den ersten, bald nach 657 aus Luxeuil gekom-
menen Abt von Corbie, welcher um 681 Bischof wurde, wahrscheinlich von Amiens.

Höchst eigentümlich ist eine andere Dichtung, die vielleicht
ebenfalls noch dem 7. Jahrhundert angehört, nämlich ein Lied,
welches sich auf Chlothars II. Sieg über die Sachsen bezog,
wovon uns aber leider nur ein kleines Bruchstück erhalten ist.
Es bestand ebenfalls aus je drei gereimten Zeilen, die aber
jambischen Rhythmus haben und je vier Hebungen enthalten.
Der eigentliche Held des Liedes ist der heilige Faro, Bischof
von Meaux, welcher die Gesandten der Sachsen gegen die
beabsichtigte Ermordung von seiten des Königs beschützt
hatte, und ihm zu Ehren wurde nach dem Zeugnis des Biographen des heiligen Faro, Bischof Hildegars, der zu Karls des
Kahlen Zeit schrieb, dieses Lied allgemein von Männern und
Frauen zum Tanze gesungen, doch hält Krusch dasselbe für
eine Fälschung Hildegars.

Ein anderes, noch weit merkwürdigeres Lied glaubte Lenor-
mant entdeckt zu haben: ein historisches Volkslied des 6. Jahrhunderts zur Feier von Childeberts I. Feldzug gegen Saragossa
im Jahre 542. Dieses sollte nämlich paraphrasiert sein in dem
Leben des heiligen Droctoveus, des ersten Abtes von St. Ger-
main- des-Prés, einer Stiftung jenes Childebert, und sich daraus
zum Teil wieder herstellen lassen.

§ 5. Fränkische Heiligenleben

Außer den bis jetzt erwähnten Geschichtswerken ist uns aus der Zeit der Merowinger noch eine bedeutende Menge von geschichtlichem Material erhalten in den Legenden der Heiligen, deren Zahl in diesen Zeiten außerordentlich groß ist. Die meisten von ihnen sind kirchliche Würdenträger und dadurch auch in die weltlichen Händel verflochten. Ihre Lebensbeschreibungen würden unschätzbar sein, wenn sie nicht zu ausschließlich bloße Lobreden wären und namentlich die weltlichen Beziehungen der Heiligen nur ganz oberflächlich berührten, zweitens auch zum größten Teile in späterer Zeit verfaßt wären. Auch wo vielleicht eine wirklich gleichzeitige Aufzeichnung vorhanden war, besitzen wir doch häufig nur eine spätere Überarbeitung. Doch weit häufiger aber hat man das Leben des Heiligen erst später nach unsicherer Überlieferung beschrieben, wenige bekannte Züge nach beliebten Mustern zu einer ausführlichen Geschichte ausgemalt und Wunder angehängt. Natürlich wurden dann die Vorstellungen der späteren Zeit auf diese schon weit entlegene Vergangenheit übertragen, und die unkritische Benutzung solcher Quellen trägt einen großen Teil der Schuld an den falschen Ansichten, welche bis auf die jüngste Zeit über die Zeit der Merowinger herrschend waren[26].

Der 5. Ausgabe dieses Buches war ein alphabetisches Verzeichnis aller dieser Legenden mit möglichst vollständigem Nachweise der Literatur von Br. Krusch beigegeben. Schon ein Blick darauf genügt, um zu zeigen, wie fern die große Mehrzahl unserem Zwecke liegt, während allerdings für vollständige Durchforschung der Merowingerzeit alle wenigstens geprüft

---

[26] Levison, Geschichtsquellen S. 120 wirft das grundsätzliche Problem der tendenziösen Fälschungen als »pia fraus« auf. Vergl. Ergänzungen zu diesem Kapitel.

werden müssen. Auch für die MGH kann nur eine, wenn auch sehr ausgedehnte, Auswahl in Betracht kommen, und jede Berührung zeigt, wie viel hier noch für die Kritik zu tun ist. Br. Krusch[27] hat zuerst die von Venantius Fortunatus herrührenden Legenden herausgegeben und die ihm fälschlich zugeschriebenen damit verbunden; SS. Meroving. II blieb noch Raum für die Heiligen, welche der königlichen Familie angehören. Von der außerordentlich großen und mühsamen systematischen Durcharbeitung des übrigen Vorrats, in der er jetzt von W. Levison unterstützt wird, liegen uns bereits die Ergebnisse teilweise in dem III. und dem seiner Vollendung entgegen gehenden IV. Bande der SS. Merov. vor, deren Fortsetzung dem V. und VI. vorbehalten bleibt. Diese Ausgaben, durch welche alle älteren Vorarbeiten auf diesem Gebiete weit überholt sind, müssen jeder ferneren Untersuchung zu Grunde gelegt werden.

Die *Vita Vedastis*[28] († 540), die man früher für eine der geschichtlich wichtigeren hielt, ist schon oben erwähnt. Das Leben von Chlodwigs Gemahlin Chrothildis[29] († 548), aus den Gestis Francorum geschöpft, ist kaum vor dem 10. Jahrhundert geschrieben und geschichtlich unbrauchbar. Von Chlodovald (Saint Cloud, † um 550), einem Sohne Chlodomers, den seine Großmutter vor dem Schicksal seiner ermordeten Brüder bewahrte und der dann ein frommer Priester wurde, gibt es eine ganz aus Gregor entnommene Lebensbeschreibung; eine zweite, im 10. Jahrhundert in St. Cloud verfaßte, ist wertlos. Nicht so inhaltlos, wenn auch hauptsächlich Wundergeschichten berichtend, ist das von Fortunat beschriebene Leben des Bischofs Germanus von Paris († 576). Des Lebens der heiligen

---

[27] Krusch bemüht sich als erster um einen wiss. Textcorpus.

[28] Vita Vedastis ed. Krusch, MGH SS rer. Mer. 3.

[29] Vita Chrotildis ed. Krusch, MGH SS rer. Mer. 2.

Radegunde[30] († 587) wurde schon oben gedacht. Von der Passio des Bischofs Desiderius von Vienne[31] (†606–607), der trotz seines unheiligen Wandels und seiner dadurch veranlaßten Absetzung wegen seines gewaltsamen Endes als Heiliger verehrt wurde, verdanken wir die älteste Fassung dem westgotischen Könige Sisebut, während einige andere später bekannt gewordene und spätere Bearbeitungen keinen selbständigen Quellenwert besitzen. Durch ziemlich gleichzeitige Entstehung und noch unverfälschte Überlieferung ausgezeichnet ist die erst kürzlich wieder aufgefundene älteste Lebensbeschreibung des Bischofs Gaugerich von Cambrai[32] († zw. 623 und 626), welche manche kulturgeschichtlich wichtige Züge und auch geschichtlich brauchbare Nachrichten bietet. Arnulf und Gertrud werden weiter unten noch zu erwähnen sein. Zu den geschichtlich wichtigsten gehört wegen der darin aufgenommenen Aktenstücke und der hervorragenden Bedeutung des Mannes, obgleich es frühestens am Ende des 8. Jahrhunderts verfaßt ist, das Leben des Bischofs Desiderius von Cahors[33] (seit 630).

Von ausgezeichnetem Wert könnten die Lebensbeschreibungen der Männer sein, welche in der zweiten Hälfte des 7. Jahrhunderts zugleich kirchlich und politisch bedeutend hervortreten, vor allem des heiligen Eligius[34] (St. Eloi, † zw. 659 und 665), zuletzt Bischof von Noyon, der, hervorragend als kunstreicher Goldschmied, und deshalb auch Schutzpatron dieser Künstler, vorher königlicher Schatzmeister, sich besonders durch seine Kirchenbauten einen bleibenden Namen schuf, doch ist auch diese Vita erst karolingischen Ursprunges. Ein gleichzeitiges Werk des Audoin, welches er dem Bischof Chrodobert von

---

[30] Vergl. Anm. 8.
[31] Passio Desiderii ed. Krusch, MGH SS rer. Mer. 3.
[32] Vita Gaugerici ed. Krusch, MGH SS rer. Mer. 3.
[33] Vita Desiderii ed. Krusch, MGH SS rer. Mer. 4.
[34] Audoin, Vita Eligii ed. Krusch, MGH SS rer. Mer. 4.

Tours übersandt hatte, ist zwar darin von einem Mönche in St. Eloi zu Noyon benutzt, aber dadurch nur teilweise erhalten und verfälscht. Ähnlich steht es mit dem in die politischen Händel seiner Zeit tief verstrickten Bischof Leodegar[35] (St. Léger) von Autun († 679), dem Gegner des Maiordomus Ebroin. Von einer seinem Nachfolger Hermenar vor 693 gewidmeten gleichzeitigen Vita entdeckte und veröffentlichte Krusch ein bedeutendes Bruchstück, daneben erscheint ein angeblicher Zeitgenosse Ursinus als ein Fälscher aus der zweiten Hälfte des 8. Jahrhunderts im Interesse der Abtei St. Maixent, welche ohne sonstige Beziehung zu ihm den Leib Leodegars besaß. Diese beiden Biographien sind dann in einer anonymen Kompilation verarbeitet worden, deren Wert darin besteht, daß sie uns von der ersteren Vita größere Teile allein erhalten hat. Eine sehr wertvolle Ergänzung zum heiligen Leodegar bildet die von einem Zeitgenossen verfaßte, sehr glaubwürdige Vita des Bischofs Praeiectus[36] von Clermont, als deren Verfasser Krusch, der ihren Prolog und Schluß zum erstenmal herausgegeben hat (NA. XVIII, 629–649), keinen geringeren als Jonas vermutet. Von dem heiligen Audoinus (Audoenus) oder Dado (St. Quen), seit dem 13. Mai 641 Bischof von Rouen, vorher Referendar am Hofe Dagoberts und Freund des heiligen Eligius († 687), besitzen wir drei Biographien, von denen nur die älteste sehr dürftige, zu Anfang des 8. Jahrhunderts verfaßt, einen eigentlichen Quellenwert beanspruchen kann. Die zweite, gegen die Mitte des 9. Jahrhunderts in Rouen verfaßt, vermehrt den Stoff fast nur aus uns unbekannten Quellen, noch wertloser ist die dritte, eine Überarbeitung beider.
Zu den nicht gering zu schätzenden Leistungen des 7. Jahrhunderts gehört auch noch das Leben der Balthildis[37], der Gemah-

---

[35] Passio Leodegarii ed. Krusch, MGH SS rer. Mer. 5.
[36] Passio Praeiecti ed. Krusch, MGH SS rer. Mer. 5.
[37] Vita Balthildis ed. Krusch, MGH SS rer. Mer. 2.

lin Chlodwigs II. († um 680), der Stifterin von Corbie an der
Somme und von Chelles, wo wahrscheinlich diese Schrift zur
Feier ihres Andenkens verfaßt ist. Wie elend dagegen das in
viel späterer Zeit im Kloster Stenay geschriebene Leben Dagoberts[38] III. († 716), den aber der Verfasser für den Zweiten
hält, ausgefallen ist, das möge man in dem Vorwort von
Krusch nachlesen. Es hat nur dadurch eine relative Bedeutung,
daß es von Theofrid von Echternach und von Albrich als
Quelle benutzt worden ist. In Betreff des Lebens der heiligen
Odilia († um 720) ist nur zu warnen vor den als Reste eines
angeblich ältesten Lebens veröffentlichten Bruchstücken, welche eine Fälschung Vigniers sind, während die echte Vita doch
auch nicht älter als das Ende des 10. Jahrhunderts ist und
geringen Wert hat. Von den Lütticher Heiligen Hubert († um
727) und Lambert wird weiter unten die Rede sein. Zur Zeit
des ersteren unter Karl Martell fand eine Erhebung der Gebeine des heiligen Servatius statt, der um die Mitte des 4.
Jahrhunderts dem später nach Mastricht verlegten Bistum Ton-
gern vorstand. Als man dann auch eine Lebensbeschreibung
desselben haben wollte, wurden die Nachrichten, welche Gregor von Tours über den um 100 Jahre jüngeren Bischof Arava-
tius hat, einfach auf seinen älteren bis auf den Namen verschol-
lenen Vorgänger übertragen.
Zunächst aber wollen wir uns hier noch einer Betrachtung
derjenigen Legenden zuwenden, welche eine nähere Beziehung auf Deutschland haben und die erneute Pflanzung des
Christentums auf deutschem Boden berühren[39].
Die Franken haben sich damit nicht viel befaßt. Es kümmerte

---

[38] eigentlich die Vita Dagoberts II., der aber in Vergessenheit geraten war und jetzt in der Vita mit den Negativattributen Dagoberts III belegt wurde.

[39] Hintergrund: beachtlicher Aufschwung des Klosterwesens im fränkischen Reich im 7. Jahrhundert.

sie wenig, daß so viele ihrer Landsleute noch Heiden waren. Im alten Frankenland an der Schelde fand noch im 7. Jahrhundert der Aquitanier Amandus viel Heidentum auszurotten. Er predigte auch den Slawen (in Kärnten) und den Basken, das Bistum Maastricht (647–649) legte er nach kurzer Zeit wieder nieder und endete sein vielbewegtes Leben in dem später nach ihm benannten Kloster zu Elno, das er ebenso wie Blandigny und die Petersabtei zu Gent gestiftet hatte. Sein Biograph, der Mönch Baudemund, scheint nicht mehr zu seinen eigentlichen Zeitgenossen gehört zu haben, doch zeigt er sich wohl unterrichtet und zuverlässig. Sein Werk wurde in karolingischer Zeit von Milo in Hexameter umgedichtet. War doch bei den christlichen Franken selbst nicht viel mehr als die äußere Form der Rechtgläubigkeit übrig geblieben. Fromme Männer fanden zu Hause Spielraum genug für ihre Tätigkeit. Die Mission finden wir daher in diesen Jahrhunderten fast ausschließlich in den Händen Schottischer, d.h. nach dem Sprachgebrauch des früheren Mittelalters Irländischer Mönche, welche damals alle Länder durchzogen[40]. In dieser Insel, welche allein ihre keltische Bevölkerung ungemischt bewahrt hatte, die allen fremden Welthändeln ferne lag, war das Christentum mit dem hingebendsten Eifer aufgenommen worden, und hier war bald nicht nur die strengste, mönchische Frömmigkeit, sondern auch eine ernstliche wissenschaftliche Tätigkeit zu Hause. Während im ganzen Abendland die gelehrte Bildung unterzugehen und zu verschwinden drohte, fand sie hier sorgsame Pflege, freilich nur im Dienste der Kirche. Man schrieb die heiligen Schriften ab, man lernte, um sie zu verstehen, Latein und Griechisch, man beobachtete die Sterne, um die kirchlichen Feste berechnen zu können, man übte die Musik für den Gottesdienst, baute Kirchen und Glockentürme, man schmückte die Bücher

---

[40] Lit.: F. Prinz, Frühes Mönchtum im Mittelalter, München–Wien 1965, S. 121 ff.

der Kirchen mit kunstreichen Malereien und ihre Altäre mit köstlichen Gefäßen. Doch auch die profanen Schriftsteller erschienen hier nicht, wie in Italien, gefährlich. Die Echtheit der Columban zugeschriebenen Gedichte, worin die alten Dichter viel benutzt und angeführt werden, hat man ohne triftigen Grund bezweifelt. Vorzugsweise aber äußerte sich die Frömmigkeit dieser Mönche in weiten Pilgerfahrten, in dem Verlassen der Heimat, um in entlegener Fremde als Einsiedler zu leben oder Klöster zu gründen, um unter Christen und Heiden das Evangelium zu predigen. Das Frankenreich war erfüllt von ihnen: Was gäben wir darum, wenn sie aufgeschrieben hätten, was sie sahen, wenn sie uns über ihre Tätigkeit und ihre Schicksale zuverlässige Berichte hinterlassen hätten! Allein das lag ihnen ferne; sie, die Meister im Schreiben, hatten für geschichtliche Aufzeichnungen keinen rechten Sinn, und nur wo sie so bedeutend wirkten, daß dauernde Gründungen ihr Gedächtnis bewahrten, hat ihr Andenken sich erhalten. Aber in völlig nebelhaften Umrissen würde ihr Bild uns verschwimmen, wenn nicht glücklicherweise einer von ihnen, und zwar von allen der hervorragendste, in Italien einen Biographen gefunden hätte. Das ist S. Columba oder Columbanus, der Stifter von Bobio, von dem älteren Columba († 598), dem Stifter von Jona, zu unterscheiden.

Nach der Gewohnheit dieser Schottenmönche zog Columban, gebürtig gegen 530 aus Leinster, gegen das Ende des 6. Jahrhunderts mit zwölf Gefährten aus von dem Kloster Benchuir oder Bangor. Staunend und tief ergriffen lauschte das Volk im Frankenreiche ihrer feurigen Beredsamkeit, die entartete Geistlichkeit aber scheute die strengen Bußprediger und fürchtete ihren Einfluß auf die Menge. Die Könige dagegen nahmen sie willig auf, ihr Eifern gegen die ganz verfallene Kirchenzucht war ihnen willkommen, und auf Childeberts Wunsch ließ Columban sich mit seinen Begleitern in dem Wasgau nieder. Zahlreiche Schüler strömten ihnen zu, und bald entstanden Klöster in der Wildnis, im Jahre 591 zuerst Annegray, dann vor allem Luxeuil. Es waren dies nicht großartige Gebäude, wie in der späteren Zeit, sondern wie einst Severins Ansiedelungen Haufen unscheinbarer Hütten, in deren Mitte eine kleine Kirche sich erhob; neben ihr der runde Turm, der die Glocken trug, und im unteren Geschoß, von der Erde nur auf Leitern zugänglich, eine Zuflucht in Zeiten der Gefahr darbot.

Aber Columbans Feuereifer schonte auch die Könige nicht. Keine menschliche Rücksicht konnte ihn, eine heftige und leidenschaftliche Natur, bestimmen, zu dem sittenlosen Treiben des burgundischen Hofes zu schweigen, und furchtlos trat er den Ausschweifungen Theuderichs entgegen. Den Bischöfen war er längst zuwider. Schon die bloße Anwesenheit dieser Mönche im Lande veranlaßte zu Vergleichen ihres asketisch strengen Lebens mit dem lockeren Wandel der merowingischen Prälaten. Die Abweichung der irischen Kirchengewohnheiten von den gallischen, zumal in der Osterfeier, und die Unabhängigkeit der Klöster von bischöflicher Aufsicht, welche nach irischer Weise in Anspruch genommen wurde, boten eine Waffe dar. Man erklärte sie für ketzerisch, und so vertrieb denn endlich um 610 Brunhilde, deren Zorn er verachtet hatte, den Columban samt seinen Genossen. Über Nantes sollten sie nach Irland geschafft werden, aber ein Sturm warf sie wieder an die Küste zurück; Chlothar II. und Theudebert nahmen sie ehrfurchtsvoll auf. Columban zog den Rhein aufwärts und wählte sodann zu seinem Aufenthalt Bregenz in Alamannien, wo ungeachtet der Frankenherrschaft und der Bestimmungen des Volksrechts doch das Heidentum noch stark war.

Zwei Jahre lang blieb er dort zur Bekämpfung des Heidentums. Hierauf aber verließ er das Frankenland gänzlich und wanderte 612 in das Langobardenreich, wo Theudelinde, die Freundin Gregors des Großen, ihn mit Freuden aufnahm. Hier stiftete Columban nun das Kloster Bobio zur Vernichtung der Reste arianischer Ketzerei, und noch jetzt zeigen die zerstreuten

Handschriften dieses Klosters die alten irischen Schriftzüge
und Erinnerungen an die Heimat, wie die *Versiculi familiae
Benchuir*[41]. Mit vollem Eifer überließen sie sich hier ihrer
Lieblinglingsneigung zum Schreiben, die unverständlich gewordenen Überbleibsel der gotischen Literatur und Fragmente
von alten Prachthandschriften der Klassiker benutzten sie, um
auf das reingewaschene Pergament die Werke der rechtgläubi-
gen Kirchenväter zu schreiben. Sie retteten jene Pergament-
blätter dadurch vom Untergang, und es war auch nicht etwa
ein fanatischer Haß gegen die heidnischen Schriftsteller, welcher sie zur Vertilgung derselben antrieb. An Handschriften
derselben war damals noch kein Mangel, und sie selber benutzten dergleichen zur Erlernung der Sprache. Finden wir doch
unter den Schulbüchern zu Bobio auch den Ovid.

Am 23. November im Jahre 615 ist Columban gestorben. Drei
Jahre nach seinem Tode kam Jonas[42] aus Susa in das Kloster
Bobio, von wo er 628 den Abt Bertulf auf einer Reise nach
Rom begleitete. Er verließ aber Bobio, vielleicht um nach
Luxeuil zu gehen, noch vor dem Tode Bertulfs, den er um 639
noch einmal besuchte. In Gallien beschrieb er zuerst, noch auf
Veranlassung des Abtes Bertulf, das Leben des Columban,
welchem er als zweites Buch etwas später das Leben seiner
Schüler Eustasius († 629) und Athala († um 627), die ebenfalls
als Missionare bei den Waraskern und Baiern von Luxeuil
ausgingen, folgen ließ: dann des Bertulf, Abt von Bobio († um
640), und der Burgundofara (Fara), welche Columban zur
Nonne geweiht hatte, Äbtissin des nach ihr benannten Klosters

---

[41] Antiphonarium monasterii Benchorensis, Migne PL 72.

[42] knapp und informativ: Einleitung zu »Leben Columbans«, in:
Quellen zur Geschichte des 7. und 8. Jahrhunderts, hrsg. von H.
Wolfram, Darmstadt 1982, S. 395 ff. (dt.-lat. Textausgabe); wei-
tere Ausgabe: MGH SS rer. Mer. 4;
Literatur: DW 165/90–94.

Faremoutiers. Die Vita Columbans ist spätestens 641 verfaßt,
weil sie schon von dem sogenannten Fredegar benutzt wird.
Sie ist den Äbten Waldebert von Luxeuil (629–670) und Bobelenus von Bobio (nach etwa 640) gewidmet. Im Frankenreich
nahm Jonas drei Jahre hindurch unter Amandus an der Bekämpfung des Heidentums in der Gegend von Arras teil und
verfaßte hier wahrscheinlich das Leben des heiligen Vedastes.
Jonas verrät seine italische Herkunft und den Unterricht der
Grammatiker durch seine unerträglich schwülstige, auf das
Absonderliche gerichtete Schreibart, aber er hat uns außerordentlich schätzbare Nachrichten aufbewahrt, welche großenteils auf Augenzeugen zurückgehen. Auf den Wunsch der Königin Balthilde ist er, der inzwischen Abt geworden war, auch
nach Chalon-sur-Saone gekommen und hat im November 659
im Kloster Moutiers-Saint-Jean nach den ihm gemachten Mitteilungen auf Verlangen des Abts das Leben des nicht vor 544
gestorbenen Gründers des Klosters Johannes[43] beschrieben.
Der Text reicht bis zur ersten Übertragung.

Einer von jenen ursprünglichen zwölf Gefährten, die mit Columban von Bangor auszogen, war Gallus[44], in älterer Form
Callo, Gallunus, der in Alamannien zurückblieb, als sein Meister über die Alpen zog, und zuerst die Bekämpfung des Heidentums am Bodensee fortsetzte, später aber als Einsiedler in
das wildeste Gebirge sich zurückzog, wo er um die Mitte des
7. Jahrhunderts gestorben ist. Als dann nach seinem Tode das
Grab des Heiligen immer häufiger von irischen Pilgern aufgesucht wurde und immer mehr von ihnen sowie auch von
den Alamannen sich hier niederließen, erwuchs aus dem unscheinbarsten Anfang das Kloster St. Gallen, und so wie die
kleine Zelle des Gottesmannes der Kern und Anfang dieser

---

[43] Vita Johannis abbatis Reomenis ed. Krusch, MGH SS rer. Mer. 3.
[44] Vita Galli ed. Krusch, MGH SS rer. Mer. 4 (alle Viten; dt. Übers.:
GdV 12); Literatur: DW 165/21, 88.

reichen Stiftung ist, so schloß sich in gleicher Weise an die
Lebensbeschreibung des Stifters die später so bedeutende Literatur von St. Gallen. In ihrer ursprünglichen Form ist uns diese
aber nicht ganz erhalten; sie war nach einer alten Aufzeichnung
a Scotis semilatinis corruptius scripta[45], und enthielt nach Walahfrids Zeugnis häufig die Form *Altimannia*. Die neuerdings von
E. Egli in Zürich entdeckten und zum erstenmal herausgegebenen Bruchstücke scheinen dieser ältesten Form anzugehören,
die am Ende des 8. Jahrhunderts entstanden war[46]. Der Verfasser der zweiten Biographie war ein Alamanne, welcher die alte
barbarisch geschriebene fast nur formell überarbeitet hat. Sein
Name ist uns aber erst dadurch bekannt geworden, daß Fr.
Bücheler in dem unglaublich barbarischen metrischen Prolog
das Acrostichon erkannte: *Cozberto patri Wettinus verba salutis*
(Poet. Carol. II, 701). Wetti[47] also ist es, der 824 nach seiner
bekannten Vision gestorben ist und dem Abte Gozbert (816–
837) sein Werk widmete. Es ist daher noch bedeutend jünger
als man früher annahm. Mancher merkwürdige, namentlich
kulturgeschichtlich bedeutende Zug ist darin aufbewahrt, aber
erst fast zwei Jahrhunderte nach dem Tode ihres Helden geschrieben, darf diese Biographie ebenso wie ihre älteste Grundlage doch nur mit Vorsicht benutzt werden. Vorzüglich auf die
Wunder, überhaupt aber auf Verherrlichung des Stifters ist das
Bestreben des Verfassers gerichtet; ganz besonders darauf,
jede Abhängigkeit von Konstanz, wie sie ursprünglich bestanden hat, abzuleugnen, ja umgekehrt, den Konstanzer Bischof
vielmehr als einen Schützling des heiligen Gallus hinzustellen.
Am Anfang benutzt er das Leben Columbans, später nur die
Tradition nicht ohne starke chronologische Verstöße. Seine
Sprache zeigt gegen die frühere Zeit einen erheblichen Fort-

[45] hrsg. v. Strecker, Poetae 4, 2.
[46] nach 771.
[47] Wettis Vita Galli zusammen mit Walahfrid ed. Arx MGH SS 2.

schritt, doch ist sie für karolingische Zeit noch recht roh und fehlerhaft, hin und wieder fällt rhythmischer Klang mit Reimen auf. Von Columbans Stiftung Luxeuil ging auch unter dem Abt Waldebert das Kloster Granval oder Granfelden im Basler Sprengel aus, und das Leben des ersten aus Trier stammenden Abtes Germanus[48], der um die Mitte des 7. Jahrhunderts den Tod fand, wurde bald nachher in einer kurzen, aber sehr wertvollen Biographie von Bobelenus beschrieben. Ebenfalls mit Luxeuil hängt die Stiftung des Nonnenklosters Rimelsburg oder Remiremont im Wasgau zusammen, die auf Romarich und Amatus unter Mitwirkung des Abtes Eustasius zurückgeht. Es war zuerst ein Doppelkloster. Luxeuil übte als eines der ersten Klöster Frankreichs überhaupt einen vorbildlichen und weitreichenden Einfluß aus.

Noch andere Klöster Alamanniens und des Elsaß führten ihren Ursprung auf irische Mönche zurück und haben es auch nicht an Lebensbeschreibungen ihrer Stifter fehlen lassen, die aber erst später entstanden und völlig unbrauchbar sind. Merkwürdig ist, daß man in späterer Zeit in diesen Gegenden gewohnt war, die Begründer der Klöster aus der merowingischen Zeit als Schotten zu betrachten, daß man sie in den Legenden unbedenklich dafür ausgab, wenn auch gar kein Grund dazu vorhanden war. Auch Franken, wie Arbogast, Trudpert und Landelin[49], erscheinen da als Schotten, und sogar S. Rupert, der angebliche Apostel der Bayern, wird ihnen zugesellt. Freilich sind in Bayern[50] ebenfalls Schotten tätig gewesen –

---

[48] Vita Germani abbatis Grandivallensis ed. Krusch MGH SS rer. Mer. 5.

[49] ausführlich kommentiert bei Levison, Geschichtsquellen S. 142.

[50] Lit. zu Bayern: Prinz, Frühes Mönchtum, v. a. Kap. VII S. 317 ff. und 379 ff.
Handbuch zur Bayerischen Geschichte Bd. 1 hrsg. von M. Spindler München 1975 (3. Aufl.) v. a. S. 142 ff.
Kirchengesch.: P. Bauerreiss, Kirchengesch. Bayerns Bd. 1 1958.

so unternahm Columbans Jünger Eustasius dorthin eine Missionsreise –, obwohl hier die namhaftesten Missionare Franken waren. Die Kirchengründungen aber entstanden nach irischer Weise in der Form von Klöstern, deren Äbte auch zugleich das bischöfliche Amt verwalteten. So war es in Salzburg, Regensburg und Freising, und die Eifersucht zwischen den Bischöfen und den Klöstern von Sankt Emmeram und St. Peter setzt sich fort.

Das Christentum war zwar äußerlich durch die Frankenkönige eingeführt, aber wenig ins Volk eingedrungen. Da berief der Herzog Theodo im Jahre 696 den vornehmen Bischof Rupert[51] von Worms zu sich, nicht als Heidenbekehrer, sondern um das kirchliche Wesen einzurichten. Er wurde einer der wirksamsten Begründer des nun fest und bleibend gepflanzten Christentums in Bayern, der Stifter des Klosters St. Peter in Salzburg, von wo sein Nachfolger Virgil (743 als Abt, als Bischof 767 bis 784), ein Ire, das Evangelium auch zu den karantanischen Slaven trug.

Auch ein fränkischer Bischof, Emmeram (eigentlich Haimhrammus), angeblich von Poitiers, vielleicht eher ein Wanderbischof, verließ, vermutlich im Anfang des 8. Jahrhunderts, seine Heimat, um auf diesem Felde zu wirken. Sein Martyrium in Helfendorf wegen vermeintlicher Unzucht mit der Herzogstochter wurde der Ausgangspunkt seiner Verehrung und sein Grab der Grundstein der Regensburger Kirche; Corbinian, ebenfalls ein Franke, legte den Grund zu der Freisinger Kirche.

Unsere Nachrichten über diese Begebenheiten sind aber leider sehr unzulänglich; für den zuverlässigsten galt der kurze Bericht über S. Rupert, welcher den Eingang der Schrift über die Bekehrung der Bayern bildet, ihm schienen alte Aufzeichnungen zu Grunde zu liegen. Und diese, nämlich die ursprüngliche Form der Vita, glaubte Franz Martin Mayer in einer Grazer,

---

[51] Vita Hrodberti ed. Levison MGH SS rer. Mer. 5.

ursprünglich Salzburger, Hs. aus der Mitte des 9. Jahrhunderts gefunden zu haben.

Die Legenden von Emmeram und Corbinian, dessen Tod in das Jahr 725 gesetzt wird, sind zuerst vom Bischof Arbeo von Freising[52] (764–783), letztere auf Ansuchen des Bischofs Virgil von Salzburg, nach der mündlichen Überlieferung verfaßt und von zweifelhaftem Werte. Ein anstößiger Umstand darin ist die Reise der beiden Missionare nach Rom. Denn erst die Angelsachsen hielten es für notwendig, sich von dort die Vollmacht zur Missionstätigkeit zu holen, während vorher den Franken wie den Iren ein solcher Gedanke ganz fern lag, ja selbst Bonifaz noch zu seiner ersten Mission unter den Friesen eine solche Vollmacht nicht eingeholt hat. Später aber galt diese Erlaubnis für so unerläßlich, daß die Legendenschreiber sie auch für die ältere Zeit ganz unbedenklich als selbstverständlich annahmen. Sie erzählen daher eine solche Reise als Tatsache und nennen den Papst, der nach ihrer Berechnung der Zeitverhältnisse damals regiert hatte. Die neueren Gelehrten haben dann wieder umgekehrt nach dem Namen des Papstes die Zeit des Heiligen bestimmt und dadurch die Verwirrung vollständig gemacht; ein Fehler, von dem auch Rettberg nicht frei ist. Daß die Sache sich aber wirklich so verhielt, zeigt sich deutlich an den Legenden, die in ihrer älteren noch erhaltenen Form nichts von einer solchen Reise nach Rom wissen, während sie in den späteren Bearbeitungen eingeschoben ist. Das

---

[52] über Problem und Wert der Arbeo-Quelle: Levison, Geschichtsquellen S. 145 (trotz schlechter, fehlerhafter Sprache bleibt der sittengeschichtl. Gehalt unbestritten).
Arbeo von Freising, Vitae Haimhrammi et Corbiniane MGH SS rer. Ger.
Dt. Übertragung: B. Bischoff, Leben und Leiden des hl. Emmeram, 1953; Lit.: F. Prinz, Arbeo v. Freising und die Agilolfinger, in: ZBLG 29 (1966).

ist der Fall bei dem heiligen Patricius, bei S. Rupert. Auch
Gregor von Tours läßt sein späterer Biograph nach Rom reisen.
Denselben Umstand finden wir auch im Leben des heiligen
Kilian[53], des ersten bekannten Missionars unter den Ost-
franken.

Auch er war gegen das Ende des 7. Jahrhunderts mit zwei Begleitern aus Irland gekommen und um seines Glaubens willen
getötet worden, seine Wirksamkeit ist bezeugt durch die hohe
Verehrung seines Namens. Wie an S. Gallus' Grabe, so scheinen
sich auch in Würzburg seine Landsleute zahlreich eingefunden
zu haben, und noch jetzt finden wir ihre Spuren in den irischen
Schriftzügen der dortigen Handschriften. Die beiden Passio-
nen, eine kürzere und eine ausführlichere, sind erst im 9.
Jahrhundert verfaßt und von geringem Werte, wenn man sie
auch früher irrig erst in das 10. Jahrhundert setzen wollte.

Diese irischen und fränkischen Missionare bereiteten den Boden für die Angelsachsen, mit deren Auftreten ihr Stern er-
lischt. Ihre Niederlassungen waren zu vereinzelt, um sich erhalten zu können, es fehlte ihnen die feste Organisation, durch
welche jene so stark waren, und die vereinzelten Mönche
konnten sich vor Entartung und Verwilderung nicht freihalten.
Ihre Eigentümlichkeiten in Lehre und Gebräuchen brachten
sie bald in Streit mit den Angelsachsen, und es ist später nicht
mehr die Rede von ihnen. Nur als Pilger erscheinen sie noch,
viel geschätzt wegen ihrer strengen Entsagung, wegen ihrer
Fertigkeit im Schreiben und häufig auch noch wegen ihrer
Gelehrsamkeit, zumal ihrer Kenntnis der griechischen Sprache. Aber als Missionare finden wir sie nur zur Zeit der Merowinger genannt.

Geschichtliche Nachrichten aus dieser Zeit haben sie selbst uns
durchaus nicht überliefert. Man sollte meinen, daß ihnen der

---

[53] Passio Kiliani martiris Wirziburgensis ed. Levison MGH SS rer.
Mer. 5.

Sinn für historische Aufzeichnung der Begebenheiten gänzlich fehlte. In der Heimat aber verfaßten sie doch Jahrbücher, deren Anfänge sehr alten Zeiten zugeschrieben werden, und sie mögen wohl nicht ganz ohne Einfluß auf die Entstehung der jetzt im Frankenreiche aufkommenden Klosterannalen gewesen sein, da wir an der Spitze derselben hin und wieder irische Namen finden, doch ist eine irgend erhebliche Beteiligung von Schottenmönchen an den weiteren Aufzeichnungen nicht nachweisbar. Andere Annalen gehen auf Lindisfarne zurück, eine britische Stiftung in England; aber diese sind nicht unmittelbar, sondern über Canterbury ins Frankenreich gekommen, wie denn überhaupt diese Annalen von den Angelsachsen, nicht von den Iren ihren Anfang nehmen.

Die Schotten stehen in der genauesten Beziehung zu der alten fränkischen Kirche, und gehören mit dieser wesentlich der merowingischen Periode an. Sie haben manche Keime gelegt und anregend gewirkt, aber eine neue frische Entwicklung war im merowingischen Reiche und auf dem alten Boden nicht mehr möglich; schon in den letzten Zeiten der Merowinger knüpft sich alles wirklich Lebensfähige an das neue Geschlecht der Arnulfinger, und wir beginnen deshalb mit seinem Auftreten einen neuen Zeitraum.

§ 6. Quellen und Literatur zu Kapitel II (§§ 1–5)

Grundlegende Literatur zur Einführung

E. Ewig, Die Merowinger und das Frankenreich, Stuttgart 1988 (Urban-Tb.).
    Ewig geht zunächst dem Ursprung der Franken nach, um sich dann Chlodwig, dem »primus rex Francorum« zuzuwenden, dessen Erbe in all der dynastischen Verästelung anschließend kurz nachgezeichnet wird. Ausführlich folgt Grundlegendes über

»Herrschaft« im 6. Jh. Die Geschichte des Merowingerreiches ab Chlotar II und der Aufstieg der karolingischen Hausmeier bis zu Pippin d. Mittleren an der Schwelle zum 8. Jahrhundert geben den zeitlichen Rahmen für den 2. Teil des Buches vor; ausführliches Verzeichnis weiterführender Literatur.

R. Schneider, Das Frankenreich, München-Wien 1982 (Oldenbourg Grundriß der Geschichte, Bd. 5).

Wie bei allen Bänden dieser Reihe folgt nach einem knappen Aufriß der Faktengeschichte – einschließlich eines Überblicks über Verfassung, Wirtschafts- und Sozialstruktur – ein umfangreicher Teil über die Forschungslage. Ein ausführliches Quellen- und Literaturverzeichnis bildet den 3. Teil.

H. K. Schulze, Merowinger und Karolinger, Berlin 1987 (Serie: Das Reich und die Deutschen).

Eine sehr gut lesbare, allgemeinbildende Darstellung der Geschichte von Chlodwig bis zum Zusammenbruch des Reiches Karls d. Gr. Für die Geschichte der Franken sind vor allem die ersten Kapitel von Interesse.

E. Zöllner, Geschichte der Franken bis zur Mitte des 6. Jahrhunderts, München 1970.

Dieses grundlegende Werk bearbeitet mit wissenschaftlicher Akribie den Zeitraum von den fränkischen Anfängen bis zur Enkelgeneration Chlodwigs. Neben der Geschichte dieser Zeit wird umfassend über den »Staat« der Merowinger sowie die Wirtschafts- und Siedlungsstruktur informiert.

Zu Chlodwig: A. Lippold, Chlodowechus, RE-Suppl. XIII Sp. 139–174.

Basisartikel, der gewinnbringend und in straff gegliederter Form Quellen und Literatur in die faktenreiche Abhandlung einarbeitet.

Zu einzelnen Quellen und Problemen:

Gregor von Tours (§ 2)

Textausgaben: Gregor von Tours, Historia Francorum, MGH SS rer. Mer. 1.

Gregor von Tours, Zehn Bücher Geschichten (Fränk. Geschichte; (dt. lat.) hrsg. von R. Buchner, Darmstadt o. J. (Freiherr-v.-Stein-Gedächtnisausgabe).

Gregor von Tours, zehn Bücher fränkischer Geschichte. Übers. von W. v. Giesebrecht, neu bearbeitet von S. Hellmann (GdV II, 8/9). 3 Bde. Leipzig 1911/12.

Gregor von Tours, Fränkische Geschichte. Nach der Übers. W. v. Giesebrechts neu bearbeitet von M. Gebauer (HddA); 3 Bde., Kettwig 1988.

Werkcharakteristik: Nach einem persönlichen Glaubensbekenntnis folgt ein universalhistorischer »Durchzieher« von der Schöpfung bis zum Jahr 387 n. Chr. – dem Todesjahr des hl. Martin. Drei Bücher beschäftigen sich mit der frühen fränkischen Geschichte. Ab Buch 5 referiert Gregor Zeitgeschichtliches, das er selbst in herausragender Position mitgestaltete. Im Zentrum steht dabei der Bruderkrieg in der 2. Hälfte des 6. Jahrhunderts. Gregor schreibt aus dezidiert christlicher Sicht, was u.a. seine leidenschaftliche Gegnerschaft zu den arianischen »Ketzern« belegt.

Literatur: Gregor von Tours, in: Lexikon des Mittelalters IV, München-Zürich 1989, Sp. 1679–1682.

Kurzer Abriß über Leben, Werk und Forschungsgeschichte der Bewertung und Einordnung Gregors. Gregor wird als »verläßlich informierender Historiker« gesehen; v.a. neueste, weiterführende Literatur.

Einleitung von R. Buchner in der dt.-lat. Textausgabe der Freiherr v. Stein Gedächtnisausgabe, S. 7–49.

Neben der Biographie wird hauptsächlich der geistige Horizont Gregors ausgeleuchtet. Ein Streifzug durch die Entstehungsgeschichte und über die Quellen Gregors soll den herausragenden Quellenwert Gregors erkennen helfen.

Weitere Ausgaben und ältere Literatur: DW 164/53–57.

Fredegar (§ 3)

Textausgaben: Chronicarum quae dicuntur Fredigarii Scholastici Libri IV cum Continuationibus, MGH SS rer. Mer. 2.
Die vier Bücher der Chronik des sog. Fredegar (in Auszügen) (dt.-lat.) bearb. von A. Kusternig, in: Quellen zur Geschichte des 7. und 8. Jahrhunderts, Darmstadt 1982 (Freiherr v. Stein Gedächtnisausgabe).
Die Chronik Fredegars und der Frankenkönige, die Lebensbeschreibung des Abtes Columban, der Bischöfe Arnulf, Leodegar und Eligius, der Königin Bathilde. Übers. von O. Abel (GdV II, 11), Leipzig 1888 (3. Aufl.).
Die Chronik Fredegars und der Frankenkönige und die Lebensbeschreibungen des Abtes Columban, der Bischöfe Arnulf, Leodegar und Eligius, der Königin Bathilde. Nach der Übers. von O. Abel neu hrsg. von A. Heine (HddA). Kettwig 1986 (2. Aufl.).
Werkcharakteristik: Bei Fredegar handelt es sich um einen nicht näher verifizierbaren Autor, der um 660 sein Werk verfaßte. Der Versuch, fränkische Geschichte zu erzählen, gelingt ihm bis zum Jahr 613 recht gut. Für die folgenden Jahre versiegt die Quelle allerdings fast vollständig. Bis zum Jahr 642, hier bricht die Quelle ab, berichtet Fredegar dann wieder recht ausführlich.
Literatur: A. Erikson, The Problem of Authorship in the Chronicle of Fredegar, in: Eranos 63 (1965), S. 47–76.
Der Autor repräsentiert den neuesten Erkenntnisstand zu Fredegar. Auf der Basis genauer Textuntersuchungen – sprachlich-stilistisch – kommt Erikson zu dem Ergebnis, daß es sich bei Fredegar um einen Kompilator verschiedener Quellen handelt, der die ihm vorliegenden Texte seiner stilistischen Eigenart unterwirft.
Ergänzend dazu: Einleitung von A. Kusternig in der dt.-lat. Textausgabe der Freiherr-v.-Stein-Gedächtnisausgabe, S. 3–41.
Weitere Ausgaben und ältere Literatur: DW 164/58–61.

»Taten der Frankenkönige« (§ 4)

Textausgaben: Libri Historiae Francorum, MGH SS rer. Mer. 2.
Das Buch der Geschichte der Franken (dt.-lat.) bearb. von
H. Haupt, in: Quellen zur Geschichte des 7. und 8. Jahrhun-
derts, Darmstadt 1982, (Freiherr-v.-Stein-Gedächtnisaus-
gabe).
In: Die Chronik Fredegars und der Frankenkönige, Kettwig
1986 (vergl. oben unter Fredegar).
Werkcharakteristik: Geschrieben im Jahr 727 ist diese Quelle von
Wert für die Zeit Karl Martells, besonders für dessen Auseinander-
setzungen mit seiner Stiefmutter Plektrudis zu Beginn des 8.
Jahrhunderts. Diese Zeit dokumentiert der Autor als Zeitzeuge.
Die nicht durchgehend zuverlässigen Berichte über das 6. und 7.
Jahrhundert fußen teils auf Gregor von Tours, teils auf nicht näher
verifizierbaren Quellen. Klar erkennbar ist die Position des anony-
men Autors: Er schreibt als Neustrier. Die Neustrier gelten ihm
als »Reichsvolk«, während er Austrien und Burgund etwas außen
vor läßt.
Literatur: Einleitung von H. Haupt in der dt.-lat. Textausgabe
der Freiherr-v.-Stein-Gedächtnisausgabe, S. 329–336 (mit
der zumeist älteren Literatur).
G. Kurth, Histoire poétique des Merovingiens, Paris 1893
(neu aufgelegt 1968).
Kurth streift die Libri nur im Kontext mit der Frage nach den
Vorfahren Chlodwigs und rückt die Libri in den Umkreis der
»Chason de geste«.

Fränkische Heiligenleben (§ 5)

Textausgaben: Die Lebensbeschreibungen des Abtes Colum-
ban, der Bischöfe Arnulf, Leodegar und Eligius, der Königin
Bathilde; in: Die Chronik Fredegars und der Frankenkönige,
Kettwig 1986 (vgl. oben unter Fredegar).
Literatur: F. Prinz, Frühes Mönchtum im Frankenreich, Mün-
chen-Wien 1965.

Fundamentalstudie, die zeitlich beim altgallischen Mönchtum ansetzt – hl. Martin, Kloster Lerins – um dann Luxeuil und seiner Ausstrahlung nachzuspüren. Gut 100 Seiten widmet Prinz der Entwicklung des Mönchtums im agilolfingischen Bayern. Der 3. Teil behandelt die geistigen und sozialen Aspekte des Mönchtums im Wandel; umfangreiches Verzeichnis von Spezialliteratur im Anhang.

F. Graus, Herrscher und Heiliger im Reich der Merowinger. Studien zur Hagiographie der Merowinger-Zeit, Prag 1965.
Für den Komplex der »Fränkischen Heiligenleben« ist vor allem die Typisierung der mittelalterlichen Hagiographie – Heiligenviten und Heiligenwunder – im ersten Teil des Buches von Interesse.

C. A. Bernoulli, Die Heiligen der Merowinger, Tübingen 1900.
Bernoulli bearbeitet zunächst S. Severus' Martinsvita und den Umkreis Gregors von Tours, widmet sich dann der Heiligenlegende, um abschließend die kultische Funktion des Heiligengrabes zu untersuchen.

K. Bosl, Der »Adelsheilige«, in: Speculum historiale, (Festschrift J. Spörl) 1965, S. 167–187.
Vor allem im 2. Teil des Aufsatzes wichtige Erkenntnisse über Emmeram und Corbinian in ihrer Bedeutung für das agilolfingische Bayern.

III. DIE KAROLINGISCHE ZEIT BIS ZU KARL DEM GROSSEN

§ 1. Neue Anfänge der Geschichtschreibung.
Fredegars Fortsetzer

Das Haus der Karolinger bewies von Anfang an seine Berechtigung zur Herrschaft dadurch, daß es allein imstande war, das Reich herzustellen, dem weit vorgeschrittenen Verfall Einhalt zu tun und auf neuen Grundlagen ein neues Zeitalter zu begründen. Auch das Wiedererwachen der Geschichtschreibung knüpft sich an sein Auftreten: Mit dem Jahre 687, mit dem entscheidenden Siege Pippins, beginnen die Annalen von St. Amand.

Fredegars Chronik war in Burgund, das Buch von den Taten der Franken in Neustrien geschrieben, in Austrasien fanden beide ihre letzte Bearbeitung und Fortsetzung. Viel ist über die Beschaffenheit dieser, über die Arbeit der verschiedenen dabei tätigen Personen geschrieben worden. Ich halte mich jetzt an die auch von Monod geteilten Ergebnisse von Br. Krusch, welcher genauer als zuvor geschehen war, namentlich auch in bezug auf die Sprache, die Prüfung durchgeführt hat.[1]

Als unter Pippin das Frankenreich in seiner neuen Gestaltung glänzend befestigt war, unternahm es sein Oheim Childebrand,

---

[1] Zu Fredegar: vergl. Ergänzungen zu Kap. II, § 3.
Fortsetzer in: Vier Bücher der Chronik des sog. Fredegar (dt.-lat.), bearb. v. A. Kusternig, in: Quellen zur Geschichte des 7. und 8. Jahrhunderts.

auch für das dauernde Andenken dieser merkwürdigen Begebenheiten zu sorgen. Er ließ ein Exemplar der alten Chronik
des Fredegar abschreiben, aber er oder der von ihm Beauf-
tragte begnügte sich nicht mit einfacher Abschrift. Er ließ den
Liber generationis weg und setzte an dessen Stelle den Hilaria-
nus de cursu temporum ein[2], welchen er in seiner Vorlage an
anderem Orte fand, und erweiterte die Stammsage im Hieronymus durch ein Exzerpt aus Dares Phrygius. An den Fredegar
knüpfte er einen Auszug von cap. 43 bis 52 der Gesta Francorum nebst ihrer 736 geschriebenen Fortsetzung; recht mangelhaft gearbeitet und voll chronologischer Verwirrung, aber
bereichert mit Zusätzen, welche das Haus der Arnulfinger
hervorheben, während er manches wegließ, was das Haus der
Merowinger betraf, das ihn nicht mehr kümmerte; anfangs
dürftig, dann von erheblichem Werte. Das ist die sogenannte
erste Fortsetzung (cap. 1–17) bis Mitte von cap. 109, an welche
bis cap. 117 einschließl. die zweite (cap. 18–33) sich reiht,
innerhalb welcher stilistische Gründe einen Wechsel des Schrei-
bers (nach cap. 109) annehmen lassen. So weit, bis 752, war
unter Childebrands Leitung das Werk geführt, da übernahm
dessen Sohn Nibelung[3] die weitere Fortsetzung (cap. 34–54),
welche uns in noch schlechterem Latein einen schon ausführ-
licheren, nach Jahren genau geordneten und wohl teilweise
gleichzeitig aufgezeichneten Bericht über die königliche Herrschaft Pippins darbietet.
Als vereinzelte sehr schätzbare Notiz reiht sich an diese Fortsetzer des Fredegar eine Aufzeichnung aus Saint Denis über die
Königsweihe Pippins und seiner Söhne (754) durch Papst
Stephan II., welche sich am Schluß einer Handschrift von

---

[2] Ausgabe: C. Frick, Chronica minora 1 (1892).
[3] Kap. 34: »... bis hierher ließ der vir illuster Graf Childebrand ...
die Taten der Franken sorgfältig aufzeichnen. Von hier an stand
die Aufzeichnung unter der Aufsicht des vir illuster Nibelung ...«.

Werken Gregors von Tours befindet, von anderer Hand mit blasserer Tinte geschrieben und offenbar aus einer älteren Handschrift herübergenommene und *Clausula de Pippino* genannt wird[4].

So wie das ganze Reich von den Merowingern an die Karolinger überging, so wurde auch die einzige Chronik der Franken zu einer Familienchronik des karolingischen Hauses. Sie gewinnt dadurch gewissermaßen einen offiziellen Charakter und damit eine gewisse Glaubwürdigkeit. Andererseits leidet sie aber auch an den Mängeln solcher amtlicher Aufzeichnungen. Je näher die Verfasser den Karolingern standen, je besser sie unterrichtet waren, um so mehr hüteten sie sich auch, etwas aufzunehmen, was den Machthabern unangenehm war. Es genügt, in dieser Beziehung den einen Umstand hervorzuheben, daß die bedeutenden und gefährlichen Unruhen, welche Grifo, Karl Martells Sohn von der Swanhilde, nach dem Tode des Vaters anzettelte und welche dem Verfasser doch unmöglich unbekannt geblieben sein konnten, hier mit gänzlichem Stillschweigen übergangen werden. Ebensowenig ist andererseits von der ganzen Wirksamkeit des Bonifatius und überhaupt von den kirchlichen Angelegenheiten die Rede. Eine vollständige und unparteiische Übersicht der Begebenheiten darf man daher bei diesen Fortsetzern des Fredegar nicht suchen.

Ebensowenig unparteiisch, zur Verherrlichung der Arnulfinger geschrieben und namentlich in den ältesten Teilen irreführend, übrigens aber aus guten Quellen gearbeitet, ist die Geschichte von 687–692, welche den Anfang der *Annales Mettenses* bildet[5], wo bis 768 eine Kompilation aus Fredegar u.a. Annalen sich anschließt. Früher gering geschätzt, ist sie von L. Ranke, trotz

---

[4] oder auch: Nota de unctione Pippini; reichhaltige Querverweise bei Levison, Geschichtsquellen S. 163, Anm. 6; ergänzend: DW 166/8–10.

[5] Annales Mettenses priores ed. Simson, MGH SS 1.

der sagenhaften Färbung der ältesten Partien, nachdrücklich
in Schutz genommen und ihr Wert ins Licht gestellt[6].

Die Würdigung dieser Quelle ist dadurch zum Teil eine andere
geworden, daß Hampe in einer Handschrift der Kathedrale
von Durham des 11. Jahrhunderts eine bis 830 reichende Kompilation auffand, in welcher wir die unmittelbare Quelle der
sogenannten Ann. Mett. zu erkennen haben. Obgleich die
Handschrift fehlerhaft ist, bietet sie doch manche sachliche
Verbesserungen und läßt namentlich die in ihr benutzten Quellen deutlicher erkennen, ihre Entstehung aber wird man gleichfalls nach St. Arnulf in Metz verlegen müssen.

Natürlich ist es, daß man bei fortschreitender literarischer
Bildung bald sowohl an der rohen Form des Fredegar und
seiner Fortsetzer als auch an dem dürftigen Inhalte dieser
Aufzeichnungen Anstoß nahm. Zu Karls d. Gr. Zeit entstand
eine Kompilation[7], in welcher die Chronik des Beda verbunden
ist mit Zusätzen aus Hieronymus, Orosius, Fredegar und seinen
Fortsetzern, den Gestis Francorum und Jahrbüchern, die mit
den Lorscher große Ähnlichkeit haben, bis 741. Wir werden
auf dieses sowie auf andere ähnliche Arbeiten zurückzukom-
men haben.

Mit dem kriegerischen Ruhm vereinigte das karolingische
Haus, wie es zu einer hervorragenden Stellung damals fast
unerläßlich war, auch den kirchlichen. Klosterstiftungen und
klösterlich frommer Lebenswandel schmücken ihren Stammbaum mit Heiligen, wie Gertrud und Begga, und auch dem
Ahnherrn, Bischof Arnulf von Metz[8], wurde mit gutem Recht
die dankbare Verehrung der Nachkommen zuteil. Sein Leben
ist auch von einem Zeitgenossen beschrieben worden, und was

---

[6] wertvoll v.a. für die Geschichte der 40-er und 50-er Jahre des
   8. Jahrhunderts.

[7] Chronicon universale (bis 741) ed. Waitz, MGH SS 13.

[8] Vita Arnulfi ed. Krusch, MGH SS rer. Mer. 2.

hier über ihn berichtet wird, ist wertvoll, aber dem Verfasser, einem der Mönche, welche den heiligen Romarich nach Metz begleiteten, als er den weltmüden Bischof 629 nach seiner Einsiedelei in Remiremont abholte, hatte begreiflicherweise wesentlich den Zweck und Gesichtspunkt, seine kirchlichen Tugenden zu preisen.

Als Werk eines Zeitgenossen und Augenzeugen geschätzt, ist auch das Leben der heiligen Gertrud[9], Pippins I. Tochter, der Stifterin des Klosters Nivelle, wo sie am 17. März 659 starb. Ganz ohne Grund von Bonnell verdächtigt, ist ihre Lebensbeschreibung von Friedrich in ihrem Wert erkannt und von Krusch nach seiner Handschrift des 8. Jahrhunderts herausgegeben.

Einige gute Nachrichten enthält auch das noch zu König Pippins Lebzeiten geschriebene Leben des Stifters des Klosters Laubach oder Lobbes, Ermino († 737) vom Abt Anso[10]. Die schon für diese Zeit nicht unwichtige Lütticher Literatur werden wir später noch zu streifen haben.

Ganz unverändert werden uns außer diesen sehr wenige Legenden erhalten sein. Dafür ist ihre Form zu glatt, zu abweichend von den authentischen Denkmälern. Zum Vorlesen bestimmt und gebraucht, mußten sie der zunehmenden Bildung angepaßt werden, und leicht verbanden sich damit Zusätze und Änderungen, welche auch den Inhalt berührten.

§ 2. Die Angelsachsen.

Die zahlreichen Missionen der irischen Mönche vermochten doch nichts Dauerndes zu schaffen, und auch in der Heimat konnte diese alte vereinzelte Kirche sich der römisch-

---

[9] Vita Geretrudis ed. Krusch, MGH SS rer. Mer. 2.
[10] Vita Ursumari (Vorgänger des Ermino) et Erminionis, ed. Levison, MGH SS rer. Mer. 6.

englischen Übermacht nicht erwehren. Sie unterlag überall,
aber nicht etwa der äußeren Übermacht allein. In jeder Weise
wurden die Angelsachsen ihrer alten Lehrer Meister. In den
großen Weltchroniken des Mittelalters finden wir kaum eine
Erwähnung von Irland, die Reiche der Angelsachsen aber
treten auffallend in den Vordergrund für lange Zeit. Das ist
der Einfluß des Beda (geb. 673, † 735 oder 742?), dessen
Schriften diese Angaben entnommen wurden. Einen Mann wie
diesen Beda hat die gesamte irische Kirche nicht hervorgebracht. Er war der Lehrer des ganzen Mittelalters. Durch
mathematisches Wissen haben gerade die Schottenmönche sich
ausgezeichnet, auf ihren Unterricht mag ein bedeutender Teil
der Gelehrsamkeit Bedas sich, wenn auch nur mittelbar, zurückführen lassen, ihm aber war es vorbehalten, durch die
Gediegenheit seiner Lehrbücher für Jahrhunderte in jedem
Kloster die Anleitung zu den nötigen astronomischen Kenntnis-
sen zu geben. Wo man es verschmähte, tiefer einzudringen,
benutzte man wenigstens seine Ostertafeln als unentbehrliches
Hilfsmittel der kirchlichen Zeitrechnung. Sein Martyrologium
ist die Grundlage aller späteren Umarbeitungen[11]; seine kleine
Chronik von den sechs Weltaltern (bis 726), welche seinem
Buche De temporibus (c. 66–71) einverleibt ist, war überall
bekannt, und die Kirchengeschichte Englands (bis 731) wurde
um so eifriger gelesen, als man hierin den Ursprung der eigenen
Kirche erkannte sowie sie andererseits das Bewußtsein dieser
Verbindung wach erhielt[12]. Hatten die irischen Missionare nicht
durch Frömmigkeit allein, sondern auch durch mancherlei
Kenntnisse und Gelehrsamkeit die Bewunderung der Franken
erregt, so überragten doch nun die Angelsachsen noch in weit
höherem Maße alles, was man bis dahin gekannt hatte.
Ein älterer Zeitgenosse des Beda, ein Northumbrier aus dem

---

[11] Migne PL 94 (797–1148), vergl. Kapitel I, Anm. 19.
[12] Die sog. »kleinere« Chronik bis 703, die »größere« bis 725.

Kloster Streoneshalch (Whitby) an Bildung und Wissen ihm
weit nachstehend, hat seiner Verehrung für den Begründer des
Christentums in England, Papst Gregor den Großen, ein Denkmal gestiftet, indem er, so gut er es vermochte, eine Lebensbeschreibung desselben verfaßte, mit nicht unwichtigen Nachrichten über die Bekehrung seiner Heimat, Wundergeschichten
und das Lob für die Werke Gregors verbindend. Dieses stark
legendenhafte Werk ist erst durch P. Ewald in einer alten
Sanktgaller Handschrift entdeckt, der wesentliche Inhalt mitge-
teilt, und mit großem Scharfsinne nachgewiesen, daß dieses
die von Beda, Paulus und Johannes Diaconus benutzte angelsächsische Legende ist[13].

Schon vor Beda hatte auch die angelsächsische Mission begonnen, welche sich hauptsächlich den stammverwandten
Sachsen und Friesen zuwandte. Ein charakteristischer Unterschied dieser Mission von der irischen liegt in ihrem Verhältnis zum römischen Stuhl: seitdem S. Augustin, von Gregor
dem Großen gesandt, die englische Kirche begründet hatte,
war diese in der engsten Verbindung mit Rom geblieben,
und von da aus geleitet, wurde die Kirchenverfassung fest
und sicher organisiert[14]. Dadurch gewann diese Mission einen
ganz anderen Boden und war nicht der Vereinzelung und der
daraus folgenden Verwilderung ausgesetzt, welche den Erfolg
der Schottenpredigt auf einzelne Klosterstiftungen beschränkte.

An zuverlässigen Lebensbeschreibungen der älteren unter diesen Glaubensboten fehlt es freilich auch, und ihre Wirksamkeit

---

[13] angezweifelt von Levison, Geschichtsquellen S. 171, Anm. 17;
Textausgabe: Fr. A. Gasquet, A Life of Pope St. Gregory the
Great, 1904 in: NA 30.

[14] W. Levison, England and the continent in the eigth century,
Oxford 1948

würde uns in nicht minder zweifelhaftem Dämmerlicht erscheinen als die der Schottenmönche, wenn nicht die englische Kirche, von der sie ausgingen, in helleren Umrissen vor uns stände und vor allem Beda uns so manche sichere Nachricht aufbewahrt hätte.

Augustin, der erste Erzbischof von Canterbury, starb um das Jahr 604. Schon sein Schüler Livin[15] soll in Friesland gepredigt haben, seine Lebensbeschreibung aber ist ein späteres betrügliches Machwerk.

Wilfrid, Erzbischof von York, der im Jahre 709 gestorben ist, hat als erster unter den Friesen gepredigt, als er auf einer Reise nach Rom 678 an ihrer Küste landete, um den Nachstellungen des Hausmeiers Ebroin zu entgehen[16]. Besonderes Verdienst um die Mission erwarb sich aber Ecgbert, der Abt des Klosters Hi, in welchem er die bis dahin dort herrschende irische Weise durch die siegreiche römisch-englische verdrängte. Er entsandte 686/87 noch von Irland aus, bevor er es verlassen hatte, zum Friesenfürsten Radbod den Wictbert und nach dessen Heimkehr im Jahre 690 Willibrord mit elf Gefährten. Dieser, in Wilfrids Kloster Ripon erzogen, 695 in Rom unter dem Namen Clemens zum Erzbischof geweiht, begründete 698 das Kloster Echternach, aber nicht allein als Stätte eines stillen beschaulichen Lebens, sondern als Ausgangspunkt für seine Tätigkeit, und mit Karl Martells Hilfe gelang ihm sodann auch die Stiftung des Bistums Utrecht, wo er im Jahre 739 als erster Bischof verstorben ist. Sein Leben ist erst lange nach seinem Tode von Alcuin aus fast ausschließlich erbaulichem Gesichtspunkte beschrieben und dem Abt Beornrad von Echternach,

---

[15] Livin = Lebuin; die hier angesprochene Lebensbeschreibung wurde um 1050 angefertigt.

[16] Vita Wilfridi ed. Levison, MGH SS rer. Mer. 6. Wilfrids Biograph war sein Gefährte Stephan.

einem Verwandten Willibrords, gewidmet worden[17]. Die ältere
Lebensbeschreibung von einem Schottenmönche rustico stilo
verfaßt, ist leider verloren, aber sie wurde von Theofrid, Abt
von Echternach (1083–1110), benutzt.

Gleichzeitig mit ihm predigte auch Suitbert, der Stifter von
Kaiserswerth, von Wilfrid 692/93 zum Bischof geweiht, † März
713, von dem jedoch nur wenig bekannt ist. Als das merkwür-
digste Andenken, welches er uns hinterlassen hat, sehr bezeich-
nend für die höhere und feinere Bildung, welche diese Angelsachsen in der Heimat pflegten und von da ins Frankenreich
verpflanzten, galt bisher die schöne Handschrift des Livius,
welche er mitgebracht haben sollte, und die jetzt zu den kost-
barsten Schätzen der Wiener Hofbibliothek gehört. Doch wird
die Inschrift jetzt richtiger anders gelesen, die Bedeutung der
Handschrift aber ist nicht geringer, wenn sie aus der Utrechter
Schule stammt[18]. Suitberts Biographie dagegen, angeblich von
Liudgers Genossen Marchelm oder Marcellinus verfaßt, ist ein
grober Betrug späterer Zeit. In diese Zeit gehört auch noch
das Leben eines angelsächsischen Einsiedlers Philipp, der zur
Zeit des Königs Pippin eine Zelle im Nahegau gründete, geschrieben etwa um 850 von einem Mönche eines benachbarten
Klosters. Der Inhalt ist sehr dürftig.

Unter den Sachsen predigten der weiße und der schwarze
Ewald, deren Lebensbeschreibung aus Beda entnommen, aber
völlig sagenhaft ist.

In Franken finden wir Burchard, den Bonifaz zum ersten Bischof von Würzburg weihte, wo Kilian mit seinen Genossen

---

[17] Alcuini Vita Willibrordi ed. Wattenbach, in: Jaffé, Bibliotheca
rerum Germanicarum 6.
Literatur: Prinz, Frühes Mönchtum (vergl. Ergänzungen zu Teil
I, zu Alcuin: s.u. Kap. IV, § 3 und DW 165/28.
[18] Iste codex Theutberti episcopi de Dorostat, vergl. Levison, Willi-
brodoriana, NA 33 (1908), S. 517 f.

den Boden bereitet hatte. Auch seine Lebensbeschreibung aber ist erst im 9. Jahrhundert von einem Würzburger Kleriker verfaßt und völlig wertlos; die wenigen Tatsachen, welche darin berichtet werden, sind teils entstellt, teils mit oder ohne Absicht erfunden[19].

Die erste wirklich gleichzeitige Lebensbeschreibung besitzen wir von Winfried, dem Stifter der neuen fränkischen Kirche, der alle die einzelnen Gründungen seiner Vorgänger zusammenfaßte in eine mächtige Organisation und ihnen dadurch die Kraft zum dauernden Bestehen gab, der zugleich die alte verfallene fränkische Landeskirche im engsten Anschluß an Rom aufrichtete und so im Verein mit den karolingischen Herrschern das gewaltige Gebäude aufführte, in dem die neu hervorsprießende geistige Bildung für viele Jahrhunderte eine gesicherte Stätte finden sollte, mitten unter allen Stürmen und Drangsalen der kampferfüllten Zeiten. Allein die Schilderung seines Lebens und seiner Wirksamkeit liegt unserer Aufgabe fern; wir müssen uns hier begnügen, auf die ausführlichen Darstellungen Rettbergs I., 331 ff. und Haucks zu verweisen.

Sein kirchlicher Name war Bonifatius[20], ohne Zweifel von *bonum fatum* abzuleiten, aber nach einer richtigen Bemerkung von Loofs scheinen die Zeitgenossen den Namen vielmehr von *bonum fari* hergeleitet zu haben. Er besaß eine für jene Zeit hervorragende Bildung, und wir besitzen noch von ihm eine Grammatik und Metrik und nicht ohne Geschick und Gewandtheit verfaßte Gedichte mit der Vorliebe für Akrostichen und andere Spielereien, welche der Zeit und besonders seinen Landsleuten eigen ist.

Von weit größerem Werte für uns ist die Sammlung von Boni-

---

[19] Vita Burkardi ed. Holder-Egger MGH SS 15.

[20] so wurde er erstmals in einem Schreiben Gregors II. v. 15. Mai 719 genannt. Bonifatius war der Tagesheilige des 15. Mai.

faz' eigenen Briefen[21] und den päpstlichen Schreiben an ihn.
Aber auch die bald nach seinem Tode, vielleicht noch zu Pippins
Lebzeiten, sicher vor 786 verfaßte Biographie[22] enthält wichtige Nachrichten und erhebt sich weit über die früheren Leistungen der Art. Der Verfasser war ein Priester Namens Willibald, wohl ein Landsmann, der bei der Kirche St. Victor bei
Mainz lebte und auf Veranlassung der Bischöfe Lul von Mainz
und Megingoz von Würzburg seine Arbeit unternahm. Lul
besonders versah ihn mit Nachrichten, so wie auch andere
Schüler Winfrieds, die Willibald selbst nicht gekannt hatte.
Dieser ist freilich hinter einer zufriedenstellenden Behandlung
seiner großen Aufgabe weit zurückgeblieben. Anfangs sorgfältig und genau, scheint er bei der großartigen Entfaltung der
Wirksamkeit seines Helden, bei den verwickelteren politischen
Verhältnissen unter Pippins Regierung zu ermatten, er wird
verwirrt und ungenau, übergeht gänzlich die wichtigsten Vorfälle und eilt weiter zu dem Märtyrertod des Bonifaz, bei
welchem er in frommem Phrasenschwalle verweilt. Ähnliche
Erscheinungen sind auch in Biographien der späteren Zeit
häufig. Wo ein Bischof aus dem engen Kreise der Asketik und
bescheidener Pastoraltugenden heraustritt, wo er als Staatsmann zu schildern war, entzieht er sich dem Gesichtskreise
seines beschränkten Biographen. Hier aber ist der Abstand des
ersten Teils von Kapitel 8 von Anfang und Ende so auffallend,
namentlich auch der Mangel aller bestimmten Angaben über
Bonifatius' Erhebung auf den Mainzer Stuhl, die plötzlich als
fertige Tatsache erwähnt wird, sowie über die Stiftung des
Klosters zu Fulda so unerklärlich, daß der Verdacht, Luls
Zensurstriche möchten hier verwirrend und verstümmelnd

---

[21] Bonifatii Epistolae ed. Rau (Ausgewählte Quellen, vergl. Ergänzungen zu diesem Kap.).

[22] Vita Bonifatii ed. Rau (Ausgewählte Quellen, vergl. Ergänzungen
zu diesem Kap.).

eingewirkt haben, kaum abzuweisen ist.[23] Auch der Streit über
die Beerdigung des Märtyrers in Mainz oder in Fulda ist mit
keinem Worte berührt. Willibalds Sprache ist noch weit entfernt
von der Reinheit der karolingischen Latinität, aber er bezeichnet doch schon den Anfang einer besseren Zeit; er hat in der
Schule seine Klassiker gelesen, und sein Hauptfehler besteht
darin, daß er es zu gut machen will, daß er im Streben nach
einem gewählten Stil in Verkünstelung verfällt, während er
doch in den Grundregeln der Grammatik noch keineswegs
sicher ist.

Von Lul, Bonifatius' Schüler und Nachfolger in Mainz, besitzen
wir ebenfalls eine Biographie, in welcher kürzlich Holder-Egger ein Werk Lamberts von Hersfeld erkannt hat und welche
deshalb als solche später zu erwähnen sein wird. Ihr geschichtlicher Wert ist gering.

Dagegen ist als ein merkwürdiges Denkmal dieser Zeit noch
das Leben der beiden Brüder Willibald und Wynnebald zu
nennen[24], verfaßt von einer Nonne des Klosters Heidenheim,
welches Wynnebald um 751 gestiftet hatte und bis zu seinem
Tode (19. Dezember 761) leitete, während Willibald 741 von
Bonifaz zum ersten Bischofe von Eichstätt geweiht war. Wie
diese Brüder, so stammte auch die mit ihnen verwandte Verfas-
serin aus England, von wo sie erst nach Wynnebalds Tode nach
Heidenheim kam. Ihr Werk zeigt uns, was auch aus Bonifatius'
Briefsammlung hervorgeht, wie überaus lebhaft dort auch die
Nonnen an den gelehrten Studien Anteil nahmen. Freilich
wurde auch sie, wie es leider so häufig vorkam, durch ihre Gelehrsamkeit zu einer sehr gezierten und schwülstigen Schreibart verleitet und vor fehlerhaftem Ausdrucke nicht bewahrt.
Ja der Ausdruck ist, wie er in der neuen Ausgabe nach der
ältesten Handschrift hergestellt ist, sogar in unglaublichem

---

[23] so ist z.B. die Gegnerschaft Luls zu Fulda gesichert.
[24] Vita Willibaldi et Wynnebaldi ed. Holder-Egger, MGH SS 15.

Maße barbarisch, aber gelehrt barbarisch, d. h. mit griechischen und anderen seltsamen Worten beladen[25]. Den Hauptinhalt und den wertvollsten Teil bildet in dem Leben Willibalds der Bericht über seine Pilgerfahrt in das gelobte Land (723–729), welcher darin besonders hervortritt und den größten Raum einnimmt. Er ist offenbar nach den Mitteilungen Willibalds am 23. Juni 778 über seine Pilgerfahrten und die daran sich anschließenden Umstände aufgezeichnet.

Nach Wynnebalds Tod übernahm seine Schwester Waldburga die Leitung des Klosters zu Heidenheim, von welcher nur im 9. Jahrhundert Wolfhard von Herrieden in dem Werk über ihre Wunder etwas berichtet[26].

Zu diesem Kreise gehört ferner noch Wigbert, den Bonifaz in Fritzlar als Abt einsetzte, Sualo oder Sola und Leobgyth oder Lioba die Äbtissin von Bischofsheim, deren Biographen Lupus von Ferrières und Rudolf von Fulda später zu erwähnen sein werden. Zweifelhaft bleibt es, wohin wir den Bischof Pirminius stellen sollen, ob etwa auch zu den Angelsachsen[27], die im Einvernehmen mit Bonifatius wirkten. Um 724 stiftete er auf der früher Sintleozesau genannten Insel das nachmals so berühmte Kloster Reichenau (Augia), welches schon zu hoher Blüte gelangte, als St. Gallen noch schwach und unbedeutend war. Pirmin, aus Schwaben vertrieben, übernahm 727 im Elsaß die Leitung des von dem Grafen Eberhard auf eigenem Grunde angelegten Klosters Murbach, zuerst Vivarius peregrinorum genannt, das 728 bestätigt wurde. Von da ging Pirmin nach Franken und endete sein Leben 753 in dem gleichfalls von ihm gegründeten Hornbach. Wertvoller als seine dort aufgezeich-

---

[25] nach dem Vorbild Aldhelms (Wessexer Kreis); Kontrast: Beda (northumbrischer Kreis).

[26] Auszüge bei Holder-Egger, MGH SS 15.

[27] seine Heimat lag wohl eher in Spanien bzw. Südfrankreich.

nete Legende sind seine Predigten[28], die in rauher Sprache uns vielfache Belehrung über heidnischen Aberglauben in Schwaben gewähren.

§ 3. Die Annalen

In dem Abschnitte, bei welchem wir jetzt verweilen, in den Anfängen der karolingischen Periode, beginnt zuerst ein Zweig der Geschichtschreibung ans Licht zu treten, welcher sich aus den unscheinbarsten Anfängen zu einer wahren Kunstform entwickelte, und dem wir großenteils die festen Grundlagen, das Gerippe der älteren Geschichte des Mittelalters verdanken, nämlich die Jahrzeitbücher oder Annalen. »Wer jetzt«, so sagt Freytag, »die kurzen Notizen der ältesten Klosterannalen übersieht, muß sich erst deutlich machen, wie unermeßlich der Fortschritt war, den diese wenigen Worte bezeichnen. Erst durch sie erhielt der Germane eine verhältnismäßig sichere Kenntnis vergangener Ereignisse.« Augenscheinlich durch die Mission veranlaßt, kommen sie jetzt an verschiedenen Orten zum Vorschein. Es bedurfte eben keiner neuen Erfindung, um Jahr für Jahr die wichtigsten Ereignisse gleichzeitig mit wenigen Worten aufzuzeichnen. Wir haben ähnliches schon aus der römischen Zeit zu erwähnen gehabt, und es mag auch hin und wieder im merowingischen Reiche geschehen sein, aber erhalten haben sich keine Beispiele davon. Einst hatten die Verzeichnisse der Konsuln den passendsten Raum dazu dargeboten, jetzt waren es die überall verbreiteten Ostertafeln, deren Rand schon von selbst dazu aufforderte, neben der Jahreszahl kurze Nachrichten einzutragen. Wir finden diese Aufzeichnungen

---

[28] Vita Pirmini ed. Holder-Egger, MGH SS 15;
    Predigtbuch: Dicta abbatis Pirminii de singulis libris canonicis . . .
    ed. Caspari, Kirchenhistor. Anecdota I, 1883.

zuerst in England, und die Missionare, denen Bedas Ostertafeln wohl selten fehlten, behielten die heimische Sitte bei. Mit den Ostertafeln selbst wurden nun auch die Randbemerkungen abgeschrieben und gingen so von einem Kloster ins andere über; bald fing man an, darauf Wert zu legen, schrieb die noch ganz kurzen und mageren, völlig formlosen Annalen auch abgesondert ab, setzte sie fort, verband sie mit anderen, und machte sich endlich auch an die Arbeit, die dürftige Kunde über die frühere Vorzeit durch Benutzung anderer Quellen, aus Schriftstellern aller Art, aus der Sage und gelehrter Berechnung zu ergänzen.

Daraus ergibt sich nun, wie verschiedenartig, von wie ungleichem Wert der Stoff ist, welchen diese Jahrbücher uns darbieten. Vielfache Fehler konnten schon beim Abschreiben nicht ausbleiben. Der Rand der Ostertafeln hatte häufig nicht ausgereicht. Dann waren Bemerkungen unten, oben, an verschiedenen Stellen nachgetragen, durch Zeichen auf das betreffende Jahr bezogen, und oft ist es, selbst wenn das Original noch erhalten ist, schwer, sich darin zurecht zu finden. Gedankenlose Abschreiber haben dann nicht selten die allergrößte Verwirrung angerichtet, zuweilen gar die Jahreszahlen ganz fortgelassen.

Um diese Annalen also mit Sicherheit benutzen zu können, um an ihnen wirklich eine zuverlässige Grundlage für die Zeitrechnung zu gewinnen, kommt natürlich alles darauf an, ihre Abstammung und Herkunft zu erforschen, spätere Zusätze auszuscheiden, ihrem Ursprunge so nahe wie möglich zu kommen, wenn man nicht das Original selbst noch aufzufinden vermag.

Das ist es, was für die gesamte Masse der Annalen aus karolingischer Zeit zum ersten Mal von Pertz im ersten Bande der Monumenta geleistet worden ist, und zwar in einer für seine Zeit so ausgezeichneten Weise und mit so umfassender Benutzung des bis dahin bekannt gewordenen handschriftlichen und

gedruckten Materials, daß hier für alle weiteren Forschungen
die sicherste Grundlage gegeben ist[29].

Es ist jedoch gleich hier auf eine Unterscheidung hinzuweisen,
welche erst durch die fortgesetzte Beschäftigung mit dieser
eigentümlichen Form der Geschichtschreibung sich immer
deutlicher herausgestellt hat. Zu ausschließlich hat man anfangs, von späteren Zuständen rückschließend, die Klöster für
die Ursprungstätten dieser Aufzeichnungen angesehen. Man
suchte in allen Annalen nach örtlichen Andeutungen, welche
in ein Kloster führen. Auch trifft dies für die Mehrzahl der
Annalen zu. Sie verbinden in buntem Gemisch die Hausge-
schichte mit Vorfällen von allgemeinerer Bedeutung, die aber
in diesem Falle keine zusammenhängende Folge darstellen[30].
Findet sich dagegen eine Reichsgeschichte, welche, wenn auch
noch so dürftig, doch das Bestreben nach vollständiger Mitteilung dessen zeigt, was, vom Mittelpunkt aus gesehen, das
ganze Reich betrifft, so wird man an dem Ursprung in einem
Kloster zweifeln, und wenn hin und wieder eine örtliche Notiz
sich findet, ist sie wahrscheinlich, oft nachweisbar, einer Abschrift zugesetzt. Den Klöstern lag ein solcher Gesichtspunkt
ursprünglich fern, während der Hof damals den lebendigen
Mittelpunkt des Reiches bildete, an dessen Bewegungen und
Heerfahrten auch die Bischöfe mit ihren Kaplänen fortwährend
sich beteiligen mußten. Die Äbte aber, welche in denselben
Strudel hineingezogen wurden, waren entweder geradezu
Laienäbte, oder sie entfremdeten sich doch durch solch unklö-
sterliches Leben der Gemeinschaft der Mönche. Es hat freilich
neuerdings H. v. Sybel für die klösterliche Herkunft von neuem
das Wort ergriffen[31] und namentlich behauptet, daß man, was

---

[29] Pertz, NA 6, S. 257 ff.

[30] wie wohl die politischen Ereignisse die Annalistik dominieren,
vergl. Hellmann NA 34, S. 58.

[31] Sybel, Die karolingischen Annalen; in: HZ 42 (1879).

in den sogenannten Königsannalen steht, im Kloster Lorsch recht gut in Erfahrung bringen konnte. Ich gebe das gerne zu, kann mir aber kaum vorstellen, daß schon im 8. Jahrhundert der Sinn der Mönche in so hohem Grade den weltlichen Dingen zugewandt war, was doch auch später nur ausnahmsweise der Fall gewesen ist. Nur für wenige Klöster hatten die jährlichen Feldzüge ein unmittelbares Interesse.

Es hatte nun wohl den Anschein, als ob man die allmähliche Entstehung der geschichtlichen Überlieferung aus den unscheinbarsten Anfängen, die Verbindung verschiedener Aufzeichnungen und ihre nun schon besser gelungene Fortführung deutlich vor Augen habe. Man glaubte eben jene ersten Anfänge in ursprünglicher Gestalt zu besitzen und bezweifelte, daß es in jener Zeit des wenig federfertigen 8. Jahrhunderts viel mehr und bessere Aufzeichnungen gegeben habe, als uns noch jetzt vorliegen. Allein die fortgesetzte Beschäftigung mit diesen Annalen zeigt in so hohem Grade Übereinstimmung derselben in vielen Notizen, während doch andere Sätze sich nur in dem einen Exemplar, zugleich jedoch in anderen ganz entlegenen Annalen finden, auch Spuren alter guter Überlieferung, die plötzlich in jüngeren Kompilationen auftauchen, daß hier, wie in manchen Fällen aus späterer Zeit, kein anderer Ausweg möglich zu bleiben scheint, als die Annahme verlorener Aufzeichnungen, aus welchen nur Ableitungen uns vorliegen. Wir besitzen bloß Bruchstücke einer einst vorhanden gewesenen noch reicheren Literatur, die wir uns aber nicht zu bedeutend vorstellen sollten. »Unsere scharfsinnigsten Kombinationen«, so sagt mit Recht G. Kaufmann, »würden uns vielleicht als Nichts erscheinen, wenn uns einige Mittelglieder mehr erhalten wären[32].« Große Vorsicht ist hier notwendig, und eben diese vermißt man bei Is. Bernays, dessen Zusammenstellungen häufig gerade den entgegengesetzten Eindruck machen, indem nur die notorischen Tatsachen übereinstimmen,

---

[32] Kaufmann, Die karolingischen Annalen, in: HZ 54 (1885).

im Ausdruck aber die größtmögliche Verschiedenheit geradezu aufgesucht sein müßte. Weit vorsichtiger ist zwar R. Arnold[33] verfahren, doch ist auch dessen Annahme von Hofannalen von 771 oder 772 an eine unbegründete, indem ihr von Waitz[34] die erheblichsten Gründe entgegengestellt sind. Ein solches Werk müßte deutlichere Spuren hinterlassen haben, und als Regel werden wir festzuhalten haben, daß man mühsam die dürftigen Aufzeichnungen zusammenstellte, und mit einer uns oft unbegreiflichen Sorglosigkeit häufig einzelne Sätze aus einer zugänglich gewordenen Quelle herübernahm, andere bedeutendere Nachrichten aber unberührt ließ. In diesem Sinne hat Kurze den Zusammenhang dieser Annalen, die er auf eine austrasische, eine neustrische und eine alamannische Wurzel zurückführt, zu ergänzen versucht, mit zu großer Sicherheit jedoch Entstehungsort und sogar Verfasser erschlossen, so daß der skeptische Standpunkt, den Monod u.a. seinen Untersuchungen gegenüber einnehmen, gerechtfertigt erscheint.

Nach den bisher üblichen, nicht immer zutreffenden Bezeichnungen wird man drei Hauptgruppen unterscheiden können: die erste sind die Annales St. Amandi und ihre Verwandten (besonders Tiliani bis 737 und Laubacenses bis 791), ferner zweitens die Ableitungen der alten Lorscher Jahrbücher (zumal die Ann. Mosellani und Laureshamenses), endlich drittens die alten Murbacher Jahrbücher (namentlich Alamannici, Guelferbytani und Nazariani sowie die mit den Alam nahe verwandten Sangallenses), in einer gewissen Mittelstellung aus Quellen der ersten beiden Gruppen kombiniert befinden sich die Petaviani. Die Annales S. Amand[35] haben diese Benennung von Pertz

---

[33] Arnold, Beiträge zur Kritik der karoling. Annalen I, Leipzig 1878.
[34] Waitz, Zur Geschichtsschreib. der Karolingerzeit, NA 5, S. 497 ff.
[35] Annales S. Amandi (v. 691–810) ed. Pertz, MGH SS 1;
      ältere Lit.: Levison, Geschichtsquellen S. 183 f., Anm. 56.
      neuer: H. Schröer, Die Annales S. Amandi und ihre Verwandten, Göttingen 1975.

erhalten, weil 782 und 809 Beziehungen auf das Kloster Saint-
Amand vorkommen; dem früheren Teile fehlen sie, und der
Inhalt ist durchaus reichsgeschichtlich. Die Ursprünglichkeit
ihrer jetzt vorliegenden Form ist angegriffen, eine verlorene
Quelle oder etwas reichere Form angenommen, aber als ein
ziemlich treues Abbild dieser eben beginnenden Annalistik
werden wir sie doch betrachten dürfen.

Von Anbeginn an sind diese Annalen karolingisch. Sie heben
mit der dauernden Festsetzung dieses Hauses im Besitz der
Macht an, mit der Begründung einer neuen Ordnung der
Dinge, der Morgendämmerung einer besseren Zeit, welche
wieder Hoffnungen erweckte und die Seelen nicht mehr mit
dem trostlosen Gedanken von dem nahe bevorstehenden Untergange der Welt erfüllte.

Die am Eingang stehende Nachricht von der Schlacht bei
Tertry[36] 687 ist nachträglich zugesetzt. Die regelmäßig fortgesetzten Aufzeichnungen erst 708, und auch von da an möchte
ich noch nicht behaupten, daß gleich von Anfang an alles
gleichzeitig eingetragen wäre: die Form der kurzen und noch
sehr dürftigen Bemerkungen, wenn man z.B. zu dem Jahr 708,
wo Ostern auf den 15. April fiel, an den Rand schrieb: (Das
war damals) als Drogo im Frühjahr starb – deutet eher auf ein
späteres Besinnen und Überdenken der Vergangenheit. Auch
ist das ganz natürlich. Solange der Eindruck noch frisch ist,
fühlt man kein Bedürfnis, ihn künstlich festzuhalten, und erst
später macht sich das Verlangen geltend, die verschiedenen
Erinnerungen auseinander zu halten und zu ordnen. Wenn
aber nun eine Reihe solcher Aufzeichnungen beisammen ist,
dann ändert sich der Gesichtspunkt, man legt Wert auf diese
Zusammenstellung und setzt sie um ihrer selbst willen fort,
trägt Jahr für Jahr die wichtigsten Begebenheiten ein, um für
spätere Zeiten ein Denkmal zu hinterlassen. Jene Annalen

---

[36] in den Annalen Amandi auf 691 datiert.

nun, welche in ihrer Fortsetzung bis 810 deutliche Beziehungen zu Saint-Amand enthalten, entbehren in ihrem früheren Teile bis 771 und noch darüber hinaus jedes Hinweises auf dieses Kloster oder dessen Umgebung. Sie verzeichnen nur die großen Reichsbegebenheiten, die Feldzüge jedes Jahres und zuweilen einen Todesfall oder einen anderen merkwürdigen Vorfall so kurz, daß die eigentliche Kenntnis von den Dingen vorausgesetzt wird. Giesebrecht[37] hält die Aufzeichnung dieser Notizen im Kölnischen für sehr wahrscheinlich und möchte den Schottenmönchen zu St. Martin, Pippins des Mittleren Stiftung in Köln, dieses Verdienst zuschreiben. Allein, daß 713 Suitberts Tod, 716 Radbods Vordringen bis nach Köln erwähnt wird, daß 753 gerade wie in den Annales Mosellani der Tod des Bischofs Hildegar von Köln auf dem Feldzuge gegen die Sachsen angemerkt wird, das berechtigt uns noch nicht zu einer bestimmteren Annahme über die Herkunft dieser Jahrbücher. Kurze dachte an den Trierer Sprengel. Vorzüglich in den Klöstern Belgiens weit verbreitet, sind sie durch Zusätze und Fortsetzungen immer mehr angewachsen, bis sie endlich Sigebert von Gembloux zur Grundlage seiner gewaltigen Chronik dienten, aber in ihren Anfängen weist nichts nach einer bestimmten Gegend, nur nach Austrasien im allgemeinen. Nichts tritt so sehr in den Vordergrund wie die Familie der Hausmeier.

Ganz denselben Charakter tragen auch die gleichzeitigen Annales Mosellani[38], deren Entdeckung in Petersburg durch Lappenberg ein unerwartetes Licht auf das Verhältnis der ältesten Annalen zueinander geworfen hat, vorzüglich nachdem Giesebrecht in seiner scharfsinnigen Abhandlung über die fränki-

---

[37] Giesebrecht, Münchner Historische Jahrbücher 1865, S. 224–227.
[38] Annales Mosellani (v. 703–798) ed. Pertz, MGH SS 16;
dazu: C. Pander, Untersuchungen zu den kleinen Annalen der karol. Zeit, Heidelberg 1950.

schen Königsannalen[39] die Folgerungen, welche dem ersten Herausgeber noch entgangen waren, daraus gezogen hat.

An der Spitze der Annales Mosellani stehen von 704–707 irische Namen. Diese bilden den Übergang von Bedas kleiner Chronik in der Schrift de temporibus, an welche sie sich anschlossen, zu der Nachricht von Drogos Tod 708, die auch hier die fränkischen Eintragungen eröffnet. 713 ist der Tod einer englischen Prinzessin, eines Königs von Ostangeln bemerkt, 726 und 729 unbekannte irische Namen. Erwähnt wird ferner 726 der Tod Martins, welcher nach den Ann. Petav. ein Mönch von Corbie und Karls Beichtvater war, 736 Audoins, des Bischofs von Konstanz, dessen Name so wenig etwas für die Herkunft der Annalen beweisen kann wie 728 die Erwähnung Haldulfs von Cambrai, der zugleich Abt von St. Vaast war. Dagegen finden sich von 761 an Beziehungen zu Chrodegang von Metz († 766), dessen hervorragende Stellung im Reiche ganz geeignet war, die Abschrift solcher Aufzeichnungen und ihre Fortführung zu veranlassen, war er doch am Hofe Karl Martells aufgewachsen und hatte 742 von Pippin das Bistum erhalten, vom Papst die erzbischöfliche Würde. Er stiftete Gorze bei Metz als ein Musterkloster und übertrug dorthin die Reliquien des heiligen Gorgonius, die der Papst Paul I. geschenkt hatte. Pückert hat darauf hingewiesen, daß Chrodegangs Bruder Gundeland Abt von Lorsch war, was auf das in Lorsch so früh hervortretende Interesse für Geschichte eingewirkt haben mag. Durch Chrodegang empfing dieses die Reliquien des heiligen Nazarius, während Nabor nach Hilariacum (St. Avold) gleichzeitig übertragen wurde. Diese Beziehungen erklären das Gelangen der Annalen nach Lorsch.

Kaum waren die ersten Versuche geschichtlicher Tätigkeit gewagt, so begann man auch schon ihre Zweckmäßigkeit sowohl wie ihre Unvollkommenheit zu empfinden. Man kopierte sie

---

[39] vergl. Anm. 37.

und bereicherte sie zugleich durch Verbindung der verschiedenen Exemplare, ohne sich jedoch noch eine redigierende Tätigkeit zu erlauben, welche das notdürftigste Maß überschritten
hätte. Diese Gewissenhaftigkeit sowohl wie die ersten Regun-
gen einer kombinierenden wissenschaftlichen Tätigkeit liegen
uns in verschiedenen Ableitungen vor, vorzüglich in den Annales Petaviani[40], welche von dem früheren Besitzer der Handschrift ihren Namen haben. Sie verbinden nämlich bis 771 die
beiden bisher betrachteten Annalen, an welche sich von da an
eine schon wirklich erzählende, zuverlässige Fortsetzung bis
799 anschließt, die bei dem Mangel aller lokalen Färbung
wiederum nur für den Königshof, den Mittelpunkt aller Unternehmungen, in Anspruch genommen werden kann. Eine Abschrift, welche nur bis 796 reicht (Cod. Masciacensis), gewährt
Zusätze, welche aus dem Martinskloster zu Tours zu stammen
scheinen, während die beiden anderen genaue Angaben über
die karolingische Familie hinzufügen[41].
Neben der Fortführung der Annales Petaviani wurden nun auch
jene Ann. Mosellani in gleicher Weise fortgesetzt, ebenfalls
schon von dem ersten Hauch der karolingischen Zeit berührt
und von rätselhaften Notizen zur Erzählung übergehend. Wenn
nun in diesem Teile zweimal der Tod eines Abtes von Lorsch
erwähnt wird, so darf das nicht auffallen bei einem Kleriker,
der etwa im Gefolge des Bischofs von Metz dem Hoflager
folgte. Ein Mönch aber hätte wohl schwerlich so ausschließlich
seinen Blick auf den König und die allgemeinen Reichsbegebenheiten richten können. Nach dem Jahre 785 sind diese
Annalen wiederum durch Abschriften verbreitet. Diejenigen,
welche Pertz wegen einiger lokaler Zusätze Annales Laures-

---

[40] Annales Petaviani (v. 708–799) ed. Pertz, MGH SS 1.
[41] zu den Ergänzungen: H. Frank, Die Klosterbischöfe des Frankenreiches (Beihefte zur Geschichte des alten Mönchtums 17) 1932,
v.a. S. 56 ff.

hamenses genannt hat[42], eine aus gemeinsamer Quelle stammende Nebenform der Mosellani, erhielten von da ab zwei
verschiedene ausführliche Fortsetzungen bis 803, in den Annales Mosellani aber fehlen die Jahre 786 und 787, und die weitere
Fortsetzung bis 798 ist um ein Jahr verschoben, jedenfalls nur
durch einen Abschreibefehler, denn die Handschrift stammt
erst aus dem 11. Jahrhundert. Der letzte Teil der Lorscher
Annalen von 794 an entstand wahrscheinlich außerhalb des
Klosters, vielleicht in Aachen oder Trier, doch bleibt dies ganz
unsicher. Eine weitere Fortsetzung bis 818 läßt sich aus ihrer
Benutzung im Chron. Moissiac. mit Sicherheit erschließen.
Andere gleichzeitige Aufzeichnungen, welche nach dem Fund-
orte Wolfenbüttel der Handshrift Guelferbytani[43] genannt werden, beginnen erst mit Pippins Regierung 741. Sie weisen durch
die Folge der Äbte deutlich auf das von Pirminius 727 gegrün-
dete Kloster Murbach im Wasgau und verfolgen die Reichsbegebenheiten nicht so gleichmäßig wie jene anderen Annalen,
welche wir mit ihnen gemischt bis 768 in den Annales Alamannici und Nazariani wiederfinden, deren Anfang von 708 an
ebenfalls den Annales Mosellani entnommen ist. Von 771–790
folgt hier eine weitere Fortsetzung von ganz allgemeinem Charakter, welche in den Annales Nazariani am vollständigsten
erhalten, im Wolfenbüttler Codex allein noch bis 805 weiterge-
führt ist, während die Annales Alamannici eine selbständige
Fortsetzung 700–799 erhielten.
Besonders merkwürdig sind die von Pertz in einer Handschrift
des Klosters St. Germain-des-Prés entdeckten Annalen[44], wel-

---

[42] Annales Laureshamenses ed. Pertz, MGH SS 1;
dazu: H. Hoffmann, Untersuchungen zur karol. Annalistik, Bonn
1958, v.a. S. 76 ff.
[43] Annales Guelferbytani (v. 741–790) ed. Pertz, MGH SS 1; eingeschoben zwischen Annales Alamannici et Nazariani; dazu: Levison, Geschichtsquellen S. 189, Anm. 68.

che im Anfang des 9. Jahrhunderts aus einer älteren Handschrift abgeschrieben sind und wie gewöhnlich zur Eintragung der dortigen Annalen benutzt wurden. An der Spitze stehen hier ganz kurze Annalen von Lindisfarne (643–664), einem Kloster auf einer der kleinen Inseln an der Ostküste von Northumberland, jetzt Holyisland bei Berwick, welches von Hi aus begründet war. Darauf folgen von 673–690 Notizen aus Canterbury. Nach Pertz' Vermutung war es Alcuin, welcher diese Handschrift mit sich an Karls Hof brachte, wo er von 782–787 und weiter bis 792 die Namen der Orte eintrug, an welchen Karl in diesen Jahren das Osterfest feierte. Daran haben nun die Mönche von St. Germain ihre eigenen Annalen gefügt[44], als deren Grundlage jetzt Annalen von Saint-Denis bis 887, mit einer Fortsetzung 919–997 erkannt sind[46]. Jene Notizen über die Osterfeier von 782–787 aber finden wir auch in einer anderen Handschrift wieder, jedoch ohne die Bemerkungen aus Canterbury. Dieses Exemplar nämlich hat Arn, der Freund Alcuins, nach Salzburg mitgenommen. Die Orte der Osterfeier sind hier bis 797 genannt, und dann schließen sich Salzburger Nachrichten daran. In Salzburg selbst hatte man damals aber bereits einheimische ältere Annalen, deren Spuren sich in den späteren Jahrbüchern vorfinden[47]. Scheinbar bieten sich uns in diesen viel reichere und vollständigere Aufzeichnungen dar, allein es läßt sich mit Bestimmtheit nachweisen, daß diese erst im 12. Jahrhundert nach Vermutungen und gelehrter Berechnung zusammengestellt wurden, um die Dürftigkeit der alten Annalen zu ergänzen. Wie bedeutende alte Quellen aber verlo-

---

[44] Annales Lindisfarnesis, Cantuarienses, Annales ut videtur Alcuini ed. Pertz, MGH SS 4,2.

[45] Annales S. Germani minores (v. 624–919) ed. Pertz, MGH SS 4,3.

[46] Annales S. Dionysii ed. Waitz, MGH SS 13.

[47] Annales Juvavenses maiores (v. 550–585, mit Lücken bis 976) ed. Pertz, MGH SS 1.

ren gingen, und so lange sie noch vorhanden waren, unbeachtet
blieben, zeigen uns die von Riezler nachgewiesenen, sehr wichtigen Fragmente, welche Aventin aus einem Buch von »Herzog
Thessels Kanzler mit Namen Crantz« gerettet hat.

Namen aus Lindisfarne finden wir auch an der Spitze der
Jahrbücher von Fulda und von Corvey. Letztere stammen aus
der angelsächsischen Stiftung Werden oder aus Münster, aber
die 809 beginnenden Notizen reihen sich den alten Namen des
7. Jahrhunderts nur ganz äußerlich an. Anders in Fulda, wo
diese irischen und angelsächsischen Namen nur in zwei Abschriften an die Spitze gestellt sind, im Original aber schon um
760 der Rand der Ostertafel mit den leider fast ganz erlosche-
nen Notizen von angelsächsischer Hand versehen wurde, welche, seit 790 von anderen Händen fortgeführt, von 742–822
reichen. In einer anderen, jetzt Kassler Handschrift, finden
sich diese Annalen bis 814 angereiht an einen Kaiserkatalog,
dem auch jene altenglischen Annalen eingefügt sind. Hier also,
wie in so vielen ähnlichen Fällen, sehen wir recht deutlich, wie
auch die dürftigsten Aufzeichnungen sich verbreiteten und als
wertvoll betrachtet wurden; bessere also, auch nachdem sie
schon in größerer Anzahl vorhanden waren, doch wenig Verbreitung gefunden haben müssen.

Die weitere Entwicklung dieser Annalen gehört einem späteren
Abschnitt an. Hier waren, wenn auch manchmal schon vorge-
griffen wurde, vorzüglich nur die ersten Anfänge zu betrachten,
welche noch im höchsten Grade dürftig und armselig sind, wie
sie denn auch in ihrer ursprünglichen Gestalt als Randbemerkungen zu Ostertafeln durchaus nicht den Anspruch machen,
für literarische Erzeugnisse zu gelten. Erst der lichteren Zeit
des großen Karl gehört der Gedanke an, diese Notizen mit
anderen Nachrichten zu einem Ganzen zu verbinden und sie
dann mit Absicht und Bewußtsein als gleichzeitige Aufzeichnung der Geschichte weiterzuführen.

§ 4. Quellen und Literatur zu Kapitel III (§§ 1–3)

Grundlegende Literatur zur Einführung (Karolinger-Zeit)

Das Zeitalter der Karolinger, bearb. v. H. Löwe, in: Handbuch
der Deutschen Geschichte, begr. v. B. Gebhardt, [10]Stuttgart
1980, Band I.

Das Karolingerreich, bearb. v. Th. Schieffer, in: Handbuch der
Europäischen Geschichte, hrsg. v. Th. Schieder, Stuttgart
1976, Band I.

Straff gegliederte, thematisch orientierte Basisartikel mit sehr
detaillierten Quellenhinweisen und vertiefender Spezialliteratur.

E. Mühlbacher, Deutsche Geschichte unter den Karolingern,
2 Bde., Kettwig: Phaidon 1984.

Immer noch ein lohnendes Standardwerk, das 1896 erstmals bei
Cotta erschienen ist. Wertvolle Dienste leistet das Buch, wenn
man die mit positivistischer Akribie zusammengestellten Details
sucht.

P. Riché, Die Welt der Karolinger, Stuttgart 1981.

Sehr stark sozialgeschichtlich orientierte Darstellung mit folgenden Schwerpunkten: Infrastruktur und politische Struktur, Analyse der Gesellschaft: Hof, Adel, kirchliche Hierarchie, religiöses
und kulturelles Leben u.v.m.

E. Tellenbach, Europa im Zeitalter der Karolinger, in: Historia
Mundi 5, Bern 1956.

Flüssig lesbare Einführung ohne einen sonst teilweise hinderlichen
Anmerkungsapparat; geeignet zur Grundlageninformation.

Zu einzelnen Quellen und Problemen:

Fortsetzer des Fredegar (§ 1)

Grundlegend gilt die Ergänzung zu Kap. II, § 3 (Fredegar)

Werkcharakteristik: Fortsetzung I reicht als Weiterführung der
»Taten der Frankenkönige« bis 736, aber austrasischer Standpunkt; Fortsetzung II bis 751, Fortsetzung III bearbeitet den

Zeitraum 753–768. Die Fortsetzungen des Fredegar sind von großem Wert, weil sie v. a. das Selbstverständnis der aufsteigenden Karolinger im Kontrast zu den Merowingern thematisieren. Fazit: »Charakter einer karolingischen Hauschronik« (Th. Schieffer).

Annales Mettenses (§ 1)

Textausgabe: MGH SS 1.

Werkcharakteristik: entstanden um 805; zunächst steht die Persönlichkeit Pippins d. Mittleren als Kristallisationspunkt des karolingischen Aufstieges im Mittelpunkt. Nach Bemerkungen über Pippins Kämpfe steht dessen Friedelsohn Karl Martell im Zentrum. Ab hier wird das annalistische Schema durchgehend beibehalten, wobei eine selbständige Gestaltung immer stärker in den Hintergrund tritt.

Literatur: H. Hoffmann, Untersuchungen zur karolingischen Annalistik, Bonn 1958.

Hoffmann stellt seine Ausführungen über die Annales Mettenses in den größeren Zusammenhang von Methodenfragen und rhetorischen Stereotypen, wobei er vergleichend u. a. auf die Lorcher und Fuldaer Annalen eingeht.

J. Haselbach, Aufstieg und Herrschaft der Karolinger in der Darstellung der Annales Mettenses (Historische Studien 412) 1970.

Die Autorin geht von einer genauen Textuntersuchung zu Aufbau und Entstehung der Annales aus, um dann das Bild der Pippiniden und Karl Martells zu behandeln. Exemplarisch und wertvoll: das Herrscherbild – positiv wie negativ – nach den Kategorien der christlichen Kardinaltugenden.

Bonifatius (§ 2)

Textausgaben:

Willibald, Vita Bonifatii archiepiscopi, MGH SS 2.

Leben des Bonifatius verfaßt von Willibald (dt.-lat.) bearb. v. R. Rau, ausgewählte Quellen zur deutschen Geschichte des Mittelalters IV b, Darmstadt[2] 1988 (Freiherr-v.-Stein-Gedächtnisausgabe.

Werkcharakteristik: Der Verfasser, ein Mainzer Priester, erhielt den Auftrag zur Biographie Bonifatius' vom Mainzer Erzbischof Lul. Dieser angelsächsische Biograph kannte Bonifatius nicht persönlich, er war auf Gewährsmänner aus dem Freundeskreis des Bonifatius angewiesen. Eine sehr wichtige Quelle waren ihm die Bonifatius-Briefe. Trotz historischer Ungereimtheiten liegt hier eine Quelle ersten Ranges vor, die auf die sonst häufige Einfügung von Wundergeschichten verzichtet.

S. Bonifatii et Luli Epistulae, MGH EE 3.

Briefe des Bonifatius (dt.-lat.), bearb. v. R. Rau, ausgewählte Quellen zur deutschen Geschichte des Mittelalters IV b, Darmstadt[2] 1988, (Freiherr-v.-Stein-Gedächtnisausgabe).

Briefe des hl. Bonifatius. Übers. v. E. Tangl (GdV II, 92). Leipzig 1912.

Weitere Ausgaben: DW 165/16.

Werkcharakteristik: Die Idee zur Sammlung der Briefe des Bonifatius kam von Lul, der ein langjähriger Gefährte des Heiligen und dessen Nachfolger auf dem Mainzer Stuhl war. Die Absicht lag im Ziel, ein Bild des Menschen und Schriftstellers Bonifatius zu überliefern. Die tradierten Handschriftenklassen belegen, daß die Briefsammlung wiederholt ergänzt wurde.

Literatur: J. Lortz, Bonifatius und die Grundlegung des Abendlandes, 1954.

Hier liegt eine knappe, gut lesbare Einführung in Vortragsform vor, wobei der »Apostel der Deutschen« im Zentrum des sich herausbildenden Abendlandes gesehen wird. Lebensweg und Wirkung werden kurz nachgezeichnet.

Th. Schieffer, Winfried-Bonifatius und die christliche Grundlegung des Abendlandes, 1954.

Schieffer leitet seine Studie mit einer Analyse des christlichen Europa um 700 ein, um dann über Ausführungen zur frühen Kirche vor Bonifatius zu seinem eigentlichen Sujet zu kommen. Schwerpunktmäßig wird die Missions- und Reformtätigkeit des Bonifatius aufgearbeitet.

Weiterhin wichtig: F. Prinz, Frühes Möchtum (vergl. Ergänzungen zu Kap. II § 5).

Zu den kleinen karolingischen Annalen (§ 3)

Neben den in den Anmerkungen des Textteiles zitierten Ausgaben und älteren Arbeiten sind hier zwei Arbeiten ergänzend zu nennen:

F. Kurze, Über die karolingischen Reichsannalen von 741–829, in: NA 20 (1895), S. 9–49.

Ders., Die karolingischen Annalen des 8. Jahrhunderts, in: NA 25 (1900), S. 291–315.

Untersuchungen über den jeweiligen Berichtszeitraum der Annalen, kritische Untersuchung der gegenseitigen Abhängigkeit und der von den Annalen verwendeten Quellen.

IV. KARL DER GROSSE UND SEIN KREIS

§ 1. Allgemeines

Eine lange Zeit der Finsternis liegt hinter uns. Nur geringe und dürftige Spuren haben uns Zeugnis gegeben, daß auch in diesen traurigen Jahrhunderten das Bedürfnis historischer Aufzeichungen nicht ganz erstorben war; wir haben gesehen, daß mit der beginnenden besseren Ordnung der Dinge, der Herstellung des Reiches durch die karolingischen Hausmeier, auch einiges Leben auf diesem Felde sich regte, daß lebensfähige Keime zum Vorschein kamen. Aber noch ist fast alles namenlos. Seit Venantius Fortunatus und Gregor von Tours ist uns nirgends eine bedeutende Persönlichkeit entgegengetreten. Das Frankenreich stand noch immer an Bildung weit zurück hinter seinen Nachbarn, als Karl der Große zum Thron gelangte, und die erste Hälfte seiner Regierung war auch noch viel zu sehr vom Kriegslärm erfüllt, als daß er seine volle Aufmerksamkeit nach dieser Seite hin hätte wenden können. Doch hat er in Italien schon im Jahre 776 den Grammatiker Paulinus mit einem Landgut beschenkt[1] und wahrscheinlich an den Hof mitgenommen, wo wir ihn in Gemeinschaft mit Petrus von Pisa finden, befreundet mit Alcuin, der Angilbert als ihren gemeinsamen Zögling bezeichnet. Wahrscheinlich 787 wurde er zum Patriarchen von Aquileia erhoben. Verschiedene Gedichte kirchlichen Inhalts haben sich von ihm erhalten und ein Buch der Ermahnung, das er an den trefflichen Herzog

[1] Dipl. Karol I Nr. 112 (»Viro venerabili Paulino artis grammaticae magistro); zu Paulinus: Manitius I 368–370.

Herich von Friaul richtete, welcher mit ihm in treuer Freundschaft verbunden war und dessen Tod 799 er eine bewegende
Totenklage widmete. Am 11. Januar 802 ist er selbst gestorben.
Ohne Zweifel hat der Aufenthalt in Italien die Veranlassung
gegeben, daß Karl aufmerksam wurde auf die unverkennbare
Überlegenheit, welche den Italienern ihre höhere geistige Bildung verlieh. Er faßte den Entschluß, seine Franken von dem
Joch der Unwissenheit zu befreien, und von da ab finden wir
ihn unablässig bemüht, mit allen Mitteln nach diesem Ziele zu
streben. Der feste Grund geordneter politischer Verhältnisse
und einer neu gekräftigten, von sittlichem Eifer erfüllten Kirche war bereits vorhanden, und auf diesem Boden gediehen
die Pflanzungen Karls mit dem überraschendsten Erfolge.
Schon regte es sich auch im Frankenreich. Adam, Haynhards
Sohn aus dem weinreichen Elsaß, Abt von Masmünster, kopierte 780 zu Worms das Werk des Grammatikers Diomedes,
de oratione et partibus orationis und widmete es dem Könige
in Versen, die metrisch freilich mangelhaft, übrigens aber ak-
zeptabel sind[2]. Im folgenden Jahre 781, als Karl das Osterfest
in Rom feierte, und Papst Hadrian seinen Sohn Pippin aus der
Taufe hob, begann Godesscalc jenes Wunderwerk der Kalligra-
phie, das auf Purpurpergament mit Uncialschrift ganz in Gold
und Silber geschriebene Evangeliarium, welches Karl und Hildegard zum dauernden Andenken dieser Feier anfertigen ließen. *Procidus ac sapiens, studiosus in arte librorum* heißt Karl
in den Versen, durch welche Godesscalc seinen Namen ver-
ewigt hat[3].
In diesem denkwürdigen Jahre traf auch Karl in Parma mit
Alcuin zusammen, den er schon früher als Boten des Yorker
Erzbischofs kennengelernt hatte, und veranlaßte ihn an seinen

---

[2] Keil, Grammatici Latini I XXIX f.
[3] F. Piper, Karls d. Gr. Kalendarium, 1858; weiterführend: Levison
     Geschichtsquellen S. 195 Anm. 82.

.

Hof zu ziehen. Von demselben Heereszug brachte er Paulus Diaconus, dem der Grammatiker Peter v. Pisa[4] schon vorangegangen war, mit. Peter lehrte am Hofe Grammatik, unter welcher Bezeichnung die ganze Beschäftigung mit der lateinischen Literatur verstanden wurde. In Freundschaft mit Paulus wechselte er scherzhafte Verse mit ihm, und Karl selbst genoß seinen Unterricht und bediente sich seiner, wenn er an diesem poetischen Verkehr teilnahm. Aus Spanien flüchtig, wie es scheint, kam Theodulf[5] zu Karl, dessen geistreiche und formgewandte Dichtungen das lebhafteste Bild von Karls Hof gewähren, während er als Staatsmann und Bischof von Orléans eine bedeutende Wirksamkeit entfaltete. Sein Gedicht an Karl nach dem Sieg über die Avaren 796 bietet uns die eingehendste Schilderung des Hofes[6], während das lange und ausführliche Gedicht an die Richter für die Zustände der Zeit ungemein lehrreich ist, und sein Capitulare[7] die Ermahnungen und Vorschriften für die Geistlichkeit seines Sprengels enthält, welche uns die reformatorischen Bestrebungen dieser Zeit zeigen. Unter Ludwig in Ungnade gefallen und der Teilnahme an Bernhards Aufstand beschuldigt, verlor er sein Bistum und ist um 821 gestorben.

Eine etwas sagenhafte Nachricht über Komputisten und Grammatiker, welche Karl aus Rom in sein Reich berief, gibt Ademar von Chabannes (SS. IV, 118). Schotten aus Irland hat er, wenn wir dem Mönche von St. Gallen glauben dürfen, schon früher an sich gezogen. Hervorragend unter ihnen ist Dungal[8],

---

[4] zu Petrus von Pisa: Manitius I 452–456; zu Paulus Diaconus: s. Erg. § 2 dieses Kapitels.

[5] Theodulf Poet. I 483 (ed. Dümmler); weiterführend: Levison, Geschichtsquellen S. 196, Anm. 85, Manitius I 537–543.

[6] Poet. I 493; ed. Dümmler.

[7] Migne, PL 105, 191–223.

[8] Dungal, Poet. I 393–413 (Gedichte); MGH EE 4 570–585 (Briefe); dazu: Manitius I 370–374.

der unter Waldos Obhut zu Saint-Denis lebte und 810 an den Kaiser über die Sonnenfinsteris dieses Jahres schrieb, vielleicht derselbe, welcher 825 in Pavia lehrte und 827 gegen Claudius kämpfte. Einer von ihnen lebte am Hofe in heftiger Feindschaft mit Theodulf und Angilbert. Joseph[9], schon in England Alcuins Schüler und mit Liudger befreundet, richtete an Karl als König einige sehr gekünstelte Verse mit Akrostichen. Er ist vor Alcuin, also vor 804, gestorben.

Vielleicht gehört zu ihnen auch Dicuil, in dessen 825 verfaßter Schrift *de mensura orbis terrae* der von Harun an Karl geschenkte Elefant erwähnt wird. Er verfertigte auch Verse grammatikalischen Inhalts und ein poetisches Handbuch der Astronomie in vier Büchern, welches er in den Jahren 814–816 vollendete und Kaiser Ludwig überreichte[10].

Auch Bayern hatte unter den Agilofingern, in enger Verbindung mit Italien, bereits einen höheren Grad der Bildung erreicht. Herzog Odilo hatte Mönche aus Montecassino nach Mondsee berufen, und Reichenauer nach Nieder-Altaich. Von hier entnahm Tassilo den ersten Vorsteher seiner herrlichen Stiftung Kremsmünster. Vor allem aber glänzte Freising unter seinem Bischof Arbeo (764–783) durch die Pflege der Wissenschaft[11]. Arbeo selbst verfaßte in ungelenker und schwülstiger, aber von angestrengtem Studium zeugender Schreibart die Lebensbeschreibungen der alten Glaubensboten Emmeram und Corbinian, deren wir oben schon gedachten. Als Diakone aber finden wir an seiner Kirche Arn und Leidrad, und auch diese folgten einem Ruf des großen Frankenkönigs. Arn erscheint in den Freisinger Urkunden zuletzt 778; 782 erhielt

---

[9] Joseph, Poet. I 149–159; dazu: Manitius I 547–549.

[10] A. Letronne, Recherches geogr. et crit., Paris 1814 (Ausgabe der geographischen Schriften).

[11] Spindler, Handbuch der Bayer. Geschichte Bd. I 153 ff. . . . und 373 ff.

er die Abtei von St. Amand. Leidrad schrieb noch 782 eine Urkunde für Tassilo, dann finden wir auch ihn im Frankenreich wieder, wo er neben Theodulf das Amt eines königlichen Sendboten verwaltete und von 799–813 dem Bistum zu Lyon vorstand, welches er dann seinem Schüler Agobard überließ, um sich in das Kloster des heiligen Medardus zurückzuziehen, wo er am 28. Dezember 816 gestorben ist. In Lyon war Claudius[12] bei ihm und begann seinen Kommentar zur Genesis, den er an des jungen Ludwigs Hof in Aquitanien vollendete, in Casanolio palatio bei Poitiers, wo 811 Faustinus das Buch abschrieb.

So zog also Karl um das Jahr 782 von allen Seiten die Träger wissenschaftlicher Bildung an sich und arbeitete von nun an unablässig und unverwandt hin auf eine Wiederherstellung der antiken Kultur, deren Herrlichkeit seinen Geist erfüllte. Wie er die alten Kunstwerke nach Aachen führte und seine Bauten nach den Regeln des Vitruv und den Mustern der Kirchen zu Ravenna und Rom aufführen ließ, so ließ er auch die alten Schriftsteller nach den alten Handschriften mit der sorgsamsten Genauigkeit abschreiben. Aus Montecassino ließ er sich im Jahre 787 eine Abschrift von dem Originalexemplar der Regula S. Bened. kommen. Staunend bewundern wir die Prachtwerke seiner Kalligraphen, und nichts ist vielleicht so charakteristisch für das, was man damals erstrebte, wie diese Handschriften mit ihrer Uncialschrift, ihren vollkommen, antiken Mustern nachgeahmten Verzierungen und Bildern. Ja, so wie ein gewisser E. Modelle der antiken Säulen sich verschafft hatte, welche Einhard benutzte[13], so wurden auch Sammlungen alter Inschriften mit größter Sorgfalt zusammengestellt und die Siglen der Juristen gesammelt und erklärt.

Am Hofe hatte sich aus alter Zeit immer eine Hofschule er-

---

[12] Claudius v. Turin, Epistolae MGH EE 4 586–613.
[13] Epistolae V, 138.

halten. Diese wurde durch Karl neu belebt. Er selbst, seine Kinder, seine Hofleute nahmen an dem Unterricht und den Übungen teil. Es erwuchs daraus neben der eigentlichen Schule eine Art von Akademie, welche Karl und seine vertrauteren wissenschaftlichen Freunde zu regelmäßigen Sitzungen vereinigte. In ähnlicher Weise wie an den arabischen Höfen dieser Zeit, wurden hier poetische Episteln gewechselt, wissenschaftliche Aufgaben gestellt und beantwortet, Rätsel aufgegeben und gelöst. Alle führten hier Namen aus der Vorzeit, in denen heidnische und christliche Erinnerungen in seltsamer Mischung erscheinen. So hieß Karl selbst David, Alcuin Flaccus, Einhard Beseleel nach dem kunstreichen Erbauer der Stiftshütte, Riculf Damoetas, Beornrad von Sens Samuel, Angilbert Homer. Audulf der Seneschalk und der Kämmerer Meginfrid führten die idyllischen Namen Menalcas und Thyrsis. Naso nannte sich ein Dichter Modoin oder Muadwin, der von 815 bis nach 840 Bischof von Autun gewesen ist. In sehr ungelenken Idyllen, nach dem Vorbilde der Eklogen Vergils und des Calpurnius, feierte er David, den Kaiser, als Friedensfürsten und bewarb sich um dessen Gunst[14]. Die Standesverschiedenheiten der Gegenwart wurden durch solche Verhüllung auf diesem Gebiete in den Hintergrund gestellt. Nicht zu bezweifeln ist, daß Karl selbst eine für jene Zeit nicht unbedeutende Bildung sich angeeignet hatte. Einhards ausdrückliches Zeugnis, daß es ihm nicht mehr gelingen wollte, schreiben zu lernen, steht damit nicht im Widerspruch. Man muß erwägen, daß das Schreiben eine Kunst war und daß man damals ganz allgemein zu diktieren pflegte. Seine gelehrten Briefe an Alcuin schrieben, gewiß nach seiner Anweisung, die *palatini pueri.*

Man wird durch dieses Treiben erinnert an die platonische Akademie zu Florenz, allein es ist zwischen beiden doch ein

---

[14] Modoin v. Autun: NA 11, 75–91, ed. Dümmler; dazu: Manitius I 549–551.

großer Unterschied. Karl lag der Gedanke fern, die Literatur nur wie einen Gegenstand der müßigen Unterhaltung zu seinem Vergnügen zu pflegen. Sein Briefwechsel mit Alcuin zeigt uns, daß seine Akademie auch praktisch wichtige Fragen behandelte und öfter einem Ministerium der geistlichen Angelegenheiten ähnlich wird. Der Herstellung des alten Glanzes und der Reinheit der Kirche mußten alle seine gelehrten Freunde mit ernstlicher Arbeit dienen. Über die Bedeutung der Taufgebräuche, über den heiligen Geist und andere theologische Gegenstände richtete er Rundfragen an seine Bischöfe[15]. Allein das war doch auch wieder nur eine Seite der Bestrebungen des Königs. Ihm war es voller Ernst, sein ganzes Volk auf eine höhere Stufe der Bildung zu heben, und deshalb legte er überall Schulen an, und sorgte unermüdlich für die Pflege und Hebung derselben. Sogar von Alcuin trennte er sich aus diesem Grund und verlieh ihm 796 die Abtei des heiligen Martin zu Tours, wo er von nun an als Leiter einer blühenden Schule wirkte. Fast alle bedeutenderen Bistümer und Abteien des Frankenreiches erhielten von hier aus ihre Vorsteher, und wo in der nächsten Folgezeit von literarischer Tätigkeit etwas zu melden ist, da können wir mit Sicherheit darauf rechnen, einen Schüler Alcuins zu finden. Weit genug erstreckte sich der Wirkungskreis dieser Schule. Doch errichtete Karl für die entfernteren Teile seines Reiches auch eigene Mittelpunkte, welche von seinem Scharfblicke Kunde geben wie alles, was er getan. In Italien besaß Pavia schon von alters her gefeierte Lehrer, und diese Schule erhielt jetzt neuen Glanz durch den Schotten Dungal. Ihr Fortleben und bleibendes Gedeihen bezeugt der erst später durch Bologna in den Schatten gestellte Ruhm der Rechtschule von Pavia.
Ein für Karl typischer Gedanke war die Stiftung des Erzbistums

[15] weiterführend und zu dem Folgenden: Levison, Geschichtsquellen 201 (v. a. Anm.).

Hamburg an der Nordgrenze seines Reiches, die jedoch erst unter seinem Nachfolger zustande kam. Aber gerade in den fernsten Osten ließ er Alcuins ebenbürtigen Freund, Arn, den Abt von St. Amand, ziehen, dem Tassilo 785 das Bistum Salzburg[16] verlieh. 798 errichtete er hier dann ein Erzbistum, welches bestimmt war, ein fester und segensreicher Mittelpunkt in politischer, kirchlicher und literarischer Beziehung zu werden. Arn erfüllte seine Mission in vollem Maße. Aus den Urkunden wie aus den Briefen Alcuins an ihn tritt uns das Bild des hervorragenden, nach allen Richtungen tätigen Staatsmannes und Kirchenfürsten klar entgegen, und wenn ihm auch zu schriftstellerischer Tätigkeit keine Zeit blieb, so zeugen doch seine Bemühungen für die Sammlung eines Bücherschatzes durch Abschriften von seiner Sorge für Schule und Lehre, wobei ihm von 797–801 Alcuins Schüler Wizo hilfreich zur Seite stand. Die feindliche Erhebung des mährischen, dann des ungarischen Reiches, die Errichtung selbständiger Metropolen im Osten haben Salzburg nicht zu seiner vollen Entwicklung gelangen lassen, doch auch in dieser Beschränkung ist die Stiftung des bayrischen Erzbistums von den bedeutendsten Folgen gewesen.

Ein wunderbarer Erfolg krönte diese Bemühungen Karls, und er hatte das Glück, die Früchte seiner Mühen noch selbst zu erleben. Wie ein Phänomen in dunkelster Nacht erscheint plötzlich die Literatur des 9. Jahrhunderts. Nicht nur Geistliche, auch Laien schrieben Bücher, was seit Jahrhunderten nicht vorgekommen war, und jahrhundertelang nicht wieder vorkommt.

Denn von Dauer war dieser Glanz nicht. Er verschwand fast ebenso plötzlich wie er gekommen war, aufs neue bedeckte Finsternis das Land, aber gerade in dieser Finsternis bewährte

---

[16] zu Salzburg: Spindler, Handbuch der Bayer. Geschichte I 353 ff.; allg. Tomek, Kirchengeschichte Österreichs, Bd. I.

sich die feste Begründung von Karls Schöpfungen. So viel auch wieder verloren ging, es blieb noch immer genug übrig, um als Grundlage für alle Folgezeit zu dienen. Wir haben schon oben bemerkt, daß Karl sein Werk nicht erst begann, daß er den Boden vorbereitet fand durch die Befestigung und Ordnung des Staates, durch die Herstellung der Kirchenzucht und daß er nur dadurch imstande war, so fest zu bauen. Es regten sich auch bereits einige Keime literarischer Tätigkeit, als er auftrat, aber ihre rasche und glänzende Entfaltung ist doch ganz sein Werk, und nicht mit Unrecht sagte man im Mittelalter von ihm, daß er den Sitz der Studien von Rom nach Paris verpflanzt habe. Zu einer Zeit, wo die Pariser Universität als der Mittelpunkt der Wissenschaft betrachtet wurde, galt er für den Stifter derselben. In dieser Form sprach sich der richtige Gedanke aus, daß Karl der Stifter einer neuen Kulturperiode gewesen war.

§ 2. Paulus Diaconus

Wie die Goten, so bewahrten auch die Langobarden die Urgeschichte ihres Volkes, die alten Sagen, die Großtaten der Väter, besonders aber, worauf sie das größte Gewicht legten, die Folge und Verwandtschaft der Geschlechter, in ihren Liedern, die sich mündlich vom Vater auf den Sohn vererbten. Sie aufzuzeichnen, keine leichte Arbeit, mochte überflüssig erscheinen, so lange sie noch im Volke lebten. Doch gegen das Ende des 7. Jahrhunderts, um 670, hat ein Langobarde aus ihnen die Geschichte seines Volkes entnommen, und der Langobarden Herkunft, wie man davon sagte und sang, in kurzen und schlichten Worten berichtet[17]. In Umrissen nur, nicht

[17] Origo Gentis Langobardorum ed. Waitz MGH SS rer. Lang. 1-6, etwa kurz vor 810 entstanden. Der Zug der Langobarden nach Italien wird hier als Vorbedingung für deren Christianisierung gesehen.

in ausführlicher Erzählung, aber was er uns gibt, ist unberührt von der fremden Gelehrsamkeit, welche die gotischen und fränkischen Sagen entstellt hat. Man fand darin doch etwas mehr als in dem kahlen Königsverzeichnis, welches König Rothari 643 seinem Gesetzbuch vorangestellt hatte. Die Ältesten des Volkes, welche das Recht sprachen und das Andenken der Vergangenheit festhielten, trugen darum auch dieses Schriftchen in ihr Rechtsbuch ein, wie wir das so häufig wiederfinden in den Handschriften des Mittelalters, bei den Gesetzen der Westgoten und Franken so gut wie beim Sachsenspiegel.

Es gab freilich damals bereits auch eine andere Geschichte der Langobarden, verfaßt von dem Knechte Gottes Secundus, Abt in Trient († 612), aller Wahrscheinlichkeit nach, wie R. Jacobi bemerkt, demselben, welcher in Papst Gregors I. Briefen als Diaconus in Ravenna vorkommt[18]. Wir kennen sein Werk aber nur, weil Paulus seiner gedenkt, und es scheint wenig Verbreitung gefunden zu haben. Ein so frommer Mann römischer Abkunft erzählte schwerlich von Wodan und Freia, und mit der römischen Bildung haben die Langobarden sich nur sehr langsam befreundet. Ein Römer scheint es auch gewesen zu sein, der im Jahre 641 die Fortsetzung des Prosper verfaßte. Von literarischer Tätigkeit im langobardischen Reich finden sich weiter keine Spuren, man müßte denn etwa Schriften des Abtes Jonas von Susa dazu rechnen der aber auch ein Romane war. Sonst liegt noch ein um 698 in rhythmischen Trimetern verfaßtes Gedicht von rohester Form vor, in welchem ein Magister Stefanus den König Kunincpert feiert[19], der das Schisma von Aquileia beendigt hatte. Auch seiner Vorfahren,

---

[18] Levison, Geschichtsquellen S. 205 bestreitet die hier angesprochene Identität. Die Langobardengeschichte ist nur mittelbar über P. Diaconus bekannt. Dazu: R. Jakobi, Die Quellen der Langobardengeschichte des P. Diaconus, Halle 1877 v.a. S. 63–84.

[19] MGH SS rer. Lang. 189–191 ed. Bethmann.

die Arianer und Juden verfolgten, wird rühmend gedacht.
Nicht minder roh in der Form ist eine bald nach 738 verfaßte
rhythmische Beschreibung von Mailand, worin König Liut-
prand und Bischof Theodor gepriesen werden[20].

Die Grammatiker jedoch, welche trotz aller Ungunst der Zeiten ihre Tätigkeit in Italien immer fortgesetzt hatten, fanden
allmählich auch unter den Langobarden Schüler, und als deren
Herrschaft sich ihrem Ende nahte, da hatten sie dem fremden
Volke bereits seinen Geschichtsschreiber erzogen, der – wie
Jordanis – nach dem Sturz des Reiches wenigstens das Andenken desselben für die Nachwelt treu bewahrte.

Paulus, Warnefrids Sohn, aus einem edlen Langobardenge-
schlechte, das im Friaul Besitz hatte, um 720 geboren, wurde
wahrscheinlich am Hofe des Ratchis (744–749) zu Pavia erzogen. Als seinen Lehrer nennt er den Grammatiker Flavianus,
dessen er noch in seinem hohen Alter mit Liebe gedenkt, wie
er auch selbst grammatischen Studien zugetan war. Auch dem
König Desiderius soll Paulus lieb und wert gewesen sein, und
wenn auch die Zeugnisse dafür unzuverlässig sind, so ist es
doch an sich sehr wahrscheinlich, daß er in der königlichen
Kanzlei Beschäftigung fand und eben dadurch in ein so nahes
Verhältnis zu der Herrscherfamilie trat[21]. Im Jahre 763 verfaßte
er rhythmische Verse über die sechs Weltalter, welche akrosti-
chisch die Worte *Adelperga pia* enthalten[22], den Namen der
Tochter des Desiderius, welche seine Schülerin war. Dieser und
ihrem Gemahl Arichis war er mit der wärmsten Anhänglichkeit
und Freundschaft ergeben, und an ihrem Hofe zu Benevent
fand er eine Zuflucht nach dem Falle des Reiches von Pavia,
wenn er nicht schon früher die Königstochter dorthin begleitet

---

[20] Poet. I 24–26.
[21] P. Diaconus war wohl Notar des Desiderius; grundsätzlich: vergl.
Ergänzungen.
[22] MGH SS rer. Lang. 13, ed. Waitz.

hatte. Für sie verfaßte er hier seine Römische Geschichte bis auf Justinian[23]. Er hatte der wißbegierigen Königstochter den Eutrop zu lesen gegeben, in welchem sie aber jede Erwähnung der jüdischen und christlichen Geschichte vermißte. Deshalb versah er das Werk mit Zusätzen und mit einer Fortsetzung aus verschiedenen Quellen, und das Geschick nebst der umfassenden Literaturkenntnis, womit er diese Arbeiten ausführte, hat lebhafte Anerkennung bei Th. Mommsen gefunden, auf dessen Anordnung die Ausgabe von H. Droysen die Gestalt von Zusätzen zum Eutrop erhalten hat.

Um diese Zeit dichtete Paulus auch für Arichis die Inschriften, womit dieser seine glänzenden Bauten zu Salerno schmückte, und die Grabschrift auf die Königin Ansa, welche 774 ins Frankenreich gebracht ward und deren Todesjahr unbekannt ist. Noch feiert er darin Adelchis als die Hoffnung der Langobarden.

Wann Paulus in den geistlichen Stand eingetreten ist, dem er seinen Beinamen Diaconus verdankt, wissen wir nicht; ebensowenig, wann er das Mönchsgelübde abgelegt hat. Doch gehörte er zuerst, wie Traube scharfsinnig nachgewiesen hat, dem Peterskloster bei Civate unweit des Comer Sees schon vor 774 an und siedelte erst später (vor 782) nach Montecassino, dem großen Mutterkloster des Abendlandes, über[24]. An jenem Orte verfaßte er seine ausführliche Auslegung zur Regel des heiligen Benedikt. Vielleicht führte ihn nach Montecassino die Anhänglichkeit an König Ratchis, der hier als Mönch seinen Weinberg baute, vielleicht die Not nach der Einziehung der Güter seiner

---

[23] Diese Geschichte der Römer war eine Neubearbeitung und Fortsetzung des Eutrop: Eutropi Brevarium ab urbe condita cum versionibus Graecis et Pauli Landolfique additamentis, ed. Droysen MGH AA 2.

[24] wahrscheinlicher: Eintritt in Monte Cassino nach 774; vergl. Levison, Geschichtsquellen S. 216.

Familie. Das stille Klosterleben aber gewann bald einen solchen Reiz für Paulus nach den traurigen Zeiten, die er durchlebt hatte, daß er die heilige Stätte wohl nicht wieder verlassen haben würde, wenn nicht die politischen Ereignisse ihm auch hier keine Ruhe gelassen hätten.

Im Jahre 776 nämlich war in Friaul ein Aufstand gegen die Franken ausgebrochen, dem vielleicht Paulus selbst nicht fremd war, und wohl ohne Zweifel war dies die Veranlassung, weshalb sein Bruder Arichis gefangen fortgeführt wurde und sein Vermögen verlor. Lange scheint Paulus jede Annäherung an die Franken gemieden zu haben. Als aber Karl 781 nach Rom gekommen war und in der Ordnung der italischen Verhältnisse seine Mäßigung und Milde bewährt hatte, da richtete Paulus, sechs Jahre nach jenem Ereignis, eine Elegie an den König, worin er ihn um Gnade für seinen Bruder bat[25]. Damit begab er selbst sich zum König und schrieb am 10. Januar 783 von den Ufern der Mosel einen Brief an seinen Abt Theudemar, worin er noch den festen Entschluß ausspricht, in sein Kloster, nach welchem lebhafte Sehnsucht ihn erfüllte, heimzukehren, sobald er den Zweck seiner Fürbitte erreicht habe. Er rühmt aber sehr die gute Aufnahme, welche er gefunden habe. Es war gerade die Zeit, in welcher Karl die Gelehrten aller Länder an seinem Hofe versammelte, und Paulus ließ sich doch bestimmen, einige Jahre an dieser ersten frischen Entfaltung literarischer Tätigkeit sich zu beteiligen. Noch haben sich Verse erhalten, welche in Karls Namen Peter von Pisa an ihn richtete, wo in scherzhafter Übertreibung seine Gaben und Kenntnisse gefeiert werden. Eben wollte er seine Tochter nach Griechenland verheiraten, sagt Karl, und Paulus solle ihre Begleiter in dieser Sprache unterweisen. Bescheiden und aufrichtig lehnt Paulus die Lobsprüche und den Auftrag ab, und ebensowenig wird er, was ihm in ähnlicher Weise zugemutet wurde, die Bekehrung

---

[25] Poet. Car. I, 47.

des Dänenkönigs Siegfried versucht haben. Einige Kenntnis der griechischen Sprache hatte er, wie er selbst sagt, in der Schule erworben, aber weit wird dieselbe nicht gereicht haben. Er dichtete aber Grabschriften für die Königin Hildegard († 783) und für deren sowie für Pippins Töchter und verfaßte auf Karls Befehl die Homiliensammlung, welche der Unwissenheit der Geistlichen in wirksamer Weise zu Hilfe kam[26].

In eben dieser Zeit schrieb Paulus auch auf Bitten des Bischofs Angilram von Metz die Geschichte von dessen Vorfahren auf dem Stuhl des heiligen Clemens[27]. »Mit besonderer Ausführlichkeit behandelte er darin die Familie und die Ahnen Karls des Großen, vielleicht«, wie Bethmann sagt, »auf dessen eigenen Wunsch oder wenigstens ihm zu Gefallen, und nicht undeutlich blickt die Absicht durch, die Thronbesteigung der Karolinger zu rechtfertigen und sie als ein durch Heilige gleichsam legitimes Herrscherhaus darzustellen.« Doch hat gegen diese Auffassung Bonnell nicht unerhebliche Gründe geltend gemacht, und nur die Verherrlichung des Ahnherrn Arnulf im Anschluß an dessen ältere Lebensbeschreibung bestehen lassen.

Paulus gab in diesem Werke das erste Beispiel und Vorbild der Bistumsgeschichten. Eine Biographie Gregors des Großen hat Paulus nach seiner eigenen Angabe geschrieben und sie hat sich erhalten[28]. Daß er gleichfalls derjenige Paulus war, welcher eine kritisch verbesserte Auswahl aus Gregors Briefen an Adalhard schickte, ist mindestens sehr wahrscheinlich[29]. Daher auch der in einem Schreiben Hadrians I. (Bibl. IV, 274, Epp. III, 626) erwähnte Paulus grammaticus, welcher Gregors I. Sakra-

---

[26] dazu ausführlich mit Literatur: Levison, Geschichtsquellen S. 221, Anm. 178.

[27] Gesta episcoporum Mettensium ed. Pertz MGH SS 2.

[28] W. Stuhlfalter, Gregor d. Große (1913) 98–108.

[29] Briefe an Adalhard ed. Waitz NA 1.

mentar für Karl von ihm erbeten hatte, für den unsrigen zu
halten ist.

So wahrhaft und innig auch die Liebe gewesen zu sein scheint,
welche den langobardischen Mönch mit dem Bezwinger seines
Volkes verband, auf immer ließ er sich doch nicht am Hofe
fesseln. Die immer zunehmende, endlich bis zum Kriege gestei-
gerte Feindschaft zwischen Arichis und Karl mag ihm wohl
zuletzt den Aufenthalt dort verleidet haben, obwohl sein per-
sönliches Verhältnis zum Könige auch durch diese Vorfälle
nicht gestört wurde. Doch finden wir ihn 787 wieder in Montecassino[30], wo er die schöne Grabschrift für den am 25. August
verstorbenen Fürsten Arichis verfaßte. Den Abend seines Lebens widmete er von nun an in ungestörter Ruhe frommen
Betrachtungen und der Geschichte seines Volkes. So verfaßte
er die sechs Bücher seiner Geschichte der Langobarden[31], die
er leider unvollendet hinterlassen hat, denn die letzten Bücher
stehen stilistisch und sprachlich gegen die früheren etwas zurück. Er erfüllte damit das schon in der Widmung der Römischen Geschichte der Adelperga gegebene Versprechen, sie bis
auf seine Zeit fortzusetzen.

Als einen bedeutenden Historiker können wir Paulus freilich
nicht betrachten. Die Sprache weiß er in seinen Gedichten mit
Leichtigkeit und Anmut, wenn auch nicht fehlerfrei, zu behandeln, und in der Erzählung zieht uns ihre schmucklose Einfachheit an. Von der gesuchten Gelehrsamkeit und Überkünstelung
sowie von der barbarischen Roheit des 7. Jahrhunderts ist er
frei, und für sein Zeitalter ist seine gelehrte und sprachliche
Bildung außerordentlich hoch anzuschlagen. Allein historische
Kunst oder tiefere Auffassung dürfen wir bei ihm nicht suchen.

---

[30] P. Diaconus suchte – dem Gelübde entsprechend – die »stabilitas
loci« des Klosters. Auch Heimatliebe darf als Motiv zur Rückkehr
in Rechnung gestellt werden.

[31] MGH SS rer. lang. et Ital. saec. 6–9, ed. Waitz.

In der Geschichte der Bischöfe von Metz berichtet er anfangs die fabelhafte Lokaltradition, ohne ein Urteil darüber auszusprechen, als Sage, dann schöpfte er seine Nachrichten aus Gregor, Fredegar und dem Leben Arnulfs. Was er aus der neueren Zeit hinzufügt, ist wenig überzeugend, wie denn auch dieses ganze Werk über einen ihm fernliegenden Gegenstand, auf den Wunsch seines Gönners verfaßt, zu keinen höheren Ansprüchen berechtigt.

Anders verhält es sich mit der Geschichte der Langobarden. Leider reicht sie nur bis zum Tode Liutprands (744), und es fehlt uns also die Darstellung der Zeit, welche der Verfasser selbst durchlebt hat. So weit er aber mit seiner Arbeit gekommen ist, finden wir auch hier nur einfache Erzählung, zusammengesetzt aus der mündlichen Überlieferung und schriftlichen Quellen, wie der Origo, Gregor von Tours, Beda, den Briefen Gregors des Großen, den Leben der Päpste u. a. m. Aus diesen nimmt er ganze Stücke auf, ohne sie eigentlich zu einem Ganzen zu verarbeiten. In der Kritik, sogar in der Sorgfalt und Genauigkeit bei Benutzung seiner Gewährsmänner erscheint er schwach, höchst verwirrt in der Chronologie, und obwohl seine eigentliche Aufgabe die Volksgeschichte der Langobarden ist, nimmt er ohne rechtes Maß doch auch Fernerliegendes auf. Läßt er aber demnach als gelehrter Geschichtsschreiber viel zu wünschen übrig, so entschädigen uns doch dafür andere sehr wesentliche Vorzüge, die einfache Klarheit seiner Darstellung, die lautere Wahrheitsliebe, die ihn von allem in ungeschminkter Geradheit berichten läßt, die Wärme des Gefühls für sein Volk, welche sich auch ohne Verherrlichung besonders in der Aufzeichnung der alten Sagen kundgibt. Sehen wir nun aber vollends auf den materiellen Wert seiner Geschichte, so ist derselbe unbedenklich als ganz unschätzbar anzuerkennen, wir verdanken ihm eben die Bewahrung jenes reichen, durch keine spätere Gelehrsamkeit verfälschten Sagenschatzes, und über die Geschichte der Langobarden, was er aus dem Secundus von Trident und anderen verlorenen Quellen schöpfte sowohl wie die Aufzeichnung mündlicher Überlieferung: Rettungslos würde alles dieses nach dem Sturz des Reiches dem Untergang verfallen sein, wenn nicht des alten Mönches Hand es mit treuer Liebe aufgezeichnet hätte.

§ 3. *Alcuin*

Alchwine, wie die ursprüngliche Form lautete, oder Alcuin nannte sich gern in mehr lateinisch klingender Form Albinus. Verwandt mit Willibrord, dessen Leben er auch beschrieben hat, wurde er aus angesehenem und begütertem Geschlecht um das Jahr 730 in Northumberland geboren. Seine Bildung verdankte er der ausgezeichneten Domschule in York, und Aelbert, der Alcuin mit sich nach Rom nahm, als er nach der Sitte dieser Angelsachsen dahin reiste, um Handschriften auf dem dortigen Markt zu erwerben, der noch immer bedeutend und damals wohl der einzige im Abendland war. Im Jahre 766 wurde Aelbert zum Erzbischof erhoben, und Alcuin folgte ihm in der Leitung der Domschule. Der Auftrag, für Eanbald das erzbischöfliche Pallium vom päpstlichen Hofe zu holen, führte ihn 781 wieder nach Rom, und auf dieser Reise war es, wo er zu Parma mit Karl zusammentraf, an den er schon früher einmal eine Botschaft gebracht hatte und von ihm die Einladung erhielt, welche ihn vermochte, im folgenden Jahre an Karls Hof zu kommen, wohin ihn später seine Schüler Wizo, Fridugis und Sigulf nachfolgten[32]. Die Einkünfte der Abteien zu Ferrières und des heiligen Lupus zu Troyes sicherten ihm

---

[32] zu Alcuins Schülern: Wizo tat sich durch Unterrichtstätigkeit hervor, Fridugis wurde u. a. Abt von Tour, Sigulf Abt von Ferrières. Grundsätzlich: vergl. Ergänzungen.

eine ansehnliche Stellung, während er in der Hofschule vor
alten und jungen Zuhörern seine Vorträge hielt. Auch hier
hatte er es durchaus nicht allein auf dilettantische Belehrung
der Hofleute abgesehen, sondern die vielen Söhne vornehmer
Franken, welche nach alter Sitte zur Erziehung an den Hof
gebracht wurden, erhielten hier als erstes ihre Ausbildung zu
Staatsmännern und Bischöfen. Nach Alcuins eigener Angabe
war sein vorzüglichster Beweggrund nicht etwa wissenschaftlicher Eifer, sondern die Sorge für Aufrechterhaltung der Rechtgläubigkeit im Frankenreich, wie denn überhaupt der kirchliche Standpunkt bei ihm durchaus maßgebend ist.

Im Jahre 786 kehrte Alcuin nach England zurück, wo wir ihn
an Synoden teilnehmen sehen, deren Beschlüsse er abgefaßt
zu haben scheint, doch die heftigen Streitigkeiten über Adoptianismus und Bilderverehrung veranlaßten Karl, ihn von
neuem dringend einzuladen, und die inneren Unruhen, welche
England zerrissen und Alcuin sogleich wieder in die ihm ver-
haßten politischen Händel verflochten hatten, machten diesen
geneigt, seine Heimat zu verlassen (793 kehrte er in das Frankenreich zurück). Er erschien 794 auf dem zu Frankfurt gegen
Felix und Elipand versammelten Konzil als Abgesandter der
englischen Kirche und bewährte sich durch mehrere Schriften
als tapferer Streiter gegen die Irrlehren. Nach Iterius' Tod
erhielt er 796 die Abtei des heiligen Martin zu Tours, hielt sich
jedoch noch vorwiegend am Hofe auf, um sich erst 801 in sein
Kloster zurückzuziehen, wo er nicht als Mönch, sondern als
Kanoniker lebte. St. Martin stand er bis zu seinem Tod, am
19. Mai 804, vor. Dem unruhigen Treiben des Hofes fern,
entfaltete er hier die segensreichste Wirksamkeit und bildete
eine außerordentliche Zahl von Zöglingen, welche im ganzen
weiten Reich Karls neue Stätten wissenschaftlicher Tätigkeit
begründeten. Seinen Schüler Wizo schickte er nach England,
um Bücher zu holen, die er zu Tours durch zahlreiche und
sorgfältige Abschriften vervielfältigen ließ. Zugleich aber blieb

er in fortwährender Verbindung zu Karl, der ihm das größte Vertrauen schenkte. Als unschätzbares Denkmal ist uns seine Briefsammlung erhalten, welche zu den wichtigsten Quellen für die Geschichte dieser Zeit gehört, wenngleich der stoffliche Inhalt viel geringer ist als wir wünschen möchten[33]. Die größte Masse ist aus den letzten Jahren, in welchen Alcuins Frömmigkeit immer mehr überhand nahm. Fromme Ermahnungen sind in hohem Grade vorherrschend. Eben diese gaben in jenen Zeiten Anlaß, sie als Vorbilder zu sammeln und abzuschreiben. Es zeugt aber von der hohen Bedeutung des Mannes, daß nicht, wie bei anderen Briefsammlungen, die Hauptmasse einem Konzeptbuche des Verfassers entstammt, sondern, wie Sickel nachgewiesen hat, seine Schüler und Verehrer, ein Arno, Adalhard, Angilbert und weitere Angelsachsen es gewesen sind, welche die ihnen zugänglichen Briefe sammelten und dadurch vor dem Untergange bewahrten.

Viel und gern versuchte Alcuin sich auch in Gedichten, welche freilich sehr inkorrekt, aber doch nicht ohne Leichtigkeit im Ausdruck und gefällige Anmut sind. Sie bieten uns manchen Einblick in die Zustände der Zeit, und das umfangreichste darunter, über die Bischöfe der Kirche zu York (mit Benutzung des Beda), reich an schönen Stellen und belebt durch die Liebe zur Heimat, gewährt mannigfache Belehrung über die Stiftschule zu York und Alcuins Leben vor seiner Berufung ins Frankenreich. Seine übrige schriftstellerische Tätigkeit dagegen war mehr auf Theologie, Philosphie und Grammatik gerichtet als auf Geschichte[34]. Sein lateinischer Stil, der noch sehr fehlerhaft ist und von seinen eigenen Schülern bald übertroffen wurde, fand bei seinen Zeitgenossen hohe Bewunderung. Auf Bitten Angilberts bearbeitete er das Leben des heiligen Ri-

---

[33] Epistolae MGH EE 4 1–493, 614–616; EE 5 643–645; dazu: Levison, Geschichtsquellen 235 Anm. 229.

[34] Näheres vergl. Ergänzungen zu diesem Kapitel IV § 3 (Alcuin).

charius, auf den Wunsch des Abtes Rado, das Leben des heiligen Vedastus. Bei beiden beschränkte er sich auf Glättung und Ausschmückung der überlieferten Darstellungen, und der erbauliche Zweck ist die Hauptsache wie nicht minder auch in dem schon oben erwähnten Leben des heiligen Willibrord.

In seinen alten Tagen versank Alcuin mehr und mehr in Frömmelei, und das Studium Vergils, den er selbst einst eifrig nachzuahmen gestrebt hatte, verwarf er später als höchst gefährlich, wenigstens für Mönche.

Fast zwanzig Jahre waren schon seit Alcuins Tod vergangen, als auf den Wunsch eines Abtes, wahrscheinlich des Abtes Aldrich von Ferrières, der unter Alcuin dort Mönch geworden war und 829 das Erzbistum Sens erhielt, nach Benedikts von Aniane Tode (11. Februar 821), ein Schüler Sigulfs, dem nach Alcuin die Abtei zugefallen war, es unternahm, das Leben Alcuins zu beschreiben[35]. Gesehen hatte er selbst ihn nicht mehr, aber Sigulf hatte ihm viel erzählt, und das ist, außer dem Briefwechsel über den Adoptianismus, seine einzige Quelle. Daher ist es nicht zu verwundern, daß wir hier viel von Alcuins Frömmigkeit, von Askese und von Wundern finden, keineswegs aber ein Bild seiner fruchtreichen Tätigkeit in den Jahren seiner Kraft. Erbauung für Mönche ist der Zweck des Büchleins, und dem entspricht es leider nur zu sehr. Doch finden sich darin auch manche nicht unwichtige Nachrichten, vorzüglich über seine Jugendzeit, welche wir dankbar annehmen müssen. Die Sprache ist im damaligen Schulgeschmack gesucht und mit frommem Schmuck überladen.

---

[35] Alcuini Vita ed. Arndt MGH SS 15.

§ 4. Angilbert

Wie Paulus am langobardischen, so war Angilbert, der ebenfalls aus vornehmem Geschlechte stammte, am fränkischen Hofe aufgewachsen. Wohl wenig jünger als Karl selbst, war er mit diesem durch innige Freundschaft verbunden und stand zu der ganzen königlichen Familie im vertraulichsten Verhältnis. Er scheint sich schon früh mit wissenschaftlichen Studien beschäftigt zu haben[36]. Als Alcuin an den Hof kam, ergriff er mit demselben Eifer wie sein königlicher Freund die Gelegenheit zu höherer Ausbildung. Er wurde ein Schüler des Paulinus und Peters von Pisa und Alcuins und nahm an der Akademie den lebhaftesten Anteil. Hier erhielt er wegen seiner poetischen Begabung den Namen Homer. Aus dieser frühen Zeit der achtziger Jahre haben sich einige, in der Form zum Teil noch sehr unvollkommene Gedichte erhalten, welche Dümmler aus einer gleichzeitigen Handschrift herausgegeben hat[37]. In dem einen, welches aus *versus serpentini* besteht, grüßt Angilbert mit seinen Genossen Angelram und Riculf den nach Italien heimgekehrten Lehrer Peter von Pisa und sendet zugleich ein von ihm erbetenes Gedicht Karls des Großen an ihn. In dem Gedicht eines rätselhaften Diducia an Angelram werden Angilbert und Theodulf als *dicini poetae* erwähnt. Diese Verse scheinen früher angesetzt werden zu müssen als Angilberts Sendung nach Italien, wo ihm, gewiß ein Zeichen hohen Vertrauens, eine bedeutende Stellung am Hof des Kindes Pippin in dem neugewonnenen italienischen Königreiche anvertraut wurde. Auch war er mit Alcuin schon vorher befreundet.
Zurückgekehrt trat Angilbert wieder in den Kreis seiner alten Freunde ein und genoß in hohem Grade Karls Vertrauen, der

---

[36] Angilbert war zunächst Leiter der Hofkapelle des unmündigen Karl-Sohnes Pippin in Italien; vergl. Ergänzungen.
[37] Angilberts Gedichte: Poet. Lat. I 355–381 ed. Dümmler.

ihn 796 in einem Briefe an Leo III. *manualem nostrae familiari-
tatis auricularium,* in dem an ihn selbst gerichteten Briefe seinen
auricularius nennt[38]. Er gehörte zur königlichen Kapelle, und
auch seine Würde am italienischen Hofe war vielleicht schon
eine geistliche. Wie bedeutend und einflußreich seine Stellung
gewesen ist, zeigen die wichtigen Gesandtschaften an den römischen Papst, welche ihn noch zweimal (792, 796) nach Italien
führten[39]. Auch soll er im Jahre 800 den König nach Rom begleitet haben, und im Jahre 811 unterzeichnete er Karls Testament.
Noch hatte sich am fränkischen Hofe aus Karl Martells Zeit
die Sitte erhalten, daß die Einkünfte reicher Abteien zum
Unterhalt der Hofleute verwandt wurden, und auch Angilbert
war 790 Abt von Centula oder Saint-Riquier in der Picardie
geworden[40]. Er betrachtete aber diese Würde nicht als eine
bloße Pfründe, sondern stellte es sich vielmehr zur Aufgabe,
dieses Kloster so herrlich wie möglich auszustatten. Unterstützt
durch Karls fürstliche Freigiebigkeit, mit Hilfe königlicher Bau-
meister und Künstler, baute er es von Grund aus neu, und
auch hierher kamen antike Säulen und Marmorstücke aus
Italien. Angilbert selbst hat darüber einen Bericht geschrieben,
der fast vollständig in Hariulfs Chronik aufgenommen ist[41].
Die vollendete Kirche schmückte er in glänzendster Weise mit
jedem Zubehöre des prachtvollen Kirchendienstes. Namentlich ließ er sich, wie Arn, die Pflege der Bibliothek angelegen
sein und bereicherte diese mit 200 Büchern. Vielleicht das
köstlichste unter diesen für die Mönche von Centula war das
Leben ihres Stifters, des heiligen Richarius, welches auf

---

[38] MGH EE 4, 135.
[39] nach 796 trat Angilbert nicht mehr in derart exponierter Stellung
auf.
[40] MGH EE 4, 135.
[41] Angilberti abbatis de ecclesia Centulensi libellus ed. Waitz MGH
SS 15, 1.

Angilberts Bitten sein Freund Alcuin nach den gesteigerten
Anforderungen der Zeit neu bearbeitete. Im Jahre 800 hatte
Angilbert die Freude, seinen königlichen Freund in den Mauern seines Klosters als Gast zu empfangen, der bei ihm am 19.
April das Osterfest feierte, und wie er diesem zeit seines Lebens in treuester Freundschaft zugetan war, so folgte er ihm
auch schon am 18. Februar 814 im Tode nach.

Daß Angilbert nach solchen Verdiensten um das Kloster später
daselbst als Heiliger verehrt ward, versteht sich von selbst.
Anscher, sein Biograph im 12. Jahrhundert[42], weiß auch viel
von seinem strengen und erbaulichen Wandel zu erzählen,
allein das war gleichfalls so unvermeidlich, wenn man nach
Jahrhunderten über das Leben des Stifters berichtete, daß
darauf durchaus kein Gewicht zu legen ist. Einem Staatsmann
Karls des Großen stand mönchische Askese übel an, und Angilberts Tätigkeit scheint mehr auf eine tüchtige praktische Wirksamkeit gerichtet gewesen zu sein. Unmöglich ist es aber nicht,
daß er in seinen alten Tagen sich getrieben fühlte, für ein früher
allzu freies Leben Buße zu tun. Hatte er sich doch schon von
Alcuin einreden lassen, daß die Schauspiele, an denen er so
viel Freude hatte, sündhaft wären, und wenn auch Alcuin
seinen Wandel im übrigen würdig und angemessen nennt, so
wissen wir doch von einem Verhältnis, welches den mönchi-
schen Sittenpredigern nicht gefallen konnte, so wenig es auch
an Karls Hofe auffallen und Anstoß erregen mochte. Denn
Angilbert war der glückliche Geliebte von Karls schöner Tochter Bertha, die ihm zwei Söhne, Nithard und Harnid, geboren
hat: ein Bund, welcher zu der bekannten Sage von Eginhard
und Emma Anlaß gegeben hat. Die Tatsache ist unzweifelhaft;
Nithard, der eigene Sohn, erzählt sie[43], und wir haben Einhards
ausdrückliches Zeugnis dafür, daß Karl sich nicht entschließen

---

[42] Vita Angilberti: Mabillon Acta SS 4, 123–130.
[43] Nithard Historie IV, 5, (MGH SS 2, ed. Pertz).

konnte, eine von seinen Töchtern zu verheiraten. Daß er ihnen
dafür um so größere Freiheit gestattete und daß manches
Verhältnis an seinem Hofe geduldet wurde, ist ebenfalls bekannt genug. Wie Hariulf, der 1088 seine lehrreiche Chronik
von Centula vollendete, diesen Umstand behandelt hat, wissen
wir nicht, da gerade hier zwei Blätter aus der Handschrift
ausgeschnitten sind; der Interpolator sagt kurz, daß Angilbert
die Bertha zur Ehe erhalten habe und mit ihr den Dukat des
Küstenlandes[44]. Wahrscheinlich aber war die Darstellung hier
ähnlich wie in der zweiten Biographie, welche nebst drei Büchern Mirakel von dem Abt Anscher verfaßt ist, um die Kano-
nisation Angilberts zu erwirken[45]. Im Jahre 1110 hatten die
Wunder an dem vergessenen Grabe Angilberts neu begonnen,
und Anscher überreichte das Werk dem Erzbischof Radulf
von Reims, vielleicht auch dem Papst, um die Heiligsprechung
zu erreichen. Ungeachtet dieses Zweckes aber erzählt er unbe-
fangen, gewiß alter Überlieferung folgend, daß Bertha in hei-
ßer Liebe zu Angilbert, der schon zum Priester geweiht war
und ein Bistum erhalten sollte, entbrannte. Ungern habe Karl
nachgegeben. Angilbert aber, ausgestattet mit dem Dukat, den
Anscher schon nach den Begriffen seiner Zeit als ein Herzog-
tum auffaßt, schlägt die Dänen mit S. Richarius' Hilfe, wird
dann Mönch und führt zur Buße das strengste Mönchsleben,
während Bertha ebenfalls zu Saint-Riquier den Schleier nimmt.
Das ist nicht richtig, noch bei der Zusammenkunft Karls mit
Papst Leo zu Paderborn 799 erscheint Bertha in voller weltlicher Herrlichkeit und hat nach Einhards Zeugnis bis zu des
Kaisers Tod den Vater nicht verlassen. Auch 826 bei der
Ankunft des heiligen Sebastian finden wir sie bei ihrem Bruder
in Soissons. Da sie ferner erst um 780 geboren ist, war Angil-

---

[44] Interpolation bei Hariulf II (291) ed. Lot, Chronique de l'abbaye
de St. Riquier.
[45] De miraculis S. Angilberti libri tres, Mabillon, Acta SS 4, 130–145.

bert schon Abt, als sie sich in ihn verliebte, und daß er auch
noch viel später, noch im Jahre 800 nach Karls Osterfeier in
St. Riquier, sein Familienleben am Hofe nicht aufgegeben
hatte, zeigt uns das anmutige Gedicht, welches zuerst von
Docen an dem Dichternamen Homer als ein Werk Angilberts
erkannt wurde, ein Gruß an Karl und den engeren Kreis der
Seinen aus der Ferne. Hier gedenkt er nach der Schilderung
der königlichen Pfalz und ihrer Bewohner zuletzt auch seines
nahe gelegenen Hauses mit dem Garten, in welchem seine
Knaben spielen. Die zärtlichste Liebe und Sorge spricht sich
darin aus, aber von der Mutter ist keine Rede. Dagegen be-
grüßt er unter Karls Töchtern Bertha mit besonderer Verehrung, und die Weise, wie er den König als seinen süßen David,
dessen Kinder als seine Lieben grüßt, deutet auf eine sehr
vertrauliche Beziehung.
Ähnlicher Art wie dieses ist ein anderes Gedicht Angilberts
verfaßt, als er 796 nach Italien eilend dem siegreichen jungen
Könige Pippin in Langres begegnete. Er schildert die Freude
des Wiedersehens, die ungeduldige Erwartung am Hofe und
vorausschauend die zärtliche Begrüßung des jungen Helden
im Kreise der Seinen[46].
Geglaubt hat man, daß uns auch noch aus einem größeren
Werke Angilberts ein Bruchstück erhalten sei. Sein Dichter-
name Homer, den ihm Karl selbst 796 gab, in dem Brief,
welcher die wichtigsten Aufträge für seine römische Ge-
sandtschaft enthält, deutet auf große Erwartungen, die
sich an ihn knüpften, die Erwartung, daß er Karls Taten in
einem Epos feiern werde. Wenn wir daher einem solchen
Epos wirklich begegnen, so liegt wohl die Vermutung nahe,
daß kein anderer als Angilbert der Verfasser sein könne.
Hegewisch hat deshalb einst bereits diese Annahme ausge-
sprochen und Pertz das Gedicht unter Angilberts Namen

---

[46] Poet. Car. I, 358.

herausgegeben[47]. Allein der Abstand von Angilberts Werken in
der Beherrschung der Sprache und der Behandlung des Verses
zugunsten dieser Dichtung ist doch zu groß, um beide demselben Verfasser zuschreiben zu können. Auffallend ist es, da wir
doch im ganzen über diese Zeit so genau unterrichtet sind,
von einem so bedeutenden Werk gar keine Erwähnung zu
finden. Vermutlich ist es unvollendet geblieben[48] und deshalb
weder vollständig erhalten, noch hinlänglich beachtet, um von
anderen genannt zu werden. Doch würde Angilberts Dichter-
name Homer wenigstens eine Hindeutung enthalten, die für
andere, wie Theodulf, den Dümmler vermutungsweise genannt
hat, gänzlich fehlt. Ein Zitat freilich ist uns jetzt bekannt
geworden: in der oben angeführten Ekloge des Naso wird ein
Dichtergreis eingeführt, den er Micon nennt, und dieser ver-
wendet einen Vers aus jenem Epos zum Preise des Kaisers[49]
(p. 389, v. 74). Doch kann er ihn sich ebenso wie so manchen
Vergilvers angeeignet haben. Vorher spricht Naso von dem
Dichterruhme des Alcuin, Theodulf, Einhard, und setzt hinzu:
»Nam meus ecce solet magno facundus Homerus Carminibus
Carolo studiosis saepe placere.« Daß aber nun dieser Homer
eben der Micon sei, darauf deutet nichts, und wir dürfen es
kaum annehmen. Wir ersehen hieraus nur, daß schon wenige
Jahre nach der Kaiserkrönung das Gedicht vorhanden war.
Sicher war der Verfasser ein Mann von ungewöhnlichem Geist
und großer dichterischer Begabung, der sich den Unterricht
der Hofschule mit bestem Erfolge zunutze gemacht hat. Dafür
zeugt die fleißige Benutzung von Vergil, Ovid, Lucan und, wie
B. Simson nachgewiesen hat, Venantius Fortunatus, zu denen

---

[47] gemeint ist das Epos »Karolus Magnus et Leo Papa« ed. Pertz
MGH SS 2.
[48] für die These vom unvollendeten Werk spricht u. a., daß Ausführungen über den Romzug und die Kaiserkrönung fehlen.
[49] vergl. Manitius I 550.

Manitius noch mehrere hinzugefügt hat, welches ihm an sich so wenig zum Vorwurfe gereichen kann, wie Einhard die Nachahmung des Sueton und bei seinen Zeitgenossen gewiß eher Bewunderung als Tadel erregte, wenn er auch in übergroßem Eifer nach dem Vorbilde von Karthago sogar Hafenbauten bei Aachen erdichtete. Auch zu Karls Akademie muß der Dichter gehört haben, da er ihn immer David nennt, was ein anderer sich gewiß nicht hätte erlauben dürfen, und die lebendige Schilderung verrät sowohl den Augenzeugen als auch einen Mann, der Karls Hofe nicht fern stand, was freilich bei einem so ausgezeichneten Dichter ohnehin mit voller Sicherheit anzunehmen ist.

Erhalten ist uns der Anfang des dritten Buches oder vielleicht das ganze, 536 Verse, vermutlich ein Stück, welches seiner besonderen Schönheit wegen einzeln in eine Blumenlese aufgenommen war, denn es steht mitten zwischen anderen Bruchstücken. Die Geschichte der Gegenwart episch zu behandeln, ist stets ein Mißgriff, und immer werden es die einzelnen Schilderungen sein, welche einem solchen Werke seinen Reiz verleihen. Aber auch die Anlage ist hier doch sehr geschickt entworfen. In voller Pracht wird Karls Hofhaltung uns vor Augen geführt. Eine Lobrede auf den großen König eröffnet das Buch, dann werden die Bauten zu Aachen und eine große Jagd mit reichen Farben und lebendiger Anschaulichkeit geschildert. Mit besonderer Vorliebe verweilt der Dichter bei den Töchtern Karls, zu denen wohl kein anderer Zeitgenosse in so nahem Verhältnisse stand wie Angilbert. In der Nacht läßt dann der Dichter den König im Traume die Mißhandlung erblicken, welche der Papst Leo 799 in Rom erfuhr. Er weicht darin von der Wirklichkeit ab, aber wenn man einmal die Geschichte episch behandeln will, so ist eine solche Wendung geschickt genug, um ohne lange Vorbereitungen die Hauptereignisse einander nahe zu rücken. Ohne von den umständlichen Gesandtschaften, welche in der Wirklichkeit dazwischen lagen,

berichten zu müssen, gelangt so der Dichter sogleich zu der
Zusammenkunft Karls mit dem Papst im Lager bei Paderborn, welche den eigentlichen Gegenstand seiner Darstellung
bildet.

§ 5. Einhard

Dem Kaiser Karl wurde das Glück zuteil, so lange die Herrschaft zu führen, daß er noch selbst den Erfolg seiner Bestrebungen und Einrichtungen erlebte. Haben wir bisher mit den
Männern uns beschäftigt, welche er als Gehilfen seiner Tätigkeit an sich zog, seinen gleichaltrigen Zeitgenossen, so haben
wir dagegen jetzt in Einhard den ersten des jüngeren Ge-
schlechts zu betrachten, das schon ganz unter dem Einflusse
von Karls Zeitalter erwachsen war und selbst den schönsten
Beweis gab für den gesegneten Erfolg dieses Strebens. Kein
mittelalterlicher Schriftsteller ist den klassischen Vorbildern,
welchen sie nacheiferten, so nahe gekommen[50]. Er erfreut sich
deshalb eines guten Namens und findet selbst vor philologischen Augen Gnade.
Und doch zeigt sich auch gerade darin wieder eine Gefahr der
damaligen Richtung. So viel Anziehendes Einhard auch hat,
es fehlt ihm die frische Natürlichkeit anderer, er schreibt fast
wie Sueton, aber es war nicht das richtige Ziel des Mittelalters,
zu schreiben wie Sueton, so wenig wie am Beginn der neueren
Zeit diejenigen das Höchste erreicht haben, welche fast wie
Cicero schrieben.
Man hätte in die Gefahr kommen können, nichts als ein
mattes Abbild der römischen Kaiserzeit darzustellen, wenn

---

[50] Einhards Werk belegt – nüchtern gesehen –, daß die Bemühungen
der sog. »karolingischen Renaissance« nicht wirkungslos geblieben sind; vergl. Ergänzungen.

nicht doch dagegen das widerstrebende Element der Kirche immer geschützt hätte, welches sich in dieser Form nicht fesseln lassen konnte, und das unvertilgbare frische Leben der Völker, welches nicht ruhte, bis es sich seine eigenen neuen Formen geschaffen hatte.

Für das Leben Einhards haben wir die wertvollste Bereicherung unserer Kenntnis dem Prolog Walahfrids zu Kaiser Karls Leben zu danken, dessen früher bezweifelte Echtheit durch die Auffindung der Kopenhagener, einst Kirschgarter Handschrift gesichert ist.

Einhard – denn so, nicht Eginhard, wird der Name von seinen Zeitgenossen urkundlich geschrieben – ist um das Jahr 770 in Ostfranken im Maingau von adeligen Eltern geboren, und erhielt seine früheste Erziehung im Kloster Fulda, zu dem er auch immer in freundschaftlicher Beziehung blieb. Noch bewahren sechs von ihm unter Abt Baugulf (779–802) geschriebene Urkunden, wenngleich nicht im Original erhalten, das Andenken an jene Zeit. Darunter ist eine Schenkung seiner Eltern Einhart und Engelfrida; zwei vom 19. April 788 und vom 12. September 791 dienen zur Zeitbestimmung[51]. So sehr zeichnete er sich durch seine Fähigkeiten und Fortschritte aus, daß Abt Baugulf ihn an den Hof des Königs schickte, denn dieser, das wußte Baugulf, trachtete eifrigst danach, die fähigsten und gelehrtesten Männer aus dem ganzen Reich um sich zu versammeln. In der Hofschule also vollendete er seine Ausbildung und erwarb sich bald die Anerkennung, welcher beim ersten Anblick seine kleine Gestalt hinderlich war. *Homuncio* nennt ihn deshalb Walahfrid, *nam statura despicabilis videbatur.* Und Theodulf sagt 796 in dem oben erwähnten Gedicht an Karl über ihn[52]:

---

[51] Diese Urkunden – insgesamt 6 – fertigte Einhard selbst an; Dronke, Codex diplomaticus Fuldensis Nrs. 87, 100, 102, 183–185.

[52] Theodulf Poet. Car. I 487

> Nardulus huc illuc discurrat perpete gressu:
> Ut, formica, tuus pes redit itque frequens,
> Cuius parva domus habitatur hospite magno,
> Res magna et parvi pectoris antra colit.
> Et nunc ille libros operosus, nunc ferat et res,
> Spiculaque ad Scotti nunc paret apta necem.

Denn unter der Bissigkeit dieses Schottenmönchs hatte er nicht minder als Alcuin und Theodulf selbst zu leiden. Alcuin aber verfaßte folgende scherzhafte Verse als Inschrift auf Einhards Haus[53]:

> Parva quidem res est oculorum, cerne, pupilla,
> Sed regit imperio vivacis corporis actus.
> Sic regit ipse domum totam sibi Nardulus istam:
> Nardule, dic lector pergens, tu parvule salve!

Und für seine Haustür:

> Janua parva quidem et parvus habitator in aede est.

Seine volle Anerkennung für Einhard aber spricht er in diesem hübschen Epigramm aus:

> Non spernas nardum, lector, in corpore parvum,
> Nam redolet nardus spicato gramine multum:
> Mel apis egregium portat tibi corpore parvo.

Als schon in späteren Jahren 829 Walahfrid Kaiser Ludwigs Hof schilderte, schrieb er von Einhard[54] *(de Einharto Magno):*

> Nee minor est magni reverentia patvis habenda
> Beseleel, fabre primum qui percipit omne
> Artificum praecautus opus: sic denique summus
> Ipse legens infirma Deus, sic fortia temnit. (I. Cor. 1, 27.)

---

[53] Alkuin Poet. Car. I 248.
[54] Walahfrid Poet. Car. II 377 (de Einharto magno).

Magnorum quis enim maiora receperat umquam,
Quam radiare brevi nimium miramur homullo?

Daß aber auch Einhard zu den Dichtern des Hofes gehörte,
erfahren wir erst aus jenem Gedicht des Naso, wo es zugleich
mit hoher Anerkennung seiner hervorragenden Stellung von
ihm heißt:

Aonias avide solitus recitare Camenas
Nardus ovans summo praesenti pollet honore.

Durch seine Klugheit und Gelehrsamkeit sowie durch seine
Rechtlichkeit und Treue erwarb sich Einhard das vollste Vertrauen Karls, der fast keinem seiner Räte so rücksichtslos seine
geheimsten Gedanken mitteilte. Den jüngeren Mann liebte er
wie einen Sohn, und Einhard erwiderte diese Zuneigung mit
der hingebendsten Verehrung[55]. Ganz besonders zeichnete sich
Einhard auch durch seine Kunstfertigkeit aus, durch seine
Kenntnis der Baukunst, welche er durch eifriges Studium des
Vitruv und der alten Denkmäler auszubilden suchte, und durch
Geschicklichkeit in mancherlei Arbeit. Er erhielt deshalb unter
den Hofgelehrten den Beinamen Beseleel, nach dem kunstreichen Werkmeister der Stiftshütte, und wurde vom Kaiser zum
Aufseher seiner großartigen Bauten ernannt[56]. Auch in anderen
wichtigen Angelegenheiten bewies ihm der Kaiser sein Ver-
trauen; er sandte ihn im Jahre 806 an den Papst, um dessen
Zustimmung zu seiner Anordnung über die Reichsteilung zu
erlangen, und 813 war Einhard Wortführer, dessen Rat und
Bitte Karl bestimmt haben soll, seinen Sohn Ludwig zum
Kaiser zu ernennen.
Da ist es denn nicht zu verwundern, daß er auch bei diesem
sehr in Gunst stand. Die großen Bauten hörten auf, aber nun

---

[55] Einhards engste Beziehung zum Kreis Karls belegt auch ein Gedicht des Modoin, ed. Dümmler NA 11 (1886).
[56] Einhard war wohl der oberste Bauleiter.

wurde dem kunstreichen und gelehrten Mann eine ganze
Reihe der ansehnlichsten Abteien übertragen (St. Pierre au
mont Blandin und St. Bavo in Gent, St. Servais in Maastricht
und S. Cloud bei Paris). Allein mehr als diese zog ihn der
abgelegene und einsame Fleck Landes zu Michelstadt im Oden-
wald an, den er 815 für sich und seine Gemahlin Imma vom
Kaiser zum Geschenk erbat. Mehr und mehr zog er sich hierher
zurück, und nachdem er sich im Jahre 827 den nach den
Begriffen der Zeit unschätzbaren Besitz der Gebeine der heiligen Märtyrer Marcellinus und Petrus verschafft hatte[57], gedachte er, hier ein Kloster zu gründen. Doch veranlaßte ihn
eine Vision, die Reliquien nach Mühlheim am Main zu führen,
wo er ihnen eine stattliche Kirche erbaute und die Abtei stiftete, welche den Namen des Ortes allmählich in Seligenstadt
verwandelte.

Noch konnte Einhard sich nicht ganz den Staatsgeschäften
entziehen, deren unruhiges und kriegerisches Getreibe allen
denen, welche sich zu literarischer Beschäftigung hingezogen
fühlten, unerträglich war. Im Jahre 817, in welchem wir ihn auch
zu Gunsten des Klosters Fulda tätig finden, gab ihn Ludwig
dem jungen Kaiser Lothar als Ratgeber, und 830 sehen wir ihn
eifrig bemüht, den Ausbruch der Empörung zu verhindern, die
Aussöhnung zwischen Vater und Sohn zu bewirken, doch gehörte er unzweifelhaft zu den Anhängern Lothars[59]. Walahfrid
rühmt ganz vorzüglich die Klugheit, mit welcher Einhard weder
vorzeitig den alten Kaiser verlassen, noch auch sich ohne
Nutzen ins Verderben gestürzt habe. Als aber die inneren
Zustände des Reichs immer wirrer wurden, auch niemand
mehr auf seinen weisen Rat achtete, da zog er sich ganz in
seine Waldeinsamkeit zurück. Noch war ein harter Schlag des

---

[57] dazu: F. Behn, Die Einhardsbasilika zu Steinbach (1932).
[58] Die Urkunde Ludwigs d.Fr. für Fulda, vergl. NA 27 (Tangl).
[59] Einhard betrachtete Lothar als seinen Schüler.

Schicksals ihm vorbehalten, der Tod seiner innig geliebten
Gemahlin Imma. Sie starb im Jahre 836. Der alte Kaiser hat
ihn damals in seiner Zurückgezogenheit aufgesucht, um ihm
seine Teilnahme zu bezeugen. Nicht lange danach, am 14. März
840, starb er selbst, eine schöne Grabschrift[60] von Hrabans
Hand zierte seine Ruhestätte. In der Abtswürde folgte ihm
sein Schüler Ratleik, einst sein Schreiber, jetzt Kanzler Ludwigs des Deutschen.

Eine reiche Quelle für die Geschichte des letzten Jahrzehnts
von Ludwigs des Frommen Regierung, leider nicht für die
frühere Zeit, bieten uns die Briefe Einhards[61] und anderer an
ihn, oder die auf irgend eine Weise in seinen Besitz gekommen
waren, welche in seinem Genter Kloster als Muster gesammelt
wurden. Die Eigennamen wurden als überflüssig meistens beseitigt. Die Handschrift kam mit den vor den Normannen
flüchtenden Mönchen nach Laon, wo sie in stark beschädigtem
Zustand geblieben ist, bis Pertz sie 1827 dort entdeckte, worauf
sie wenig später nach Paris gebracht wurde. Einhards berühm-
testes und vollendetstes Werk ist:

Das Leben Karls

»Einhard«, sagt Ranke[62], »hatte das unschätzbare Glück, in
seinem großen Zeitgenossen den würdigsten Gegenstand historischer Arbeit zu finden; indem er ihm, und zwar aus persönlicher Dankbarkeit für die geistige Pflege, die er in seiner Jugend
von ihm genossen, ein Denkmal stiftete, machte er sich selbst
für alle Jahrhunderte unvergeßlich.«

---

[60] Poet. Lat. II 237 f.
[61] Epistolae MGH EE 5 105–145, 641 ed. Hampe. Die Briefe bieten
u. a. Einblick in die 2. Hälfte der Regierungszeit Ludwigs d. Fr.
[62] Ranke, Zur Kritik fränk.-dt. Reichsannalisten, in: Ges. Werke
51/52 (Abhandlungen).

»Vielleicht in keinem neueren Werke tritt nun aber die Nachahmung der Antike stärker hervor, als in Einhards Lebensbeschreibung Karls des Großen. Sie ist nicht allein in einzelnen Ausdrücken und der Phraseologie, sondern in der Anordnung des Stoffes, der Reihenfolge der Kapitel eine Nachahmung Suetons. Wie auffallend, daß ein Schriftsteller, der eine der größten und seltensten Gestalten aller Jahrhunderte darzustellen hat, sich dennoch nach Worten umsieht, wie sie schon einmal von einem oder dem anderen Imperator gebraucht worden sind. Einhard gefällt sich darin, die individuellsten Eigenheiten der Persönlichkeit seines Helden mit den Redensarten zu schildern, die Sueton von Augustus, oder Vespasian, oder Titus, oder auch hie und da von Tiberius gebrauchte. Er hat gleichsam die Masse und Verhältnisse nach dem Muster der Antike eingerichtet, wie in seinen Bauwerken: Aber damit noch nicht zufrieden, wendet er wie in diesen auch sogar antike Werkstücke an. Wenn wir auch überzeugt sind, daß hierbei die Wahrheit nicht verletzt wurde, so konnte doch die ganze Originalität der Erscheinung auf diese Art nicht wiedergegeben werden. Überhaupt suchen wir in der Geschichte nicht allein Schönheit und Form, sondern die exakte Wahrheit, deren Ausdruck die freieste Bewegung fordert und dadurch eher erschwert wird, daß man sich ein bestimmtes Muster vor Augen stellt.«

»Ohne Zweifel war die Absicht Einhards mehr auf eine angenehm zusammenfassende Darstellung, als auf strenge Genauigkeit in den Tatsachen gerichtet. Das kleine Buch ist voll von historischen Fehlern.«

»Nicht selten sind die Regierungsjahre falsch angegeben, z. B. bei Karlmann, der nur zwei Jahre regiert haben soll, während er doch über drei Jahre als König neben Karl dem Großen lebte; über die Teilung des Reiches zwischen den beiden Brüdern wird eben das Gegenteil von dem behauptet, was wirklich stattgefunden hat: Schlachten, die ohne besondere Wirkung vorübergingen, wie die an der Berre, werden als entscheidend bezeichnet; Namen der Päpste werden verwechselt, die Gemahlinnen ebenso wie die Kinder Karls des Großen nicht richtig aufgeführt; es sind so viele Verstöße zu bemerken, daß man oft an der Echtheit des Buches gezweifelt hat, obwohl sie über allen Zweifel erhaben ist.«

So weit Ranke, zu dessen scharfer Charakteristik ich nur wenig hinzuzufügen habe. Gerade in diesem Werk tritt die Eigentümlichkeit der karolingischen Bildung am deutlichsten hervor. Unmöglich kann der fränkische Volkskönig in diesen suetonischen Ausdrücken zur vollen Erscheinung kommen. Nur darf man auch nicht vergessen, daß Einhard eben den Volkskönig kaum noch kannte, sondern hauptsächlich nur den alternden Kaiser, der selber nach der Wiederbelebung des antiken Wesens trachtete, dessen Streben in vieler Hinsicht auf die Herstellung des alten Imperatorenreiches gerichtet war und der, wenn ihm auch die Einführung der staatlichen Formen jener Zeit fern lag, doch durch seine große persönliche Überlegenheit so ehrfurchtgebietend dastand und so sehr die Seele der ganzen Herrschaft war, daß es nicht so ganz unpassend war, ihn dem Augustus zu vergleichen und die Farben des Bildes von dem Biographen der Imperatoren zu borgen. Auch dankt er dem Sueton mehr als nur die Ausdrücke[63]. Keine Biographie des Mittelalters stellt uns ihren Helden so vollständig und plastisch nach allen Seiten seines Wesens dar. Das ist die Frucht der Kategorie, welche Einhard bei seinem Vorbild fand. Indem er diesen gewissenhaft folgte, wurde er veranlaßt, viele Umstände zu erwähnen, welche er sonst wahrscheinlich übersehen haben würde.

Daß Einhard sich bei diesem Werke nicht eine eigentliche ge-

---

[63] Verhältnis Einhard-Sueton: Einhard verzichtet auf Anekdotisches, das bei Sueton häufig auftritt, und orientiert sich an einer sachgerechten Darstellung der »res gestae« Karls.

schichtliche Darstellung zur Aufgabe gewählt hatte, bemerkt auch Ranke. Er wollte ein Lebensbild entwerfen, eben nach der Weise des Sueton, und diesen Zweck hat er vollständig erreicht. Er verfaßte dieses Werk unmittelbar nach des Kaisers Tode. Schon 821 finden wir es im Reichenauer Bibliothekskatalog genannt[64], um 830 von einem Zeigenossen erwähnt und benutzt. Noch stand das Bild seines väterlichen Freundes in voller Frische vor seinem Geist, und die etwas kalte Eleganz der Form wird durchwärmt von der kindlichen Verehrung und Anhänglichkeit, von welcher der Verfasser ganz erfüllt ist, und die sich überall ausspricht, ohne daß doch das Lebensbild in eine Lobrede ausartete. Vielmehr tritt die ruhige Mäßigung, welche Einhards Charakter eigen ist, auch hierin deutlich hervor, und seine reine Wahrheitsliebe ist unverkennbar, wenn er auch die Schwächen seines Helden mit leichter Hand berührt.

Ein Werk, welches diesem an Vollendung der Form wie an ansprechendem Inhalte zu vergleichen wäre, hatten die germanischen Nationen noch nicht hervorgebracht, und so ist es denn auch nicht zu verwundern, daß es rasch die größte Verbreitung fand und jahrhundertelang zu den beliebtesten und gelesensten Büchern gehörte. Bald nach seiner Vollendung wird es von dem jungen Lupus, der es in Fulda gelesen hatte, mit Begeisterung gepriesen. Walahfrid teilte es in Kapitel und schrieb dazu jenen so wertvollen Prolog, dem wir die wichtigsten Lebensnachrichten über Einhard verdanken. Noch jetzt sind mehr als 80 Handschriften davon uns bekannt, und seit den Biographen Ludwigs des Frommen sind die Chronisten nicht müde geworden, es auszuschreiben.

Häufig finden sich in Handschriften das Leben Karls und die Reichsannalen als erstes und zweites Buch miteinander verbunden. Als drittes tritt dann die Schrift des Mönches von

---

[64] Die Abfassungszeit v. 817–8221 (ältere Literatur) ist nicht haltbar. Das Werk dürfte 830–833 entstanden sein.

St. Gallen hinzu, in welchem man jetzt Notker den Stammler[65] erkannt hat, der im Jahre 883, veranlaßt durch Kaiser Karl III., den reichen Schatz von Erzählungen und Sagen aufzeichnete, welche sich im Munde des Volkes an Karl, an seinen Sohn, und den Enkel, Ludwig den Deutschen, knüpften. Da ist nun nichts mehr von Einhards klassischer Form zu finden, die Sprache ist etwas schwerfällig und unbeholfen und der Inhalt keine Geschichte. Nur selten und mit großer Vorsicht ist ein Vorfall, der hier erzählt wird, als wirkliche Tatsache hinzunehmen.

Aber um keinen Preis möchten wir doch diese Sammlung entbehren. Sie zeigt uns das Bild des großen Kaisers, wie es im Volke lebte und bis dahin sich gestaltet hatte, und mancher höchst charakteristische Zug hat sich nur hier erhalten. Der gute, treuherzige Mönch, der uns so lebendig mitten unter das Volk und seine Erzählungen führt, hat deshalb den größten Anspruch auf unseren Dank, und wir müssen sehr bedauern, daß er sein Werk, wie es scheint, nicht vollendet hat.

Mit den Kreuzzügen artete die Karlssage aus und verlor allen geschichtlichen Inhalt. Besonders die Aachener Reliquien brachten die Erzählung von Karls Kreuzfahrt zu allgemeiner Geltung, und fortan treten die Lügen des falschen Turpin an die Stelle von Einhards treuer Schilderung. Wie daneben im Munde der fahrenden Sänger das Andenken Karls sich erhielt und umwandelte, darüber genügt es auf das schöne Werk von Gaston Paris, *Histoire poétique de Charlemagne* (Paris 1865) zu verweisen.

Eine Schrift Einhards bleibt uns noch zu erwähnen, sein

---

[65] Jaffé, Bibl. rer. Ger. 4, 619–700; Notker ist auch deshalb interessant, weil er die Zeitereignisse aus persönlicher Warte kommentiert. Überdies versucht er eine »weltgeschichtliche« Einordnung Karls, die bei Einhard fehlt. Mit Notker wird die einsetzende Sagenbildung um Karl d. Gr. dokumentiert.

Bericht[66] nämlich von der Übertragung der Gebeine der heiligen Märtyrer Marcellinus und Petrus von Rom nach Seligenstadt. Im Jahr 827 geschah die Überbringung, und 830 verfaßte Einhard die sehr anziehend geschriebene Darstellung derselben. Wir sehen darin, wie er sich mehr und mehr von dem weltlichen Leben abwandte und den kirchlichen Belangen hingab, wundergläubig in hohem Grade und ganz mit der Pflege seiner Pflanzung im Odenwalde beschäftigt. Es betrübte ihn, daß bei der Krankheit seiner geliebten Imma die Zuversicht auf die Wunderkraft der Reliquien ihn so völlig getäuscht hatte. Diese hohe Verehrung der Reliquien teilte er mit allen seinen Zeitgenossen, und eben wegen dieser Verehrung haben die zahlreichen Übertragungen solcher Gebeine für uns auch geschichtlichen Wert. Auf ihnen beruhte großenteils der Einfluß der Kirchen; besonders verehrte Reliquien verschafften ihnen unermeßlichen Zulauf: Der Ruf von geschehenen Wundern verbreitete sich weithin, und ohne Zweifel wurde dadurch die Ausbreitung des Christentums, z. B. in Sachsen, wesentlich gefördert. Aus den genauen Beschreibungen der Reise wie aus den Erzählungen von den Wundern ist zugleich vieles für die Sittengeschichte wie für die Topographie nicht Unwichtiges zu entnehmen. Daß auch die in rhythmischer Form bearbeitete Passio der Märtyrer Einhard zuzuschreiben sei, wie schon Teulet meinte, und wie eine aus Fleury stammende Handschrift ausgibt, ist kaum zu bezweifeln[67]. Wenn auch seine ganze Richtung der antiken Weise zugewandt war, so kann er doch für diesen ihm so am Herzen liegenden Gegenstand die mehr populäre Form sehr wohl vorgezogen haben. Nach Sigebert (SS. eccles. c. 84) verfaßte Einhard auch einen Auszug aus den Psalmen, von dem eine Handschrift in Bobbio vorhanden war.

---

[66] Translatio et Miracula SS. Marcellini et Petri ed. Waitz MGH SS 15, 1.

[67] Poet. Car. II 125–135.

Es bleibt uns nun noch die Besprechung der Annalen übrig, wobei zu bemerken ist, daß F. Kurze der Meinung huldigt, Einhard habe für sein Genter Kloster die sogenannten Annales Sithienses, für Fulda die Fuldenses verfaßt[68], das erstere weist auch Bloch nicht ganz von der Hand, das letztere wird durch die Ableitung aus den Ann. Einhardi ausgeschlossen.

§ 6. Die Reichsannalen

Die Bestrebungen der gelehrten Männer an Karls Hofe richteten sich vorzugsweise teils auf das Studium der älteren Literatur und die formelle Ausbildung, teils auf theologische und philosophische Probleme. Mit geschichtlichen Forschungen beschäftigten sie sich wenig. Dem Kaiser jedoch entging die Wichtigkeit derselben nicht, er sorgte wenigstens dafür, das Andenken seiner eigenen Zeit zu erhalten. Er verordnete, daß die Gesetze und die Beschlüsse der Reichstage seiner Zeit in mehreren Exemplaren an verschiedenen Orten sorgfältig aufbewahrt werden sollten. Die Schreiben der Päpste und der griechischen Kaiser an ihn, seinen Vater und Großvater ließ er, im vollen Bewußtsein der überwiegenden Wichtigkeit dieser Verhältnisse, in einem eigenen Buche zusammenfassen, dem *Codex Carolinus,* dessen erster Teil uns noch erhalten und eine der wichtigsten Geschichtsquellen ist[69]. Außerdem aber vergaß er auch nicht die Fürsorge, welche das karolingische Haus schon in früherer Zeit der Aufzeichnung seiner Haus- und Landesgeschichte gewidmet hatte. Wie Paulus Diaconus in seiner Geschichte der Bischöfe von Metz den Ahnherrn der Arnulfinger

---

[68] Einhards Autorenschaft ist nicht wahrscheinlich.
[69] Jaffé, Bibl. rer. Ger. 4, 1–306; der erhaltene 1. Teil beinhaltet die Papstbriefe; zu den Annalen: vergl. Ergänzungen zu diesem Kapitel.

verherrlichte, ist schon erwähnt. Dagegen finden wir keine Spur davon, daß etwa die Fredegarische Chronik weitere Fortsetzungen erhalten hätte, sie scheint vielmehr damals fast vergessen zu sein.

Es hatte aber inzwischen die anfangs so gar dürftige annalistische Aufzeichnung schon begonnen, sich zu einer Art von Reichsgeschichte auszubilden. Es waren hauptsächlich die Bischöfe, vielleicht auch weltliche Große, welche bei der Pflicht regelmäßiger Teilnahme an den Reichstagen und Heereszügen das Befürfnis empfanden, die Reihenfolge der Begebenheiten übersehen zu können, und deshalb ihre Kleriker zu Aufzeichnungen veranlaßten, die nach und nach zusammenhängende Gestalt gewannen und aus anderen Annalen auch in ihrem älteren Teile ergänzt wurden. Vorzüglich Chrodegang von Metz (742–766) scheint zu solcher Tätigkeit angeregt zu haben. Unter den Annalen dieser Art zeichnen sich aber in ganz besonderer Weise die sogenannten Annales Laurissenses majores[70] aus, welche in gedrängter Kürze freilich, aber doch mit vollständiger Übersicht aller Begebenheiten die ganze Regierung Karls begleiten. Schrieb man früher ihren Ursprung dem Kloster Lorsch zu, wo die älteste Handschrift gefunden wurde, so können sie doch unmöglich dort oder überhaupt in der stillen Zurückgezogenheit eines Klosters entstanden sein. L. Ranke ist es[71], welcher zuerst mit sicherem Scharfblicke dieses Verhältnis erkannte und jene Annalen zum Gegenstand einer eindringenden Untersuchung machte, deren Ergebnisse seitdem nicht nur fast allgemeine Zustimmung gefunden, sondern auch in hohem Grade anregend auf die weitere Forschung gewirkt haben. In der Abhandlung, welche einen wichtigen Fortschritt

---

[70] Annales Laurissenses maiores ed. Pertz MGH SS 1, für die sich dann nach den Arbeiten Rankes der Name Annales regni Francorum durchgesetzt hat.

[71] Ranke, Ges. Werke 51.

für unsere Kenntnis der mittelalterlichen Geschichtschreibung bezeichnet, sagt Ranke in Bezug auf diese Jahrbücher: »Bei dem alten Annalisten fällt nun zweierlei auf, einmal, was wir eben berührten, daß er große Unglücksfälle verschweigt; auch von den inneren Stürmen, den dann und wann auftauchenden Verschwörungen gibt er keine oder nur ungenügende Nachricht –, sodann aber, daß er über das, was er berührt, ausnehmend gut unterrichtet ist. Ein Mönch in seinem Kloster konnte unmöglich die Dinge so genau erkunden, wie sie hier beschrieben sind; wir haben Klosterannalen dieses Landes aus derselben Zeit, allein wie sehr sind sie verschieden! Sie berichten nur das ganz Allgemeine der auffallendsten Tatsachen. Hier aber haben wir einen Autor vor uns, der die Züge der Heere, ihre Zusammensetzung und Führung, die einzelnen Waffentaten kurz aber sicher angibt, und der auch von den Unterhandlungen bis auf einen gewissen Grad zuverlässige Kenntnis hat. Niemand konnte über die Unternehmungen gegen Benevent und Bayern so gute Nachrichten mitteilen, der nicht dem Rat des Kaisers nahestand. Diese beiden Eigenschaften zusammen, gute Kunde und große Zurückhaltung, scheinen fast auf eine offizielle Abfassung zu deuten, die aber freilich von einem Geistlichen herrühren müßte: jede Phrase bezeichnet einen solchen. Es würde ein in den Weltgeschäften erfahrener, und mit dieser Tätigkeit vielleicht speziell beauftragter Geistlicher gewesen sein, der diese Notizen am Hofe selbst aufgesetzt hätte; in rohem Stil, wie ihn die Zeit, welche der Einrichtung der Hofschule voranging, wohl erlaubte; ein Mann der alten Art und Weise, die sich hier durch die Nachwirkung der Ereignisse allein höher erhob als je zuvor.«

Ranke hat in diesen Worten eine Ansicht, die er mündlich bereits weiter ausgeführt hatte, nur leicht angedeutet: die Ansicht, daß nicht nur diese, sondern auch ein Teil der späteren Reichsannalen amtlicher Natur waren, daß auf Veranlassung des Hofes die Zeitgeschichte offiziell verzeichnet wurde und

daraus die ungemein rasche und bedeutende Entwicklung der
Annalistik sich erklärt, welche später auch anderen zum Vorbild diente, die nur aus eigenem Antrieb die Ereignisse, welche
sie erlebten, darzustellen versuchten.

Diese Tatsache selbst in ihrer Allgemeinheit, die Tatsache, daß
nach dem Vorgange Childebrands und Nibelungs auch Karl für
eine zuverlässige Aufzeichnung der Begebenheiten Sorge trug,
daß daraus die Jahrbücher entstanden, welche wie die Vorzüge,
so auch die Fehler und Schwächen aller offiziellen Geschichtsschreibung aufweisen, darf man als erwiesen und anerkannt
betrachten, wenn auch dieser Auffassung seitdem in H. v. Sybel
ein Gegner erstanden ist. Er findet zwar in den Jahrbüchern
nichts, was nicht ein Mönch des Klosters Lorsch mit Leichtigkeit habe in Erfahrung bringen können. Es ist jedoch nicht zu
glauben, daß ein Mönch so anhaltend und in so gleichmäßiger
Weise durch viele Jahre hindurch der Erforschung und Darstellung der weltlichen Vorgänge seine Aufmerksamkeit zugewandt
haben sollte. Und mit Recht bemerkt Bernays, daß er ja für
diese Annalen eine gleichzeitige Aufzeichnung vor 788 nicht
annehme und daß für die vergangenen Jahrzehnte besagter
Mönch doch schwer die Kunde der Begebenheiten sich habe
verschaffen können. Am Hofe müssen die Annalen geschrieben sein. Was aber den amtlichen Charakter betrifft, so muß
vor allen Dingen betont werden, daß wir durchaus den unwillkürlich stets sich einschleichenden Gedanken an Zustände und
Verhältnisse unserer Zeit zu verbannen haben, wo jedes offizielle Wort sorgsam geprüft und gesichtet wird. In solcher
Weise amtlich sind die Lorscher Annalen gewiß nicht gewesen,
und in dieser Beziehung kann man H. v. Sybel und Bernays
vollkommen zustimmen. Wenn wir aber doch wissen, daß Pippins nächste Angehörige dergleichen Aufzeichnungen veranlaßten und daß eine Annalistik dieser Art im Westfrankenreich
unzweifelhaft bestand, wenn wir lesen, daß Smaragd[72], der

---

[72] Smaragdi Vita S. Benedicti Aniani (Praef.) ed. Waitz MGH SS 15,1.

843 gestorben ist, von der uralten und bis auf seine Zeit bestehenden Sitte der Könige redet, die Begebenheiten ihrer Zeit aufzeichnen zu lassen, so kann man sich nicht vorstellen, daß Karl nicht ebenfalls dafür Sorge getragen habe, d. h. daß er einen solchen Auftrag erteilte und daß man nun ein Buch hatte, welches in der Kanzlei verwahrt und gelegentlich vom König selbst angesehen wurde. Ein ausdrückliches Zeugnis dafür ist allerdings nicht vorhanden. Durch einen Brief Hinkmars[73] wissen wir ja, daß Karl der Kahle die Annalen des Prudentius bei sich hatte, wie später auch Friedrich I. die ihm übersandte Chronik des Otto von Freising benutzte. Es ist dabei durchaus nicht ausgeschlossen, daß nicht einmal jahrelang die Arbeit liegenblieb und der betreffende Autor auch manchmal nachlässig und flüchtig arbeitete. Eine amtliche Nachprüfung seiner Arbeit wird nicht stattgefunden haben. Hinkmar sagt ausdrücklich, daß die Jahrbücher des Prudentius schon in vieler Menschen Hände gekommen seien, und da eine Einwirkung auf die öffentliche Meinung beabsichtigt war, wird an Geheimhaltung nicht zu denken sein.

Sicher ist es nicht diese Quelle gewesen, welche der Verfasser der Vita Rigoberti[74] meinte, als er über Karl Martell schrieb: »De hoc etenim, non rege sed tyranno, ita legitur ad locum in Annalibus diversorum regum: Iste Karlus omnibus audacior episcopatus regni Francorum laicis hominibus et comitibus primum dedit, ita ut episcopis nihil potestatis in rebus ecclesiarum permitteret.« Diese Stelle ist früher nur nach dem Auszug in Flodoards Hist. Rem. II, 12 angeführt und deshalb gänzlich mißverstanden worden. Der Verfasser stand der Zeit, über welche er schrieb, schon sehr fern und kann nicht sehr viel älter sein als Flodoard selbst; er wird vermutlich eine jüngere Kompilation benutzt haben.

---

[73] MGH EE 8, 196.
[74] Vita Rigoberti, Acta SS Boll. 4.

Anders verhält es sich mit der von Simson aus Hinkmar de villa Novilliaco angeführten Stelle über den Beginn der Regierung Karls und Karlmanns »sicut in annali regum scriptum habemus« (SS. XV, 2, 1167). Sie findet sich wörtlich in den Ann. Lauriss. mit Ausnahme eines Satzes, der aus der Cont. Fred. mit Leichtigkeit zu entnehmen war. Hinkmar kann also eine der Bearbeitungen der Lauriss. vor sich gehabt haben, und ob er hier eine amtliche Quelle hat bezeichnen wollen, ist ganz zweifelhaft. Abgesehen also davon, ob und wie weit den Ann. Lauriss. ein amtlicher Charakter beizulegen ist, bleibt die Frage, ob es noch außerdem, wie Bernays behauptet, Hofannalen, ein Werk von viel größerer Bedeutung und Zuverlässigkeit, gegeben habe, eine ungelöste und vermutlich unlösbare. Dem Versuch aber, die in ihnen nicht enthaltenen Nachrichten, welche hier oder da einmal auftauchen, für dergleichen Hofannalen in Anspruch zu nehmen, ist eine ernsthafte Bedeutung nicht beizumessen: ein solches Werk, wenn es wirklich vorhanden war, hätte deutlichere Spuren hinterlassen müssen.

Indem ich nun also mit Kurze an der Beziehung der Lauriss. oder Königsannalen zum Hofe festhalte, ist jetzt der Frage über ihre Abfassung näher zu treten. Schon W. Giesebrecht[75], dann B. Simson haben den Beweis geführt, daß die Annales Laurissenses , wie sie uns jetzt vorliegen, nicht gleichzeitig Jahr für Jahr entstanden sind, was Pertz nur für den ersten Teil bis 768 zugab, und W. Giesebrecht hat in der angeführten Abhandlung diesen Punkt als sichergestellt angenommen, die Abfassung des ganzen zusammenhängenden ersten Teils um das Jahr 788 behauptet und dafür allgemeine Zustimmung gefunden[76].

Seine weitere Vermutung aber, daß der Sturz des bayrischen

---

[75] Giesebrecht, Wendische Geschichten III S. 283.

[76] Levison, Geschichtsquellen S. 250 plädiert für die Jahre 787 ff. als Abfassungszeit.

Herzogs Tassilo zu dieser offiziösen Darstellung der Reichsgeschichte den Anstoß, einem guten Teile derselben die Färbung
gegeben, schwebt völlig in der Luft, ebenso wie die vermeint-
liche Autorschaft Arns von Salzburg, von dem wir nicht einmal
wissen, ob er je schriftstellerisch tätig war. Das Gleiche gilt
von dem durch Kurze auf den Schild erhobenen Riculf von
Mainz. Mutmaßungen dieser Art dürften sich doch nur auf
Männer richten, denen wir literarische Leistungen überhaupt
zutrauen können.

Mit Recht hebt M. Manitius, wie er in der Abfassung im Jahre
795 behauptete, die Vertrautheit des Autors mit der Rechts-
und Urkundensprache, die vielen romantischen Wörter, die
Benutzung von Aktenstücken hervor, wodurch sich auch irrige
Angaben über angesagte, später aber verlegte Festfeiern erklären. Denken könnte man daher z. B. an Angilram von Metz
(769–791), welcher Paulus Diaconus zur Bischofsgeschichte
von Metz, den Diakon Donatus zur Abfassung der Lebensbeschreibung des heiligen Trudo veranlaßte, und jetzt Erzkaplan
des Königs war[77]. Ihn könnte man sich in ähnlicher Stellung zu
dem gewiß nicht leichten Unternehmen vorstellen wie einst
Childebrand und Nibelung. Daß ihm dabei die Fortsetzungen
Fredegars fehlten, ist freilich auffallend. Auch bei diesen Annalen fällt das Hauptgewicht offenbar auf Karls eigene Regierung. Ihm also glaube ich die Anregung zu diesem Werk,
welchem wir die eingehende Kunde von seiner Tätigkeit wesentlich verdanken, nach Rankes Vorgang zuschreiben zu dürfen; ihm und seinen Nachfolgern Angilbert[78], Hildibald und
Hildvin (für 820–829) möchte auch Monod einen mehr oder
weniger unmittelbaren Einfluß auf die Annalen zuerkennen,
alles dies aber bleibt vollkommen unsicher und nicht belegbar.
Das ältere Material aber, was hier verarbeitet ist, wird eben

---

[77] soweit die Quintessenz der älteren Forschung.
[78] Es ist nicht haltbar, Angilbert in diesem Kontext zu nennen.

durch diese bequeme Zusammenfassung, die späterhin auch
sprachlich und stilistisch noch zeitgemäß überarbeitet wurde,
bald verdrängt und in Vergessenheit gebracht sein, besonders
wenn es nur in der königlichen Kanzlei vorhanden war, während sich hin und wieder in Domstiften und Klöstern zufällig
auch viel unbedeutendere Sachen erhielten.

Abweichend hiervon hat Dünzelmann vorzugsweise nach
sprachlichen Aspekten der Stilkritik die Annalen untersucht.
Er findet, daß der erste Abschnitt derselben von 741–791 reiche, der zweite von 792–796, wo auch von anderen ein Abschnitt angesetzt wird. Doch behauptet wieder Bernays ohne
triftigen Grund, daß nur bei 789 und 801 ein Wechsel der
Verfasser anzunehmen sei. In der leider verlorenen Lorscher
Handschrift schloß sich nach 778 nun eine Fortsetzung bis 793
an, die nur ein Bruchstück aus den Ann. Laureshamenses ist.
In den übrigen Handschriften sind die nächsten Jahre zum Teil
auffallend kurz, übrigens aber in wenig veränderter Weise und
vermutlich von demselben Autor behandelt, die Verschwörung
Pippins 792 ist in derselben höfischen Weise, die wir aus dem
ersten Teile kennen, ganz verschwiegen. Manitius findet hier
noch dieselbe Ausdrucksweise wie im früheren Teil und auch
noch Spuren derselben kompilatorischen Tätigkeit, welche er
für den Anfang nachweist. Obgleich durch diese schwankenden
Ergebnisse verschiedener Forscher das Vertrauen auf die Ent-
scheidung nach stilistischen Momenten erschüttert werden
mußte, so gewähren sie doch vergleichsweise noch am meisten
Sicherheit, und es scheint, daß wir mit Bloch den ersten Abschnitt der Annalen bis zum Ende des Jahres 794 anzusetzen
haben, wo das Vulgärlatein aufhört[79].

Nach der Ansicht von Pertz tritt mit dem Jahre 796 ein völlig
veränderter Stil, eine neue Art der Auffassung ein, und diese

---

[79] Bearbeitungszeiträume: Vergl. Levison, Geschichtsquellen
252–253.

Fortsetzung fließt allmählich so vollständig zusammen mit Einhards Werk, daß seine Hand auch im Anfang nicht zu verkennen sei. »Nachher«, sagt auch Ranke, »mußte die Historiographie in literarisch geschicktere Hände kommen, wie die Einhards waren, der die alten Annalen überarbeitete und neue abfaßte, wie es scheint im Palast zu Aachen in eben den Jahren, von denen er handelte[80]. Während der Arbeit selbst schritt er an Bildung und namentlich an Gewandtheit in der Sprache und Darstellung weiter vor und fand zuletzt die alten rohen Jahrbücher und seine eigene Leistung so ungenügend, daß er sie noch einmal überarbeitete. Nicht die tief eindringende Kenntnis der früheren Geschichte war es, die ihn auszeichnete oder die ihn zu dieser Arbeit veranlaßte. Seine Aufgabe war vorzugsweise eine stilistische, und nicht selten hat er dadurch auch beachtenswerte Züge des älteren Annalisten verwischt. Ja er hat an einigen Stellen eine unrichtige Auffassung der Ereignisse hineingetragen, weil er die ihn erfüllende Vorstellung von der alles andere überragenden Hoheit des Kaisers unwillkürlich auch schon auf die früheren Zeiten übertrug. Wichtig aber ist uns dennoch auch seine Überarbeitung nicht nur wegen einzelner Zusätze, und weil es für uns Wert hat, auch seine Auffassung kennenzulernen, sondern auch deshalb, weil er so wenig zu ändern fand. Die alten Lorscher Annalen, sagt Ranke, erhalten dadurch eine nicht geringe Beglaubigung, daß Einhard, was die Sache anbelangt, nur eine und die andere Einschaltung über ein paar einzelne merkwürdige Begebenheiten beizubringen hatte.

Einhards eigene selbständige Arbeit reicht nach Ranke bis zum Jahre 829, bis zu der Zeit, wo er sich vom Hofe zurückzog, voll Trauer über die zunehmende Verwirrung und Auflösung

---

[80] Diese stilistische Verwandtschaft erklärt sich daraus, daß Einhard bei der Abfassung seiner Vita Caroli die Annalen als Vorlage benutzte.

des Reiches. Für solche Zeiten war weder er selbst noch seine Feder geeignet. Mit ruhiger Würde hatte er, solange das Reich nach den kriegerischen Zeiten des 8. Jahrhunderts für immer befestigt schien und durch den gewaltigen Kaiser auch noch von seinem Grabe aus zusammengehalten wurde Jahr für Jahr die Ereignisse verzeichnet. Den helleren angemessenen Ausdruck, und kurz und gedrängt zwar, aber doch vollständig in allem Wesentlichen liegt die Reichsgeschichte in seinen Jahrbüchern vor uns, in edler Einfachheit, frei von aller Leidenschaft und Parteilichkeit. Als es unmöglich wurde, inmitten der heftig erbitterten Feinde in solcher Weise fortzufahren, da überließ er anderen die Fortsetzung seines Werkes.

Ich habe diese Stelle aus der ersten Ausgabe unverändert gelassen, weil sie die durch Pertz lange Zeit herrschend gewordene Ansicht ausdrückt und weil die Autorschaft Einhards, wenn auch keineswegs gesichert und durch wiederholte Angriffe erschüttert, doch nicht mit voller Sicherheit widerlegt ist, wie denn auch Ebrard es nicht unwahrscheinlich findet, daß Einhard die Fortsetzung von 797–829 verfaßt habe und Dünzelmann ihm wenigstens die vortreffliche Darstellung von 797 bis Mitte 801 zuschreiben möchte, Kurze dagegen den mittleren Teil von 796–820. Neuestens haben Monod, H. v. Sybel und Bernays in entschiedener Weise die Möglichkeit von Einhards Autorschaft geleugnet, während Manitius und Dorr, auf sprachliche Untersuchung gestützt, sich wieder dafür aussprechen. Dabei fällt vorzüglich die Frage ins Gewicht, ob der nach dem Muster der Alten gebildete Stil und der im Verhältnis zum 8. Jahrhundert so sehr viel reichere Wortschatz ausschließlich für Einhard Zeugnis ablegen und als sein besonderes Werk zu betrachten sind. Wattenbach wollte sich der Überzeugung nicht verschließen, daß durch jene Untersuchungen fast bis zu voller Evidenz nachgewiesen sei, nur in diesen Annalen und im Leben Karls finde sich dieser, aus einer großen Anzahl alter Autoren mit unvergleichlicher Sorgfalt gesammelte Wortschatz, diese

Mannigfaltigkeit der Satzbildung[81]. Das ablehnende Urteil Bernheims aber wird seine volle Berechtigung behalten, und auch Bloch hält jene Vermutung für eine unfruchtbare. Es ist hierbei niemals außer acht zu lassen, daß Einhard nicht eigentlich Historiker, seine Aufmerksamkeit in weit höherem Grade der Formvollendung als der geschichtlichen Bedeutung der Tatsachen zugewendet war, wie wir es ähnlich auch bei Lambert beobachten können.

Daß Einhard der Verfasser dieser Annalen sei, hatte zuerst Du Chesne behauptet, gestützt auf die Translatio S. Sebastiani, wo Einhard ausdrücklich als Verfasser eines Annalenwerks unter dem Titel: *Gesta Caesarum Karoli Magni et filii ipsius Hludowici*[82] genannt und eine Stelle daraus angeführt wird, welche sich in unseren Annalen beim Jahre 826 wieder findet. Dieses Zeugnis aus dem 10. Jahrhundert schien bedeutend genug, um die dagegen geltend gemachten kleinen Widersprüche zwischen den Annalen und Einhards Vita Karoli übersehen zu können, doch hat schon Simson, dem sich auch Monod anschließt, darauf hingewiesen, daß durch die Zusammenstellung der Vita mit den Annalen in derselben Handschrift sehr leicht eine falsche Übertragung des Namens von der einen auf die andern stattfinden konnte, wodurch jenes Zeugnis alles Gewicht verliert[83].

In der Mitte des Jahres 801 setzte Dünzelmann, und hierin hat

---

[81] zur Forschungsgeschichte: Da – wie gesehen – Pertz, Ranke und Wattenbach Einhard zumindest partiell für den Verfasser hielten, bürgerte sich für die Annalen auch die Bezeichnung »Annales qui dicuntur Einhardi« ein.

[82] Gesta Caesarum Karoli Magni et filii ipsius Hludowici MGH SS 15.

[83] Odilo, der Verfasser der Translatio S. Sebastiani (Mabillon Acta SS 4, 1), übertrug die Autorenschaft Einhards von dessen Vita Karoli auf die Annalen irrtümlich, da in der Handschrift, die Odilo vorlag, die Annalen der Vita Karoli folgten.

er fast allgemeine Zustimmung gefunden, einen Abschnitt an[84]. Nur so weit waren die Annalen dem Poeta Saxo bekannt, und nur so weit reicht auch die sachliche Überarbeitung. Allein der Dichter hatte nur zufällig eine verstümmelte Handschrift vor sich und der Überarbeiter endete nicht mit dem Jahre 801, vielmehr erstreckten sich die Spuren der von ihm vorgenommenen sprachlichen Glättung mindestens noch bis 812 und die von Bloch aufgestellte Annahme liegt deshalb nahe, daß er sein Werk nach dem Tode Karls des Großen begonnen habe, wie er es vor 817 abschloß. Jedenfalls werden wir aber aus stilistischen Gründen einen neuen Verfasser mit dem Jahre 808 anzunehmen haben, welches einen ganz unverkennbaren Abschnitt bildet.

Es konnte nicht anders sein, als daß der Anfang der alten Annalen dem feiner entwickelten Sprachsinne geradezu unerträglich erschien. Die Übereinstimmung mit einzelnen Stellen in Einhards Vita Karoli wird einfach durch Benutzung der Annalen in dieser zu erklären sein, wie dies zuletzt Bloch am bestimmtesten nachgewiesen hat. Das umgekehrte Verhältnis nimmt Kurze an, indem er die Überarbeitung erst um 820, also längere Zeit nach Vollendung der Vita stattfinden läßt. Bei dieser haben sich einige Mißverständnisse eingeschlichen, es sind aber auch nicht unbedeutende neue Tatsachen hinzugekommen, und es ist wahrscheinlich, daß hierfür auch schriftliches Material benutzt ist, wozu Pückert das gleich zu erwähnende verlorene Werk bis 805, Kurze die bis 796 reichende Quelle desselben rechnet. Pückert hebt die seltsame Eigenheit des Verfassers hervor, die Ereignisse in ganz unzulässiger Weise als übermäßig beschleunigt darstellen, ferner daß in höherem Maße als es den Tatsachen entspricht Karl als der stets allein Wissende und Handelnde hervortritt. An Einhard ist für die

---

[84] Wenn auch nicht mehr aktuell, so bleibt der Wattenbach-Text unverändert; vergl. Ergänzungen zu diesem Kapitel.

Überarbeitung (mit Pertz) in keiner Weise zu denken, sondern an einen sächsischen Verfasser am Kaiserhofe, doch ist der von Hüffer vermutete Gerold, Ludwigs des Frommen Kaplan, der erst 876 starb, dafür ohne Zweifel zu jung[85].

Wir sehen also hier, wie man schon von der einfachen und schmucklosen, nur auf den sachlichen Inhalt gerichteten Auf-zeichnung der Zeitbegebenheiten zu literarischer Bearbeitung fortschritt. Natürlich mußte, da die Reichsannalen erst mit 741 begannen, der Wunsch lebendig werden, auch für die vorherge-hende Zeit, über welche nur ein sehr ungenügendes Material vorlag, ein Handbuch zu gewinnen, welches den Zusammen-hang mit der Weltgeschichte herstellte. Gerade auch um das Jahr 761 ist ein solches verfaßt[86], und da es nur bis 741 reicht, liegt die von Waitz ausgesprochene Vermutung nahe, daß es zur Ergänzung der Reichsannalen bestimmt war. Doch finden wir es handschriftlich nicht mit ihnen verbunden. Es scheint keine große Verbreitung gefunden zu haben, weil das schwie-rige Untenehmen doch nur sehr unvollkommen gelang und die Sprache des Verfassers durch ihre Unbehilflichkeit und Fehler-haftigkeit verrät, daß er zwar der früheren Barbarei entwach-sen, aber von der höheren Bildung eines Einhard noch weit entfernt war. Doch verdient er ohne Zweifel Beachtung und Anerkennung. Es ist, wie Waitz bemerkt, die erste Weltchronik, die seit Fredegar im fränkischen Reich geschrieben wurde. Dieses Werk, dessen wir oben schon kurz gedachten, ist in drei Handschriften erhalten, welche stark voneinander abweichen, und es scheint, daß der Verfasser selbst sein Werk überarbeitet und mit weiteren Zusätzen aus seinen Quellen vermehrt hat. Er legte die kurze Chronik des Beda zu Grunde, in welche er Auszüge aus Hieronymus, Orosius, Fredegar mit den Fortset-

---

[85] vergl. dazu: Levison, Geschichtsquellen 256, v. a. Anm. 310 (Nachweis der Forschungslage).

[86] Chronicon universale (bis 741) ed. Waitz MGH SS 13.

zungen und den Gesta Francorum einschob, weiterhin benutzte er auch Isidor, den Liber pontificalis und die Annales Mosellani et Laureshamenses. Die wenigen ihm eigentümlichen Stellen zeigen Verwandtschaft mit den Annales Flaviniacenses, welche sich in derselben Handschrift befinden, und da hierzu auch die Nachricht von der Zerstörung der Stadt Autun durch die Sarazenen 725 gehört, so ist die Vermutung gerechtfertigt, daß der Verfasser im Sprengel von Autun, vielleicht eben in Flavigny lebte.

Diese Chronik bildet in einer Handschrift den Anfang der schon oben erwähnten Annales Maximiniani[87], welche jedoch keine innerliche Verbindung mit ihr haben, und ist in ihrer älteren Form großenteils aufgenommen in das Chronicon Moissiacense.

Eine andere, im Jahre 805 oder vielleicht 806 abgeschlossene Kompilation ist uns nicht im Original enthalten, aber aus verschiedenen Ableitungen nach und nach mit wachsender Sicherheit kenntlich geworden. In Beziehung dazu stehen verschiedene, erst in neuerer Zeit zum Vorschein gekommene Bruchstücke von Bearbeitungen der Reichsannalen. Dazu gehören die Wiener Blätter von 784 und 785, welche nebst einem aus Werden stammenden Fragment in Düsseldorf von 759–762, von Pertz, der sie irrig für ursprüngliche Aufzeichnugnen hielt, SS. XX, 1–15 als *Fragmenta Werthinensia* gedruckt sind. Hiermit verwandt ist ein anderes in Bern von Gerold Meyer von Knonau gefundenes Fragment von 783–785. Diesen beiden Versionen muß schon eine ältere zu Grunde gelegen haben, und diese glaubt Giesebrecht (Forsch. XIII, 627–633) gefunden zu haben in einem Bruchstück von 769–772, welches J. Bächtold im Anzeiger für Schweizerische Geschichte 1872 S. 245–246 veröffentlicht hat. Es enthält die Kapitelzahlen 56–59, woraus Giesebrecht auf ein größeres Werk schloß, welches bis 714

---

[87] Annales Maximiniani ed. Waitz MGH SS 13.

rückgreifend mit Benutzung des Fredegar im Jahre 802 ausge-
arbeitet, auch in den Annales Mettenses benutzt wurde und
mit einer in diesen erhaltenen eigentümlichen Fortsetzung von
803–805 versehen war. Wegen einiger Beziehungen auf Reichenau vermutete Giesebrecht in Heito den Verfasser, aber
gerade diese Stellen gehören nur den Annales Mettenses an
und sind aus Regino entlehnt. Dagegen ist durch weitere Untersuchung festgestellt, daß dieses Werk, in seinen älteren Teilen auf den Fortsetzungen des Fredegar beruhend, weiterhin
(seit 806) aus den Reichsannalen geschöpft, aber durch einige
Zusätze und namentlich durch die Fortsetzung sehr wertvoll
ist. Pückert, welcher sich sehr eingehend damit beschäftigt hat,
hebt namentlich die Nachrichten über Grifo hervor, welche
seiner Ansicht nach von hier in die Annales Einhardi überge-
gangen sind. Er sucht den Ursprung in Saint-Denis nachzuweisen und nimmt eine Überarbeitung in Metz um 900 mit Zuzie-
hung der Vita Karoli an, welche den Ann. Mett. und auch dem
Poeta Saxo zu Grunde liege. Kurze führte jene Vermutung
noch weiter aus, indem er den im Jahre 806 verstorbenen Abt
Fardulf von St.-Denis, einen Langobarden, zum Urheber dieses Werks machen wollte, allein Simson hat mit Recht diese
ganz unbegründete Annahme zurückgewiesen. Benutzung dieses Werkes ist außer in den Mettenses nachgewiesenen in den
Ann. Lauriss. minores (mit Unrecht), Lobienses, Guelferbytani, im Chron. Vedastinum und Moissisiacense, Fontanel-
lense, und Waitz hat SS. XIII, 26–33, die erwähnten Fragmente
nebst den betreffenden Abschnitt der Annales Mettenses herausgegeben. Diese ganze Untersuchung wird jedoch nach manchen Seiten hin berichtigt werden müssen, seitdem, wie schon
oben bemerkt, in der Durhamer Handschrift die unmittelbare
Quelle der Ann. Mett. aufgefunden und von B. von Simson
trefflich gewürdigt worden ist.

Neuestens hat nun Fr. Kurze, an diese Ergebnisse anschließend, hervorgehoben, daß aus den uns bekannten Bruchstük-

ken dieser Kompilation sich doch nicht alle Nachrichten in den Ableitungen belegen lassen, namentlich nicht in den Fulder Annalen, weshalb man genötigt war, eine unwahrscheinliche Heranziehung verschiedener Quellen anzunehmen. Er kommt dadurch zu der Schlußfolgerung, daß schon um 796 aus den Fortsetzungen des Fredegar, den Reichsannalen und anderen Quellen, der Vita Bonifatii, dem Papstbesuch, ein ausführlicheres wertvolles Werk zusammengestellt sei, welches in der angeblichen Kompilation von Saint-Denis nur auszugsweise enthalten sei. Es ist nach Kurze kein anderes, als das schon erwähnte, in den Ann. Maximiniani kenntliche, welches auch den Ann. Sithienses zu Grunde liegt. Als ein Stück dieses verlorenen Werkes betrachtet er auch das Fragmentum Chesnii, als eine Ableitung die continuatio Romana der Langobardengeschichte des Paulus Diaconus. Indem wir nun den Scharfsinn des Verfassers dieser Untersuchungen vollkommen anerkennen, können wir ihm doch durchaus nicht folgen, wenn er in diesem, seiner Ansicht nach sehr bedeutenden Geschichtswerk das oben erwähnte verlorene Werk des Crantz erkennen will, da Aventins Angabe über den Inhalt desselben durchaus nicht dazu paßt.

Vermissen wir nun hier irgend eine gesicherte lokale Anknüpfung, so werden wir dagegen bestimmt nach Lorsch gewiesen durch die Annales Laurissenses minores[88], welche jedoch Waitz vielmehr als die kleine Lorscher Frankenchronik bezeichnet hat, ein magerer, nach Regentenjahren geordneter Abriß der Geschichte des Frankenreiches zur Verherrlichung des Herrscherhauses bestimmt, an Beda sich anlehnend und ganz aus der oben erwähnten Kompilation bis 805 geschöpft, mit Ergänzungen aus den Ann. Laureshamenses und einigen Erweiterungen und Zusätzen; nach Kurze bis 789 aus der von ihm ange-

---

[88] Annales Laurissenses minores identisch mit dem Chronicon Laurissense breve, ed. Pertz MGH SS 1; vergl. DW 166/19.

nommenen Quelle. Nur das Jahr 806 gehört nach Waitz dem
Verfasser, wenn er nicht doch vielleicht auch dieses schon in
der Kompilation fand. Die als Regierungsjahre betrachteten,
überaus ungenauen Zahlen hält Pückert für Abschnitte, die
vielleicht schon in der Vorlage gewesen, wodurch der Vorwurf
großer chronologischer Verwirrung beseitigt würde. Er hebt
ferner die außerordentlich starke, gegen die Vorlage noch sehr
verstärkte kirchliche Färbung, die Betonung der geistlichen
Autorität und Leitung hervor, was der Strömung der Zeit
entspricht. – Von 807 an beginnt eine sehr dürftige Fortsetzung
bis 817, während ein anderes nach Fulda gekommenes Exemplar dort eine andere mit deutlich lokaler Färbung, ebenfalls
bis 817, erhielt.

Die lebhaft erwachende Tätigkeit in dieser Richtung bezeugen
ferner die Chronik der sechs Weltalter, welche bis 810 reicht,
von einem ungenannten Verfasser, ein mageres chronologisches
Gerippe ohne selbständigen Wert, die oben erwähnten Ann.
Maximiniani von 710–811, die Fulder bis 814 und die Flaviniacenses von 816.

Bis 818 reicht das Chronicon Moissiacense[89], eine große unver-
arbeitete Kompilation, welche aus der vorher erwähnten Chronik bis 741, der Kompilation bis 805, den Reichsannalen und
anderen bekannten Werken geschöpft ist, deren Bekannt-
schaft, wie Pückert bemerkt, Abt Benedikt von Aniane vermittelt haben kann, die aber doch hin und wieder auch Eigentüm-
liches aus jetzt verlorenen Quellen hat. Darunter hat Dorr
Aquitanische Annalen und ein *Chronicon Aquitanicum* ohne
genaue Chronologie auszuscheiden und zu sammeln versucht.
Der Verfasser ist so unselbständig und schreibt so gewissenhaft
seine Vorlagen wörtlich ab, daß ihm auch der wertvolle letzte
Teil der Chronik von 813–818 nicht zuzutrauen ist. Dieser
schließt sich vielmehr in der ganzen Weise der Erzählung so

---

[89] Chronicon Moissiacense ed. Pertz MGH SS 1.

genau den bis dahin benutzten Ann. Laureshamenses an, daß wir mit W. Giesebrecht annehmen müssen, es habe dem Schreiber der Handschrift ein vollständiges Exemplar vorgelegen, dessen Schluß uns nur hier erhalten ist. Die Herkunft der Chronik ist südfranzösisch, es sind aber, wie G. Monod bemerkt, von ihr zwei ganz verschiedene Bearbeitungen vorhanden, von denen die eine aus Moissac stammt, da aber fehlen die Jahre 716–777. Die andere stammt aus Aniane und hat Zusätze, in denen die Geschichte ganz willkürlich behandelt wird, z. B. 779 und 780 spanische Namen an die Stelle der sächsischen gesetzt sind. Zu einer mit diesen verwandten Chronik gehört nach der wichtigen Entdeckung von Pückert die sogenannte *Notitia de servitio monasteriorum,* welche überall arglos benutzt ist, hier aber als eine spätere Fälschung, vermutlich aus Aniane, nachgewiesen wird.

So stellt sich uns also eine lebhafte literarische Tätigkeit dar, bei welcher zunächst die Sorge für die bis dahin in so hohem Grade vernachlässigte Form der Darstellung in den Vordergrund tritt, mit welcher sich aber nicht minder auch das Streben nach Ergänzung der geschichtlichen Tatsachen verbindet. Am Ende des Jahrhunderts werden die Annalen bis 801 von dem sogenannten Poeta Saxo sogar in Verse gebracht.

Die Fortführung der Annalen bis 829 ist vom höchsten Werte und gewährte ein noch lange befolgtes klassisches Vorbild der gleichmäßigen Darstellung der Zeitgeschichte. Hatte schon Einhard den früheren Teil der Annalen für sein Leben Karls zu Rate gezogen, so finden wir den folgenden Abschnitt von 814 an zu einer Biographie Ludwigs verwandt, nicht unbedeutend verändert, aber nicht verbessert, mit Einhards Werk gar nicht zu vergleichen.

§ 7. *Quellen und Literatur zu Kapitel IV*

Grundlegende Literatur zu Einführung: vergl. Ergänzungen zu Kapitel III

Zu einzelnen Quellen und Problemen:
Allgemeines (§ 1)

R. Schneider, Das Frankenreich, München–Wien 1982 (Oldenbourg Grundriß Bd. 5.

Auf den Seiten 144–147 findet man einen knappen, aber sehr instruktiven Bericht zu Grundproblemen und Forschungslage über das geistige Leben der Karolinger-Zeit.

Karl d. Gr., Lebenswerk und Nachleben, hrsg. v. W. Braunfels, 5 Bde., Düsseldorf 1965–68.

Dieses voluminöse Werk entstand begleitend zu einer großen Karls-Ausstellung 1965 in Aachen. Wissenschaftler von Rang beschäftigen sich in umfangreichen Aufsätzen im 1. Band hauptsächlich mit politischen Fragen und im 2. Band mit dem geistigen Leben. Vor allem W.v.d. Steinen beleuchtet in seinem Aufsatz den illustren Kreis der Intellektuellen am Hofe Karls.

P. E. Schramm, Karl d. Gr.: Denkart und Grundauffassung, in: P. E. Schramm, Kaiser, Könige und Päpste, Bd. 1, 1968, S. 302–342.

Karl d. Gr. wird als Dreh- und Angelpunkt aller Anregungen und Studien gesehen. Neben den reichen Anmerkungen zur Weiterverfolgung einzelner Aspekte soll hauptsächlich das Kapitel über »Zahl und Winkel« Aspekte des geometisch begründbaren Ordnungsdenkens erwähnt werden.

J. Hubert, J. Percher, W.F. Velbach, Die Kunst der Karolinger, München 1969.

Hier liegt eine reich und hervorragend bebilderte Einführung über Architektur und Skulptur der Karolingerzeit vor. Im Mittelpunkt des Buches steht ein ausführlich mit Bildern dokumentierter Teil über Buchmalerei und Skriptorien der Karolinger.

Weiterführende Literatur – auch zu Karl d. Gr. allgemein: DW 166/588–759.

Zu Paulus Diaconus (§ 2)

Textausgaben: Paulus Diaconus, Historia Romana ed. Droysen, MGH Auct. ant. 2.

Paulus Diaconus, Historia Langobardum ed. Bethmann/ Waitz, MGH SS rer. Lang. et Ital. saec 6–9.

Paulus Diaconus und die übrigen Geschichtsschreiber der Langobarden. Übers. von O. Abel, bearb. von R. Jacobi (GdV II, 15), Leipzig 1888 (2. Aufl.).

Paulus Diakonus und die Geschichtsschreiber der Langobarden. Ergänzt durch die Schrift über die Herkunft der Langobarden sowie Auszügen aus dem Leben der Päpste, aus den Briefen der Päpste, aus der Chronik von Novalese, aus dem Leben der Heiligen Amelius und Amicus, aus der Chronik des Mönches von Salerno. Nach der Übers. von O. Abel neu hrsg. von A. Heine (HddA). Kettwig 1986.

Weitere Ausgaben: DW 163/8–18 (mit Literatur).

Literatur: Paulus Diakonus, in: LThK 8 Sp. 230/231, Freiburg 1963.

Wattenbach/Levison, Geschichtsquellen des Mittelalters, Heft 2, Weimar 1953

Levison ergänzt die Quellenkunde Wattenbach weitreichend, indem er sich auch mit dem langobardischen Italien des 7. Jahrhunderts, der römischen Historiographie und den Quellen im Umfeld des Paulus Diaconus auseinandersetzt.

Das Byzantinisch-langobardische Italien 568–751, bearb. v. Schmidinger/Enzensberger, in: Handbuch der Europäischen Geschichte, Bd. 1, hrsg. v. Th. Schieder, Stuttgart 1976.

Wissenschaftliche Bearbeitung des historischen Zeitraums, den Paulus Diaconus auch abhandelt; reiche, weiterführende Literatur.

Zu Alkuin (§ 3)

Die Erkenntnisse Wattenbachs über Alkuin müssen vor allem in Anlehnung an die Neubearbeitung der Quellenkunde durch Levison ergänzt werden. Wie von Wattenbach schon selbst angedeutet war Alkuin weniger Historiker als Wissenschaftler und praktischer Theologe. Der Theologe Alkuin stellte – auf dem Hintergrund zunehmender Missionstätigkeit – liturgische Texte zusammen und legte so den Grundstock für das »Missale Romanum«. Als Lehrer versuchte er, die bekannten Erkenntnisse in Grammatik, Rhetorik und Dialektik didaktisch aufzubereiten, und zwar indem er seine Niederschriften in die lebendigere Dialogform kleidete. Historiographische Werke – Vita Willibrordi – bearbeitete er sprachlich neu. Alkuin galt nach Levison als geistiger Herrscher des damaligen Europa.

Textausgaben: Alkuin, Vita Willibrordi, ed. Jaffé, Bibl. rer. Ger. 6; weitere Ausgaben (mit Literatur): DW 166/159–166.

Literatur: Alkuin, in: Lexikon des Mittelalters, Bd. 1, München 1980, Sp. 417–420.
Basisartikel über Biographie, Werke und Persönlichkeit – Alkuin als Mann, der das Bildungsideal seiner Zeit entscheidend mitprägte; Verzeichnis weiterführender, neuerer Literatur.

F. C. Scheibe, Geschichtsbild, Zeitbewußtsein und Reformwille bei Alkuin, in: Archiv f. Kulturgeschichte 41 (1959), S. 35–62.
Scheibe untersucht Alkuins Denken in der Tradition der Weltalter- und Weltreiche-Lehre vom AT bis zu Augustinus. Demnach wollte Alkuin, im Bewußtsein im letzten Zeitalter zu leben, durch seine engagierte Glaubensapologetik das Endzeitbewußtsein in den Menschen stärken, wobei er auch dem christlichen König Verantwortung übertrug.

Zu Angilbert (§ 4)

Auch bezüglich der Darstellung Angilberts sind die Aussagen Wattenbachs zu erweitern.

Zum Biographischen:

Angilbert leitete einerseits die Hofkapelle des Karl-Sohnes Pippin solange dieser lebte. Sein hohes Ansehen als Mitglied der ständigen Hofkapelle in Karls Umkreis wurde durch die Übergabe der Abtei St. Riquier an ihn honoriert, dem er wiederum durch verantwortungsvollen Umgang mit der Abtei gerecht wurde. Dort schien er sich nach 802 auch ständig aufgehalten zu haben, seine Besuche am Hof wurden rar. Er starb knapp einen Monat nach Karl am 18. Februar 814.

Zu seinen Werken:

Die Gedichte Angilberts bezeugen u.a. seine Nähe zum Hof und sind deshalb als Quelle von Bedeutung. Sie gewähren einen tiefen Einblick in das Leben der königlichen Familie (Angilberts Verbindung mit Karls Tochter!) E.R. Curtius (Europ. Literatur und lat. Mittelalter, S. 242) läßt die Gedichte Angilberts den »Geist des neuen Humanismus« atmen.

Zum Epos »Karolus Magnus et Leo papa«:

Wie bei Wattenbach angedeutet, scheint Angilbert nicht der Verfasser dieses nicht sehr weit verbreiteten Werkes zu sein. Daß der unbekannte Autor dem »Dunstkreis« des Hofes angehörte, lassen dessen genaue Kenntnisse etwa über die Jagd vermuten. Historisch-politische Ausführungen belegen andererseits, daß der Verfasser nicht zum engeren Kreis der politischen Berater Karls gehört haben kann.

Literatur:

Angilbert, in: Lexikon des Mittelalters 1, München-Zürich 1980, Sp. 634/635.

F. Brunhölzl, Geschichte des lateinischen Mittelalters, Bd. 1, München 1975, S. 299–301.

Zu Einhard (§ 5)

Textausgaben: Translatio et Miracula SS. Marcellini et Petri ed. Waitz, MGH SS 15.

Werkcharakteristik: Einhard läßt sich hier selbst von der Wundergläubigkeit seiner Zeit begeistern und bietet eine sehr plastische Schilderung von der damaligen Volksfrömmigkeit.

Dazu: De passione Christi martyrum Marcellini et Petri, in: Poet. VIII. 125–135.

Epistolae ed. Hampe, MGH EE 5, 105–145.

Werkcharakteristik: Die Briefe wurden z. T. als Muster in seinem Genter Kloster gesammelt. Die Briefe gewähren nicht nur einen Einblick in die ereignisreiche Biographie Einhards, sondern dokumentieren auch die bewegten Ereignisse in der 2. Hälfte der Regierungszeit Ludwigs d. Fr.

Vita Caroli Magni ed. Pertz, MGH SS 25.

Vita Caroli Magni (dt.-lat.) ed. Rau, in: Quellen zur karol. Reichsgeschichte, Teil I, Darmstadt 1987 (Freiherr v. Stein-Gedächtnis-Ausgabe).

Kaiser Karls Leben von Einhard. Übers. von O. Abel, bearb. von W. Wattenbach (GdV II, 16). Leipzig 1893 (3. Aufl.)

Einhard, Das Leben Karls des Großen. Nebst Auszügen aus: Der Mönch von St. Gallen über die Taten Karls des Großen. Nach der Übers. von W. Wattenbach neu hrsg. von A. Heine (HddA). Kettwig 1986.

Werkcharakteristik: Methodisch zwar teilweise Sueton verpflichtet, löst sich Einhard jedoch von der Vorlage dieser antiken Kaiserbiographien und stellt die res gestae Karls d. Gr. unter den Stern der christlichen Kardinaltugenden »magnanimitas« und

»animositas«. Karls Wirken wird als Höhepunkt der karolingischen Zeit gesehen, seine Persönlichkeit als Ideal des mittelalterlichen Herrschers gefeiert. Einhards Biographie, die die Reichsannalen als Quelle heranzog, ist einzigartig in dieser Art historiographischer Gattung.

Literatur: Einhard, in: Lexikon des Mittelalters, Bd. III, München–Zürich 1986, Sp. 1737–1739.

K. Hampe, Zur Lebensgeschichte Einhards. in: NA 21 (1896), S. 599–631.

Quellenkritische Untersuchung zu Einhards Biographie an Hand der Briefe Einhards. Auf diesem Hintergrund wird auch die Baugeschichte von Seligenstadt untersucht.

H. Beumann, Topos und Gedankengefüge bei Einhard, in: Archiv f. Kulturgeschichte 33 (1951), S. 339–350.

Dieser kurze Aufsatz – zugleich eine ergänzende Rezension zu E. R. Curtius' Europ. Literatur und lat. Mittelalter – führt den Beweis, daß Einhard wenig originelle Gedanken und Gedankenfiguren einbringt, sondern das ganze Topoi-Gefüge der gelehrten Antike entfaltet und bei Bedarf ergänzt.

Dazu: insgesamt ist die wichtigste Einhard-Literatur überwiegend älteren Datums. Sie ist exemplarisch verzeichnet in der Einführung zu Einhard im Band I der Quellen zur karol. Reichsgeschichte (ed. Rau.).

Zu den Reichsannalen (§ 6)

Textausgaben: Annales regni Francorum 741–829 qui dicuntur Annales Laurissenses maiores et Einhardi ed. Kunze, MGH SS 1.

Die Reichsannalen (dt.-lat.) ed. Rau, in: Quelle zur karol. Reichsgeschichte Teil I, Darmstadt 1987 (Freiherr-v.-Stein-Gedächtnisausgabe).

Einhards Jahrbücher. Übers. von O. Abel, bearb. von W. Wattenbach (GdV II, 17). Leipzig 1888 (2. Aufl.).

Einhard, Jahrbücher. Nach der Übers. von O. Abel und W. Wattenbach, neu hrsg. von A. Heine (HddA). Kettwig 1986.
Werkcharakteristik: Die Reichsannalen umfassen als Berichtszeitraum die Jahre 741–829. Problematisch und kontrovers diskutiert wurde die Entstehungsgeschichte. Einhard mit der Bearbeitung der Reichsannalen in Verbindung zu bringen, ist nicht haltbar. Sicher hat ein unbekannter Verfasser zwischen 788 und 793 den ersten Teil unter Hinzuziehung anderer älterer Annalen niedergeschrieben, um dann das selbst Erlebte sukzessive hinzuzufügen. In der Folgezeit führten verschiedene Verfasser die Reichsannalen weiter. Möglicherweise bearbeitete den letzten Teil der Annalen, die 829 abbrechen, Abt Hildvin v. St. Denis.

Literatur: Ohne die ältere Literatur expressis verbis zu zitieren und die Forschungsgeschichte auszubreiten, mag es genügen, die bei Wattenbach diskutierte Literatur, soweit diese inhaltlich noch von Belang ist, anzuführen, um auch den Anmerkungsapparat im Text zu entlasten.

Deshalb: Literatur zur Forschungsgeschichte.

E. Dünzelmann, Beiträge zur Kritik der karolingischen Annalen, in Neues Archiv 2, 1877, 475–537.

W. Giesebrecht, Die fränkischen Königsannalen und ihr Ursprung, in Münchner historisches Jahrbuch I, 1865.

L. Halphen, Etudes critiques, sur l'histoire de Charlemagne, in Revue historique 124, 1917, 52–64 (Sonderdruck Paris 1921).

Fr. Kurze, Über die fränkischen Reichsannalen und ihre Überarbeitung, in Neues Archiv 19, 1894, 295–329. 20, 1895, 9–49. 21, 1896, 9–82. 26, 1901. 153–164, 28, 1903, 619 ff., 29, 1904 und 39, 1914.

W. Levison, in Neues Archiv 45, 1924, 390 ff.

L. Ranke, Zur Kritik fränkisch-deutscher Reichsannalisten, in Abh. d. Preuß. Akademie in Berlin 1854, 415–435 (Ges. Werke 51).

B. Simson, Zur Frage nach der Entstehung der Annales Laurissenses maiores, in Forschungen zur deutschen Ge-

schichte 20, 1880, 205–214, sowie in den Jahrbüchern Karls
d. Gr. 1, 1888. 2, 1883, 604–611.

H. v. Sybel, In Hist. Zeitschrift 42, 1879, 260–288 und 43,
1880, 410.

H. Wibel, Beiträge zur Kritik der Annales regni Francorum,
Straßburg 1902, und in Neues Archiv 28, 1903, 670 ff.

Tannheim S. 17